现代化视域下中国特色社会主义
文化自信研究

马 璇 ◎著

光明日报出版社

图书在版编目（CIP）数据

现代化视域下中国特色社会主义文化自信研究 / 马璇著. -- 北京：光明日报出版社，2023.11
ISBN 978-7-5194-7595-6

Ⅰ.①现… Ⅱ.①马… Ⅲ.①中国特色社会主义－文化事业－研究 Ⅳ.①G12

中国国家版本馆CIP数据核字(2023)第211911号

现代化视域下中国特色社会主义文化自信研究

XIANDAIHUA SHIYUXIA ZHONGGUO TESE SHEHUIZHUYI WENHUA ZIXIN YANJIU

著　　者：马　璇	
责任编辑：郭玫君	责任校对：房　蓉
责任印制：曹　诤	

出版发行：光明日报出版社
地　　址：北京市西城区永安路106号，100050
电　　话：010-63169890（咨询），010-63131930（邮购）
传　　真：010-63131930
网　　址：http://book.gmw.cn
E - mail：gmrbcbs@gmw.cn
法律顾问：北京市兰台律师事务所龚柳方律师
印　　刷：北京四海锦诚印刷技术有限公司
装　　订：北京四海锦诚印刷技术有限公司
本书如有破损、缺页、装订错误，请与本社联系调换，电话：010-63131930

开　　本：787mm×1092mm　1/16　　　印　张：10
字　　数：200千字
版　　次：2024年4月第1版
印　　次：2024年4月第1次印刷
书　　号：ISBN 978-7-5194-7595-6
定　　价：48.00元

版权所有　翻印必究

文化是一个国家、一个民族的灵魂，也是国家现代化进程的重要一维。党的二十大报告提出，中国式现代化是物质文明和精神文明相协调的现代化。中国的全面现代化不仅是技术方式和生产方式的演进过程，也需要思想引领、精神激励、文化支持。本书紧紧把握时代脉搏，以历史唯物主义为理论出发点，在推进中国式现代化语境下系统认知文化自信的建构逻辑，在解析文化自信概念的特征和功能的基础上从理论、历史及实践等层面对文化自信展开整体性研究，并进一步对我国文化自信建构的路径进行深入阐述。本书既具有学术厚度，又具有实践意义，充分体现了对当代中国文化发展理论与实践的双重价值关切。

目 录

序 言 坚定文化自信激荡复兴力量 1

第一章 文化自信命题的提出与时代背景 5

第二章 文化自信的现实功能与价值引领 21

第三章 文化自信的内在依据 46

第四章 文化自信的价值支撑 65

第五章 跨文化视角下文化自信建构经验借鉴 86

第六章 在中华文化传承发展中厚植文化自信 100

第七章 在改革创新中增进文化自信 117

第八章 在"走出去"战略中提升文化自信 135

主要参考文献 148

序 言

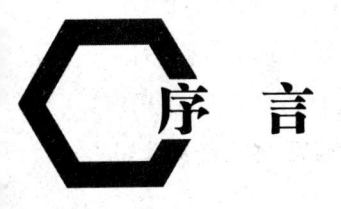

坚定文化自信　激荡复兴力量

党的二十大报告明确提出，中国共产党的中心任务就是团结带领全国各族人民全面建成社会主义现代化强国、实现第二个百年奋斗目标，以中国式现代化全面推进中华民族伟大复兴。现代化既是人类文明发展进步的重要标志，也是世界各国发展的必经之路。现代化是全方位、多领域、各层次的变革和跃升，文化是一个国家、一个民族的灵魂，也是国家现代化进程中的灵魂。中国式现代化是物质文明和精神文明相协调的现代化，全面现代化不仅是技术方式和生产方式的自然演进过程，也需要思想引领、精神激励、文化支持，是包括文化在内的各个领域的现代化。全面建设社会主义现代化国家必须要有文化作为基础和保证。富强民主文明和谐美丽的社会主义现代化强国的内在要求激励我们更加坚定文化自信，擦亮文化底色，用文化的自信创造自信的文艺作品，激荡中华民族伟大复兴的磅礴力量。

一

文化是指一个国家和民族经过千年发展积淀而成的关于思考、生活、行为和治理的多方面的一种引导准则，是国家和民族的精神遗产。习近平总书记多次强调："文化兴则国兴，文化强则民族强，文化自信则国自信，没有高度的文化自信和繁荣兴盛，就不会有中华民族伟大复兴。"实现国家的现代化建设既需要坚实的物质基础进行"硬件"建设，也需要强大的精神基础作为"软件"建设。文化自信关乎国家的发展运势、关乎国家的文化安全、关乎民族精神的独立与鲜活。

在人类文明史上，中华文明五千年源远流长、博大精深、生生不息，中华优秀传统文化具有强大的生命力，从未中断，作为中国人最引为自豪，也令世人羡慕不已。但从1840年鸦片战争以后，中国人对自己民族的文化开始不自信，一批批中国先进分子转向学习西方文化。从"师夷长技以制夷"、洋务运动、维新变法到辛亥革命都无情地证明，西方文化在中国行不通。自从马克思主义传到中国，我们有了中国共产党，有了马克思主义普遍原理同中国革命、建设、改革的具体实际相结合，同中华优秀传统文化相结合，党在百年的奋斗历程中，高扬革命理想、弘扬民族精神、发展先进文化，我们逐渐恢复、重拾自己的文化自信，并不断坚定文化自信，走向文化自强。特别是把马克思主义基本原理与中华优秀传统文化相结合，中国的文化自信提升到前所未有的高度，重新回到世界舞台的中央。中国人民从站起来、富起来到强起来的伟大历程告诉我们，文化自信自强是中华民族生生不息、走向复兴的精神源泉，是中国特色社会主义破浪前行、繁荣发展的精神武器，是中华民族屹立世界、面向未来的精神脊梁。

习近平总书记在哲学社会科学工作座谈会上曾指出"要坚定中国特色社会主义道路自信、理论自信、制度自信，说到底是要坚定文化自信。"文化自信与道路自信、理论自信、制度自信并驾齐驱，交相辉映，是支撑"三个自信"的基础，是巩固中国共产党领导、国家主权完整和民族团结统一的历史根底，是凝聚中华民族共同体的灵魂支柱。文化自信力的高低、强弱从文化心理的视角反映着国家和民族的兴衰起伏和发展轨迹。从国学热、传统文化热兴起并持续升温，到社会主义核心价值观的倡导和践行，再到文化自信这样一些重大思想文化理念的确立，反映了新时代思想文化发展递进的历史足迹，体现了思想文化建设的一脉相承和与时俱进，标示着我们的思想文化不断走向自觉，走向更高境界。没有高度的文化自信，没有文化的繁荣兴盛，就不可能实现中华民族伟大复兴。

中国共产党坚持以马克思主义为指导，结合中国国情和实际，坚持以中华优秀传统文化为根基，探索开拓了中国式现代化新道路。文化自信是对于包括中华优秀传统文化、革命文化、社会主义先进文化在内的中国特色社会主义文化这一有机整体的自信，是敢于认识自身文化的不足、勇于修缮与摒弃的辩证自信。中华优秀传统文化、革命文化和社会主义文化一脉相承，始终贯穿于中华民族的过去和现在，将来也必然继续引领中国的现代化进程。中国的现代化是集结国家发展的历史逻辑、理论逻辑与实践逻辑为一体的结晶。纵观全球，没有哪一个国家像我国一样5000年历史源远流长，基于我国独特的发展历史与基本国情，脱离源远流长的中国文化，脱离马克思主义与中华优秀传统文化相结合这个灵魂，就像长轨的列车脱离了轨道。很难说清楚中国的现代化道路发展的客观必然，很难说清楚中国现代化理论体系的卓越贡献，也很难说清楚中国特色社会主义制度的独特发展优势。从此意义上来说，文化自信是更广泛更深厚更根本的自信，坚定文化自信本质上就是坚定对中国特色社会主义的自信。

二

当今，中华文化以势不可当的强大气势立足于中国的现代化发展，正是中华文化独特的民族气质和别具一格的风度，使得中华民族呈现出强大的凝聚力和生命力，深刻地影响着中华民族的进步和中国现代化的实现。在实现中华民族伟大复兴的梦想之中，中国特色社会主义文化承担着更大的责任和使命。

文化自信体现着对时代的观照和价值的引领。文化是一个国家、一个民族的框架，它以价值观念和意义系统来反映并组织世界，通过定位自我与他人，以集体身份与社会行动将人们联系在一起，以鼓励或禁止的方式促使大家形成目标一致的行动方针。文化自信是一个国家、民族及其每个公民对于自身传统文化价值和精髓的充分认同与肯定、高度礼敬与尊崇、自觉遗传与内化、主动传播与弘扬。文化的纽带作用将实践、理论与制度融通于一体，赋予文化以更基本、更深沉、更持久的力量。

文化自信是提升自身文化软实力的不竭动力。"欲人勿疑，必先自信"，文化自信不仅是中国经济、外交和影响力扩展的支撑，也是推动大国复兴的更基本、更深沉、更持久的力量。习近平总书记指出："经济、社会、文化、生态等各领域都要体现高质量发展的要求。"将文化作为推动高质量发展的重要支点，这是一个理论上的原创性贡献，是对高质量发展具体内涵与规律认识的深化与拓展。新的发展方式需要先进文化作为引导，用先进的思想文化更新发展理念，更好地实现高质量发展，为高质量发展提供新的动能。当中华民族迎来了一个从站起来、富起来到强起来的伟大飞跃的新时代，我们有充足的理由坚定中国特色社会主义道路自信、理论自信、制度自信、文化自信。

文化自信是讲述好中国故事的逻辑前提。文化指导人的行为，诠释人的动机，为利益分析提供基础，让行动具有社会意义。文化是分析现实的一个变量，借助于文化，我们能够确立一种理论与实践、逻辑与现实的联系。若没有文化的参与，人就无法掌握自然与社会的客观规律，无法发挥人的主动精神，也无法实现真正的自由全面发展。新时代的中国文化叙事，需要以习近平新时代中国特色社会主义思想文化为指导，承担起解释新时代中国特色社会主义伟大实践的分析功能。促进中外民众相互了解和理解，为实现中国梦营造良好环境。

文化自信是战胜风险挑战的力量源泉。当今世界正处在百年未有之大变局。中国式现代化在发展的新道路上，会遇到各种"黑天鹅""灰犀牛"事件。中国共产党将文化自信作为战胜前进道路上各种风险挑战的重要力量源泉，无论从历史维度还是现实维度看，对实现中国式现代化都具有重要的积极意义。从历史维度看，中华民族在历史上曾遭遇各种风险却持久不衰，并且经得起风险考验的内在因素，正是中华文化的力量。从现实维度看，中华优秀文化是中华民族共有的精神家园，是防范风险、应对挑战的重要力量源泉。在重大风险面前，中华民族正是以其优秀的文化感召人、鼓舞人，并以此提升全民族的凝聚力、向心力、创造力。历史和现实都证明，中华民族有强大的文化创造力。每到重大历史关头，文化都能感国运之变化，立时代之潮头，发时代之先声，为亿万人民、为伟大祖国鼓与呼。

三

坚定文化自信作为国家战略，包含了近代以来历经痛苦磨难的几代中国人关于现代化道路选择的深刻思考。"睁眼看世界"的早期精英阶层受到时代局限，在移植西方科技文化的过程中，没有清晰看到中西文化的结构性差异以及其背后的民族国家政治利益与经济利益，陷入"体用分离"的世纪困境和"他者化"陷阱。而在全球化进程中取得话语霸权的西方世界，借助于国家经济军事硬实力和文化软实力，迫使非西方国家成为西方设置的全球化议程的执行者和全球经济市场秩序的跟随者，在跟随西方的进程中逐步陷入族群性文化自卑之中，深刻地影响到近代中国关于现代化模式与道路的选择。在1949年完成政治主体性建构、21世纪初步完成经济主体性建构之后，当代中国的现代化进程逐步进入文化主体性建构的新阶段，中华民族的文化自信开始复归。文化自信的确立是我们民族国家自近代以来再造和提升民族国家主体性，实现民族国家主体自觉的延续和升华。对于中华民族来说，从近代中国被侵略、被矮化、被污化而陷入文化自卑、民族自卑的旋涡挣脱出来，重建全民族的文化主体性进而再造民族文化自信，是当代中国从经济现代化进到文化现代化这一历史阶段后的国家使命。

进入21世纪20年代，坚定文化自信作为国家文化战略设计，体现了中华民族源于经济建设、社会建设和文化建设成就的底气，而且提供了一种超越东方世界"他者"设限的方法论路径。它既是民族国家文化态度的宣示，又是挣脱西方逻辑回归中华文化主体性特征和知识体系的政策路径总设计。只有借助于全民族文化自信的建设和维护，文化才能转换成为推动国家经济社会发展和民族复兴的强大动力。

历史表明，社会大变革的时代，一定是文化大发展大繁荣的时代，一定是需要思想而且能够产生思想的时代。当代中国，正处在中华民族伟大复兴和世界百年未有之大变局的历史交汇点上，民族复兴既需要强大的物质力量，也需要强大的精神力量，没有中华文化的繁荣兴盛，就没有中华民族的伟大复兴。文化地位与作用如此重要，呼唤着文化自信；而中国特色社会主义巨大成功带来的道路自信、理论自信、制度自信为文化自信提供了坚实基础，催生着文化自信。我们要以历史的眼光、文化的自觉、国际的视野，既坚定地走好中国道路，又善于借鉴"他山之石"；既保持中华民族自信力和文化创造力，又以中华文明价值和人类命运共同体理念引领人类共同价值，坚定文化自信，不负这个时代。

第一章　文化自信命题的提出与时代背景

文化是民族的血脉，是人民的精神家园。党的十八大以来，习近平总书记明确提出"文化自信"的重大命题，深刻阐述文化自信的深厚基础和重要地位，全面回答为什么要增强文化自信、依靠什么增强文化自信、通过什么途径增强文化自信等根本问题，形成了对中国特色社会主义文化自信的系统性理论表述。准确把握其思想精髓，必须首先明晰"文化自信"这一关键词的基本内涵及提出背景。

一、文化自信的内涵及界定

（一）文化自信的基本内涵

文化自信是由"文化"和"自信"两个词合成的概念，首先需要阐明的是文化的内涵，然后才能阐明文化自信的本真。"文化"一词是极容易陷入"定义困境"的概念。由于文化本身所具有的广泛渗透性，可以渗入其他诸多领域，几乎所有领域的学者都可以从自身的研究视域对"文化"作出相应的阐释，从而也就出现了"文化"定义的多元化阐释。美国学者克虏伯和克拉克洪就曾对1871年至1951年的文化定义做过统计，结果竟多达160余种。所以，"英国人类学家威廉斯将其称为当今世界通用语言中两三个最难理解的词汇之一"[①]。当下，随着新兴学科、交叉学科的不断加入以及文化问题研究的不断拓展，人们对于"文化"这个概念的理解也更加多元多样。

尽管当前的文化定义众多，但归纳起来，无非存在广义文化和狭义文化两种理解。文化的广义理解，也往往被称为"大文化观"或"广义文化观"，是在与自然相对的意义上来界定文化的。这种广义的理解大都从文化的属"人"性出发，把文化看作是人的实践的产物。当前，广义的文化观在学界有很大的影响力。显然，广义的文化理解，即"人化"。这种大文化观的"人化"的理解，不仅阐释了人是文化生成、交流和传播的主体，而且阐明了人的生命存在与人的文化活动的直接同一，实现了人与文化两者的有机统一。狭义的文化观将文化定义为精神文化或"观念形态"，是以物质为载体的观念世界。毛泽东曾指出："一定的文化（当作观念形态的文化）是一定社会的政治和经济的反映，又给予伟大影响和作用于一定社会的政治和经济；而经济是基础，政治则是经济的集中的表现。这是

---

① 萧俊明：《文化转向的由来》，社会科学文献出版社2004年版，第1页。

我们对于文化和政治、经济及政治和经济的基本观点。"①这种狭义的理解很好地阐释了文化的精神本质，阐明了文化与政治、经济等其他社会构成之间的辩证关系。

广义的文化观和狭义的文化观，各有其功用。文化人类学，考古学文化哲学等领域的研究常常使用广义的文化内涵。"而狭义的文化观或者小文化观，是把文化限制在观念形态上，对于哲学社会学的研究来说是非常必要的，因为它能区分整个社会的结构。""要区分社会结构、社会存在、社会意识，区分经济基础、上层建筑，必须是小文化观。"②把文化作为整个社会结构的一个重要组成部分，也就能把文化与文明、社会区分开来，文化自身的核心要义也就能够得以更好地彰显。文化，只有作为观念形态的文化，只有作为精神，才能显示文化的重要性，才能实现文化对于经济、政治的渗透性和反作用。正因如此，中国共产党人向来都是在狭义层面使用文化概念的。

"文化自信"中的"文化"应属于观念形态的狭义文化，其根本依据在于：一是观念形态的精神文化最能彰显文化的精神本质。文化的本质就在于其固有的精神特性或精神标识，一旦文化失去了其既定的精神特性或精神标识，也就没有了"文化"的意义。二是观念形态的文化更适合中华民族的思维传统，也与当代中国马克思主义话语体系相一致。在中华文明5000多年的演进历程中，"文治教化""以文化人"等要义始终是传统中"文化"的基本内涵。在历史唯物主义的视域下，文化与经济、政治等为社会结构的基本构成，文化的发展演进都与经济、政治等社会结构要素密切相关。在中国共产党人的话语体系中，如"中华优秀传统文化""精神文明""先进文化"等都应"当作观念形态的文化"。三是文化的狭义理解，不仅可以将之与文明、社会等概念区别开来，而且能够更好阐明文化在社会发展中对经济、政治的渗透性与能动作用。

一般而言，"自信"属于心理学的范畴，是主体对自身的认同与肯定、对自身力量的确信以及发展前景的坚定信念和积极态度。"文化自信"作为"文化"与"自信"的合成词，其主要内涵应为一个国家、一个民族、一个政党对自身文化价值的充分肯定，对自身文化生命力的坚定信念。由此可见，"文化自信"的内核，应当指涉的是一种对自身文化的自觉和心理认同，是对"自身文化价值""自身文化生命力"的积极态度和坚定信念，呈现出文化主体心态的深度发展。但在马克思主义话语体系中，文化自信中的"文化"往往不是一个抽象的概念，常常与一定社会的经济、政治等交互作用，是对一定社会经济、政治等的观念反映。因而，文化自信所指涉的范围就不仅包括文化本身的认同和肯定，也应涵盖对与文化密切相关的范畴如经济、政治等在文化价值上的充分肯定以及文化主体如国家、民族生命力等在文化心态上的高度认同和坚定信念。

因而，当代中国所倡导的"文化自信"，既是广义上的文化自信，是党和人民以文

---

① 《毛泽东选集》第2卷，人民出版社1991年版，第663~664页。
② 陈先达：《文化自信：做理想信念坚定的中国人》，吉林人民出版社2017年版，第9页。

化的高度对中国特色社会主义的价值认同和坚定信念，涵盖对中国特色社会主义道路、理论、制度等蕴含的价值观念、意识形态等的自信，同时，也包括狭义上的文化自信，即对中国特色社会主义文化本身的自信。对中国特色社会主义文化的自信在其中居于支配地位，对其他层面的自信具有统摄和引领作用。一般而言，文化可以分为理论形态的文化和世俗形态的文化。理论形态的文化是以较为系统的思想观点呈现出来的文化，通常是以特定的意识形态呈现出来的。世俗形态的文化是指处于一定的共同体中的人们所共有的文化心理、价值观念、行为方式及习惯规则等。理论形态的文化对于世俗形态的文化具有统摄和引领作用。广义上的文化自信，无疑包括这两者。优秀传统文化的自信、革命文化的自信、社会主义先进文化的自信等对文化本身的自信，属于理论形态层面的文化自信，对处于自在自发状态的世俗形态层面的文化自信具有引领作用。

（二）新时代文化自信的主要特征

目前，人们对文化自信特点的概括多种多样。有的从人类主体机能角度认为文化自信是人类所特有的一种具有超生物性、超自然性、超现实性的文化生命机能，是人类社会实践在个体生命内在建构的高级文化结构，也是人类主观能动性和文化创造性的具体表现，其主要功能在于弥补自然、社会与历史条件的不足、局限与束缚，通过意识、符号、精神的刺激与再生产为主体提供推动文明进步、社会发展的思想、激情、智慧、意志和创造力，有的从文化、心理表现视角认为建设社会主义文化强国需要以文化自信作为主体精神支撑。文化自信，本质上是对本国文化的一种心理认同、坚定信念和正确心态。中国传统文化深厚的积淀与特质为增强文化自信提供了历史根基，国家的强盛是我们提振文化自信的国力支撑，社会主义先进文化奠定了文化自信理论根基，党的领导为文化自信提供了指引力量。有的从主客统一性视角认为文化自信具有主体性、指向性、象征性和包容性等本质特征。其价值在于增强中华民族文化软实力，是应对世界异质文化冲突与融合的心理支撑，也是实现中华民族伟大复兴的精神支柱。有的从中华文化由低潮到复兴的百余年近现代历程角度认为，改革开放国力强盛的背景下文化大繁荣大发展理应是题中之义，文化自信更是水到渠成，而复兴中国的根本特征便是文化自信。还有的从文化发展的历史方位视域认为，文化自信的特征表现在文化传统和价值体系的历史传承性，社会主义现代化建设的指导性，人民精神思想的导向性，以及吸引世界目光的文化优越性。文化自信的意义在于理解和认识习近平总书记关于文化自信思想的基本特性，有助于深刻认识当代中国文化发展的历史方位及内在逻辑，对促进中国特色社会主义文化大发展大繁荣和推动当代中国文化"走出去"具有重要意义。

党的十八大以来，以习近平同志为核心的党中央将文化自信作为国家富强和民族复兴的根本，坚持党的领导作为文化自信的保证，坚持以人民为中心作为文化自信的基点，坚持以社会主义核心价值观作为文化自信的引领，走出了一条中国特色社会主义文化之路，进一步彰显了新时代文化自信的时代特征。

1. 文化自信的根本保证：坚持党的领导

习近平总书记指出："中国共产党的领导是中国特色社会主义最本质的特征。"文化自信的根本保证在于坚持和加强党的全面领导。当前，随着新媒体时代的到来，网络媒体"意见领袖"大量涌现，各种言论层出不穷。总体上讲，我国意识形态是积极健康向上的，同时也存在着新自由主义、西方宪政民主、历史虚无主义等社会思潮的威胁，严重影响着民众的价值取向和文化自信的形成。为此，一方面我们要加强对微信、互联网新媒体平台的监管，让其成为传播马克思主义意识形态的主阵地，成为传播中华优秀传统文化的宣传站，成为传播红色革命文化和社会主义先进文化的主战场，成为净化人们思想、陶冶情操的主平台。另一方面，我们要加强对新闻舆论工作的领导权。党的新闻舆论工作坚持党性原则，最根本的是坚持党对新闻舆论工作的领导。党的新闻舆论媒体的所有工作，都要体现党的意志、反映党的主张，维护党中央权威、维护党的团结，做到爱党、护党、为党；都要增强看齐意识，在思想上政治上行动上同党中央保持高度一致；都要坚持党性和人民性相统一。在新的时代，包括党的新闻舆论工作在内的整个文化工作都应高举旗帜，凝聚人心，明辨是非，鼓舞士气，坚持党性原则，把政治方向放在第一位。只有用正确的意识形态价值观来抵制错误的、消极的意识形态价值观，文化自信才能够得到有效的保障。

2. 文化自信的基点：坚持以人民为中心

人民既是历史的缔造者，也是文化的创造者。文艺是文化的重要载体，推进中国特色社会主义文化离不开文艺工作的繁荣发展。而社会主义文艺，必须要坚持以人民为中心，才会有生命力。只有牢固树立马克思主义文艺观，真正做到以人民为中心，文艺才能发挥最大正能量。以人民为中心，就是要把满足人民精神文化需求作为文艺和文艺工作的出发点和落脚点，把人民作为文艺表现的主体，把人民作为文艺审美的鉴赏家和评判者，把为人民服务作为文艺工作者的天职。中国特色社会主义进入新时代，随着人民生活水平的不断提高，人们不再局限于温饱的问题，小康社会使得人们对于文化方面的精神需求越来越迫切。这就需要文艺工作者迎合时代的发展要求，把握人民的文化需求，创造出人民喜闻乐见的作品。人民需要艺术，艺术也需要人民。也就是说，艺术必须坚持以人民为中心，如果离开了人民，就会变成没有灵魂的躯壳。因此，只有坚持以人民为主体和中心的文艺发展思路，我们的文化作品才会有现实创作题材和文艺原创力，而只有创作更多体现中华文化精髓、反映中国人审美追求、传播当代中国价值观念、又符合世界进步潮流的优秀作品，让我国文艺以鲜明的中国特色、中国风格、中国气派屹立于世，中国特色社会主义文化事业才会蓬勃发展，我们才能更加坚定文化自信。

3. 文化自信的引领：坚持以社会主义核心价值观为依托

文化是一个民族的血脉，也是一个国家文化软实力的标志。文化的内核是价值观，核心价值观是一个国家文化软实力的内核，是决定文化性质和方向的最深层次要素。文化软实力是否强大，取决于核心价值观是否具有深厚的感召力和凝聚力。社会主义核心价值观是当代中国精神的集中体现，凝结着全体人民共同的价值追求。要以培养担当民族复兴大任的时代新人为着眼点，强化教育引导、实践养成、制度保障，发挥社会主义核心价值观对国民教育、精神文明创建、精神文化产品创作生产传播的引领作用，把社会主义核心价值观融入社会发展各方面，转化为人们的情感认同和行为习惯。实际上，社会主义核心价值观来源于中华优秀传统文化，是中国特色社会主义的思想道德基础，是全体中国人民共同的价值目标和行动指南。文化自信在很大程度上就是人民对社会主义核心价值观的自信。为此，必须通过舆论宣传、教育引导、文化熏陶和制度保障等方面的措施，把社会主义核心价值观贯穿于社会发展和人民生活的方方面面。只有担负起弘扬社会主义核心价值观的重任，发挥其引领作用，才能够转化成为人民的价值认同，文化自信才会有根基。因此，社会主义核心价值观作为中华民族文化软实力的内核，它引领全体中国人民共同的价值目标，是文化自信的依托。

（三）文化自信、文化自觉和文化自强

在人类文明史上，中华广阔的土地上孕育出了优秀的传统文化，造就了5000年来世界上唯一没有间断过的中华文明，在克服艰难险阻中彰显了自身的优越性。罗素曾说：中华文明是唯一从古代存留至今的文明。鸦片战争后，中国社会被迫打破循环运行模式，踏入现代化线性的发展模式之中。中华人民共和国成立后，在中国共产党的领导下，全国各族人民积极探索社会主义革命建设和现代化之路，取得了举世瞩目的成就，特别是通过四十多年的改革开放，我国成为世界第二大经济体后，加速从世界的边缘走向世界舞台的中心。中国由过去被动遵守国际秩序和规则逐渐向参与制定和主导国际规则转变。中国在向世界贡献经济和科技成果的同时，必然向世界传达与彰显我国的文化与价值。因此，在新的时代背景下，文化的重构与振兴，强调文化自信，不仅是全民族的文化建设和价值追求，也是推进实现全面建成小康社会、开启社会主义现代化国家建设新征程的重要力量，更是中华民族对世界与时代发展担当的吁求回应。

文化自觉是文化自信和文化发展的前提。人是文化的动物。文化及文化现象成为各民族之间的自我标识，是民族自我认知和认同的依据。民族之间的互动，根本上是文化之间的交流与融合。国家、民族之间的交往，文化扮演着最为根本、最为基础、最为核心的角色。无论是经济的发展还是政治制度的建构，都以相应的文化环境为基础。文化发展成为民族发展的集中体现，在为社会的发展带来工具性价值的同时，更为重要的是强化民族自

我认同的内在价值。文化的内在价值，是民族自我认同的核心，是在全球化背景下避免民族文化分裂从而导致民族心理分裂的核心内容，文化对民族与国家具有基础及核心意义。人类发展历史告诉我们，一个国家无论看上去多么强大，如果没有统一的文化认同，迟早会分崩离析。一个民族即使处于分裂状态，只要有共同的文化心理，也将拥有强大的内在凝聚力以及绵延不断的发展动力。古埃及和巴比伦帝国由于没有统一的、共同认可的文化及其民族心理，即使一时建立起了幅员辽阔的庞大帝国，最终也都土崩瓦解。而犹太民族的历史遭遇向我们启示，只要有共同的民族认同与文化心理，即使颠沛流离，饱经沧桑，其文明都能经受住各种严峻考验，延绵不绝，生生不息。因此，从长远发展的视角来看，文化关乎一个民族与国家的生死存亡。在全球化背景下，各国特别是非西方国家，文化建设将是确保其民族存在的最根本性的建设任务。

文化建设与文化发展必须基于文化自觉。文化自觉在著名社会学家费孝通先生看来，就是文化自知，是人们对其文化的"自知之明"，自知之明是为了加强对文化转型的自主能力，取得决定适应新环境、新时代的文化选择的自主地位。通过明晰各民族的文化来历、形成实质及其发展趋势达到文化自觉。达到文化自觉是一项浩大而艰巨的工程。这一工程需要全社会长时间地参与其中，从实践中反思、调试和验证，动态地在历史实践中实现。

文化自觉的首要任务是构建民族文化的主体性。只有具备一定程度的主体性，才能形成民族的自我认知和强化民族的自我认同，也才能避免在全球化的冲击中形成分裂文化和民族心理，甚至是在西方文化的侵入殖民中完全被西方文化同化，致使"自我"消失。文化的主体性在社会实践和民族发展的过程中动态凝聚和强化生成，是对自我民族的认知和认同，也是在实践中的民族自我生成。具体来说，文化主体性的建构，需要"知彼知己"。对自我的认知要借助他者之镜才有可能，否则我们无法观照自身。理论上看，他者之镜主要通过时空两个维度获得。从历史来看，文化的演变和发展的动力也主要来自时空维度：一是各地区、国家、民族内部文化的传递、演变和发展；二是通过各地区、国家、民族之间的交流互动，在文化的交流融合中变迁。可见，他者的"文化之镜"是通过自我不同历史阶段文化内容的反照和外来文化的比对，从而激活自我文化意识。自我文化在不同的历史时期、在不同区域本土化的不同面向和不同的外文化构成文化自觉的"他者之镜"。在实践中，要真正做到"知己知彼"，将面临"进不去"和"出不来"的问题。"进不去"是指由于受到自文化的认知结构的影响，无法真正理解他文化的内容与意义。"出不来"则是指由于人们长期浸淫在自文化之中，而对自文化的形成无意识化。那么，在文化自觉的过程中，就要通过他者的"文化之镜"，来反照自身，努力通过"进得去"和"出得来"[①]的实践策略，跨越"进不去"和"出不来"的困境。"进得去"是指在与外文化接触的过

---

① 费孝通：《费孝通文集》，群言出版社1999年版，第200页。

程中，能够努力去了解外文化，甚至是进入到外文化之中，对外文化的精华与糟粕予以辨别，从而能做到"知彼"的目的。"出得来"是指在认知自文化的过程中，要能够将因文化内化变为潜意识的文化内容，激发到意识层面，把自我放在客观的位置进行文化认知与考究，通过这一进程，达到"知己"的目的。"知己"与"知彼"，都是在社会历史实践的过程中逐渐达成，而非一蹴而就。从文化自觉的层面来看，"知彼"是为了更好地"知己"，在文化自知的基础上，进行文化主体性建构，为文化建设提供基础条件。

文化自信是文化自觉历史实践的结果，是文化发展的持久动力。文化在人类生产实践的过程中产生，在生产实践中体现。文化发展的内容必然通过各民族的经济、政治及文化自身的实践过程体现出来，并在实践的过程中强化，也在实践中变迁。经济、政治及文化自身的实践发展，在与他文化或民族交往展现的过程中，会逐渐形成相应的文化心理。经济、政治和文化的实践，在全球化的平台上，体现出竞争化操作，其竞争结果将作用于各民族的心理，影响文化与民族的自我认同。在全球化的经济、政治及文化自身的竞争实践中，与他文化相比处于优势，可以从两个方面形成文化自信和民族自信心理：一是由竞争结果直接导致胜者的自信心态；二是通过平等交流互动，获得他者的认可与认同，来获得文化自信心理。反之，在同样的作用机理下，则造成自卑的文化气质和心理。由此可见，文化在生产实践中产生，也在实践中实现，并在依附于实践的过程中进行展现。只有在竞争实践中占据优势，才会逐渐形成自信的文化心态和民族气质，从而获得文化主体性，在民族交流与互动过程中，获得文化主体话语权。文化主体性的建构与获得，为文化自信实践奠定条件，也为文化的发展提供了操作性基础。

文化主体性地位的建构是在现代社会快速推动中提出来的。在起源于西方的现代性社会快速向全球推进的过程中，非西方国家的文化在现代化这一浪潮中面临巨大的挑战和失去自我的风险。在长达一个多世纪的探索中，我国近代以来同样也遭遇这种风险。近代中国在与西方接触的过程中，由于将科学技术的落后归因到文化的内容上，形成了文化自卑的文化心态和民族心理，出现了"全盘西化"的思潮，无疑是消解文化主体性的行为。到了 20 世纪 90 年代，费孝通先生再次提以建构文化主体性为目的的文化自觉，更具有深刻的时代与现实意义。21 世纪的中国已不再是 100 多年前任人宰割的虚弱国家。在中国共产党的领导下，坚定走社会主义现代化建设的道路，快速推进其现代化进程，从世界的边缘日益走向世界舞台的中心。如果我们不能彻底摆脱文化自卑，还不能形成文化自信的民族心理，将严重影响我国在国际舞台上的作用发挥，并从深层次上影响我国的现代化的进程。所以，在新时代的要求下，强调在文化的主体性建设基础上的文化自觉自信，具有非常深远的实践意义和建设价值。进一步看，在文化自觉的基础上，在实践中对文化的主体性进行建构，不断强化和形成自我的文化认同，可以逐渐摆脱文化自卑，构建起真正的文化自信。中国人民在"站起来"之后，特别是经历改革开放、彰显中国道路为世界各民族与文化发展做出新贡献之后,我们才得以加快建立起基于中华优秀传统文化的新时代的文化自信。

文化自信是在社会、历史实践过程中,逐渐形成的一种文化心理和民族气质。在"四个自信"的理论框架中,文化自信的形成是在中国特色社会主义现代化建设道路的坚持与自信中,并在对社会主义建设的理论和制度自信的基础上逐渐形成的。可以说,文化自信是在道路自信、理论自信和制度自信的实践中逐渐形成的一种文化心态和民族气质。道路自信、理论自信和制度自信构成了文化自信的实践机制,也是文化自信的核心内涵。同时,文化自信又进一步促进道路自信、理论自信和制度自信的实践,它们之间是相互促进、相互生成的关系。在现代化建设中,文化自信与道路自信、制度自信和理论自信一起,共同构建与丰富中国特色社会主义的理论与实践。

文化自强是文化自觉与文化自信实践的历史面向。文化自强在文化自觉与文化自信的实践过程中得以实现,文化自信是文化自强的有力支撑。文化自信是文化自强的前提,也是文化自强的坚实支撑和具体表现。对中国文化自信来说,首先要对中华优秀传统文化高度自信。人们在对待传统文化时,应当深刻挖掘传统文化的时代价值,立足新的实践,取其精华,不断进行文化的新创造,理性地摒弃传统文化之糟粕,批判地继承中华传统文化,做到古为今用,推陈出新,从而为文化自强奠定扎实的根基。其次,要对中国近现代以来形成的革命文化中那种自强不息、锐意进取的精神充满信心,并将其转化为文化自强的动力。再次,要对以马克思主义为指导的,面向现代化、面向世界、面向未来的,民族的、科学的、大众的文化充满自信,这种社会主义先进文化是当今中国文化精神的集中体现。最后,在面对外来文化冲击时,要对本地文化充满自信,做到"包容互鉴"。因此,文化自信是文化自强的前提,也是文化自强的坚实支撑和具体表现。文化自强,既是一种孜孜追求的过程,也是文化实践的最高状态,在文化实践中生成,在文化实践中展现。文化自信为文化自觉与文化自强提供动力,形成更高层次的自信,也即文化自信通过文化自觉与文化自强进行自我强化、自我生产、自我提升。由此,文化自觉、文化发展与文化自强呈现出一种循环螺旋式发展,互为条件,互为支撑。

明晰了文化自觉、文化自信与文化自强的关系,会更加清楚地看到中国共产党在我国文化发展中的历史性作用。党领导民族和国家在文化上觉悟和觉醒,深刻认识文化在历史进步中的地位作用,正确把握文化发展规律,主动担当发展文化历史责任。一方面,对自身文化在觉醒自知基础上具有强烈反省与批判精神,并在批判与反省中探寻新文化、新文明的建构之路,使文化自省精神,构成推动文化繁荣发展的先决条件,建构文化自信的推动力量。另一方面,在深刻理解我国传统文化精髓的基础上,中国共产党对马克思主义进行中国化改造,领导全国各族人民进行新民主主义革命和社会主义建设、推进现代化实践,使中华民族逐渐脱离文化自卑、文化盲从,在历史实践的过程中建立起文化自信,实现文化自强。

二、文化自信命题提出的时代背景

文化问题是一个具有鲜明时代性的问题。不同时代所呈现出的文化问题一定是这个时代问题的反映。文化自信是以习近平同志为核心的党中央紧紧把握时代脉搏，针对当今我国文化建设中面临的问题，提出的新的文化理论成果，它也是对我国文化建设理论的丰富与延伸。

（一）文化自信命题的提出历程

党的十九大一个重大的理论贡献，就是提出了习近平新时代中国特色社会主义思想，这一思想包括一系列重大理论创新，是我党指导思想的与时俱进。在这一系列理论创新中，把"三个自信"进一步提升为"四个自信"，也就是把原有的道路自信、理论自信和制度自信，进一步提升为道路自信、理论自信、制度自信和文化自信，是其中一个极其重要的创新。文化自信的提出，表明了我党对自身文化生命力的坚定信心。在党的十九大报告中，文化自信作为报告的第七大部分，深刻阐明了文化之于一个国家和民族的灵魂性意义，指明了新时代中国特色社会主义文化自信的重要任务，发出了中国共产党人一定能够担负起新的文化使命的铮铮誓言。党的十九大也把文化自信写入了新党章。这体现了以习近平同志为核心的党中央对文化自信问题的高度重视。文化自信的提出是我党经过逐步酝酿和长期思索的结果。党的十八大召开以来，习近平总书记在多个不同的场合都提到了文化自信问题，他多次深刻阐述了文化自信的基本内涵和在一个国家发展中的重要意义，表明了他鲜明的文化观点及文化理念。

2012年11月15日，在党的第十八届中央委员会第一次全体会议上当选为中共中央总书记的习近平同志，在中外记者招待会上指出："在漫长的历史进程中，中国人民依靠自己的勤劳、勇敢、智慧，开创了民族和睦共处的美好家园，培育了历久弥新的优秀文化。"[①]从习近平总书记对我们优秀文化的赞扬中可以体会出，他对我们中华文化充满了自豪。2014年2月24日，在参加中央政治局的集体学习时，习近平总书记提到了文化自信，他提出，要"增强文化自信和价值观自信"[②]。2014年3月7日，在出席全国两会期间，习近平总书记进一步对文化自信进行了强调，他指出："我们要坚定理论自信、道路自信、制度自信，最根本的还有一个文化自信。"[③]2014年10月15日，他在文艺工作座谈

---

① 习近平：《人民对美好生活的向往就是我们的奋斗目标(2012年11月15日)》，《十八大以来重要文献选编（上）》，中央文献出版社2014年版，第70页。
② 习近平：《把培育和弘扬社会主义核心价值观作为凝魂聚气强基固本的基础工程》，《人民日报》，2014年02月26日。
③ 李斌，霍小光：《"改革的集结号已经吹响"——习近平总书记同人大代表、政协委员共商国是纪实》，《人民日报》，2014年03月13日。

会上说："增强文化自觉和文化自信，是坚定道路自信、理论自信、制度自信的题中应有之义。"① 2014年12月20日，在和澳门大学生的一次座谈上，习近平总书记把文化自信比作前"三个自信"的基础来论述，他说，要"建立制度自信、理论自信、道路自信，还有文化自信。文化自信是基础。"② 2015年1月3日，习近平总书记在参加"读懂中国"国际会议的讲话中，把文化自信作为中国自信的本质来强调，他指出："中国有坚定的道路自信、理论自信、制度自信，其本质是建立在5000多年文明传承基础上的文化自信。"③ 2016年5月17日，习近平总书记在哲学社会科学工作上用"三个更"着重强调了文化自信的重要作用，他说："我们说要坚定中国特色社会主义道路自信、理论自信、制度自信，说到底是要坚定文化自信。文化自信是更基本、更深沉、更持久的力量。"④ 从这些论述中，我们可以清楚地看出，习近平总书记在强调中国特色社会主义原有"三个自信"的基础上，更加坚定地强调文化自信。习近平总书记总是从文化自信与其他"三个自信"之间的联系着眼，用"更基础、更广泛、更深厚""更基本、更深沉、更持久""基础""最根本""本质"等概念和表述，来强调文化自信的特殊地位和重要作用。同时，我们也可以从中体会到，在习近平总书记逐步的酝酿和思索中，文化自信与其他原有"三个自信"要并列提出的思想已呼之欲出了。

2016年6月28日，习近平总书记在参加中央政治局第三十三次集体学习时指出："要固本培元，把加强思想政治建设摆在首位，引导党员特别是领导干部筑牢信仰之基、补足精神之钙、把稳思想之舵，坚定中国特色社会主义道路自信、理论自信、制度自信、文化自信。"⑤ 这是总书记第一次把"四个自信"并列提出。由此，中国特色社会主义也由原来的"三个自信"提升为"四个自信"，随之，2016年7月1日，习近平总书记在"七一"讲话中，又重申了"四个自信"，他指出"全党要坚定道路自信、理论自信、制度自信、文化自信"⑥。并强调"文化自信，是更基础、更广泛、更深厚的自信"。随后，在2016年10月通过的《关于新形势下党内政治生活的若干准则》中，又明确把"四个自信"相并列，准则要求："必须坚定中国特色社会主义的道路自信、理论自信、制度自信、文化自信。"⑦ 紧接着，在党的十九大报告中，文化自信作为单独的一部分出现在报告的第七部分，该部分以"要坚定文化自信，推动社会主义文化繁荣兴盛"为标题，对新时代我国

---

① 习近平：《在文艺工作座谈会上的讲话(2014年10月15日)》，《人民日报》，2015年10月15日。
② 张诚：《中国共产党文化自信的历史逻辑》，《紫光阁》2016年第8期。
③ 杜尚泽：《阔步走在中华民族伟大复兴的历史征程上——记以习近平同志为总书记的党中央推进全方位外交的成功实践》，《人民日报》，2016年01月05日。
④ 习近平：《在哲学社会科学工作座谈会上的讲话(2016年5月17日)》，《人民日报》，2016年05月19日。
⑤ 《严肃党内政治生活净化党内政治生态为全面从严治党打下重要政治基础》，《人民日报》，2016年06月30日。
⑥ 习近平：《在庆祝中国共产党成立95周年大会上的讲话》，《人民日报》，2016年07月02日。
⑦ 《中国共产党第十八届中央委员会第六次全体会议文件汇编》，人民出版社2006年版，第30页。

的文化自信问题进行了专门论述。当今，已写入党的十九大报告和新党章的文化自信，作为习近平新时代中国特色社会主义思想的重要内容，必将对我国由文化大国到文化强国的转变起到极大的推动作用。

习近平总书记在党的二十大报告中为中国特色社会主义文化发展道路擘画了更加光明的前景，历史性地提出"推进文化自信自强，铸就社会主义文化新辉煌"，饱含时代性、前瞻性和创造性。从"文化自信"到"文化自信自强"，这一理论跃迁充分彰显中国共产党始终坚持守正创新、坚持自我革命的进取精神，是我们党以历史主动回应时代化之问与现代化之需的重要结论。"文化自信自强"是以中国式现代化全面推进中华民族伟大复兴的重要支撑和深厚底蕴，具有丰富现实意义和深远历史影响。

实现中国式现代化，需要文化自信自强。党的二十大报告首次深刻阐述了中国式现代化的理论，中国式现代化是物质文明和精神文明相协调的现代化，"两种文明"之于中国式现代化如同车之两轮、鸟之两翼。精神文明的高度发达，建立在文化自信自强的基础上。不同国家的国情、历史和文化存在差异，所选择的现代化道路也不尽相同。中国式现代化是镌刻民族文化基因、流淌民族文化血脉的系统工程，而文化自信自强则是重要基石。丰富人民精神生活、构筑人民精神世界、锻造人民精神成长史、刻画人民精神发展观是文化自信自强的应然指向，也是实现中国式现代化的文化必由之路。

全面推进中华民族伟大复兴，需要文化自信自强。实现民族复兴伟业是中国共产党的历史使命，也是中华民族的伟大梦想，繁荣中华民族文化是全面推进中华民族伟大复兴的应有之义。民族复兴必然包含民族文化复兴，复兴的前提是对已有优秀文化高度自信，复兴的要义是对希冀达致的文化目标充满进取心和自强心。历史上，中国的经济、文化和科技水平曾全面领先于世界，造就了灿烂的中华文明。近代以来，面对"文明蒙尘"的时代困境，中国共产党从建党伊始就重视文化，并将文化建设作为革命、建设、改革发展进程中的重要目标。习近平总书记指出，没有高度的文化自信，没有文化的繁荣兴盛，就没有中华民族伟大复兴。对中华优秀传统文化、革命文化和社会主义先进文化充满自信，方能在全面推进中华民族伟大复兴的道路上行稳致远。新征程中，文化自信自强为中国精神的发展提供了基准，进而为中华民族注入持久强劲的精神动力，增强实现中华民族伟大复兴的精神力量。

对外讲好中国故事，需要文化自信自强。中国共产党领导中国人民创造的人类文明新形态具有鲜明的中国特色、中国气派和中国风骨，向世界阐释好蕴藏其中的中国故事，是联结人类文明新形态与世界主流叙事的关节点。讲好中国故事既是全方位、立体化、多角度建构国家形象的关键之举，也是向世界展现积淀千年的中华文化焕发光彩的时代机遇。将中国故事讲得更有影响力和穿透力，需要探寻其背后的文化底蕴和历史基源，同时需要以自信自强的文化心态向世界表明我们有信心讲好、有底气讲好、有志气讲好中国故事。

进一步讲好中国故事，要敢于主动发声、勇于主动表达、勤于主动阐释，以高度自信自强的精神面貌向世人展现出中华民族在对外交流交往中讲好中国故事的信心、决心和恒心。

深化文明交流互鉴，需要文化自信自强。自信自强既是中华文化的内在特征，也是面向未来的发展指向，二者在宽广的时空维度中互为力证。历史和现实充分表明，中华文化不仅不会在与域外文化的碰撞交汇中被解构、同化，相反能以虚怀若谷的心态去接受和吸纳域外优秀文化，不断革故鼎新、推陈出新，实现文化自信自强。文化自信自强，既不是夜郎自大，也不是故步自封，而是在文化高度自信的基础上，以更开放的视野、更宽广的胸襟、更包容的情怀去海纳百川，借鉴吸收人类一切优秀文明成果，使之"为我所用"，并为世界文明增光添彩。同时，我们也需要深刻认识"一花独放"与"百花齐放"的关系，辩证对待"本来"与"外来"的关系，妥善处理民族性与世界性的问题，进而于文明交流互鉴中实现文化自信与自强的有机统一。

由此可见，文化自信的提出，不仅仅是强调文化自信对中华民族复兴的重要性，而是要从根本上解决中国文化的主体地位和确立独立自信的民族精神问题。显然，文化自信不是要解决枝节性或一般性的问题，而是要解决关系民族长远发展的根本性问题，只有从本质上领会其蕴含的战略价值，才能把握文化自信思想的真正要义。

（二）文化自信提出的时代背景

理论是实践的产物，思想是时代召唤的产物。自党的十八大以来，以习近平同志为核心的党中央为什么要提出"文化自信"的命题？毫无疑问，这是形势变化的客观要求，是实践发展的现实需要。为了更深入、全面、清晰地把握这一思想的实质和精髓，我们必须从世界局势、历史演变与时代潮流的大视野中去领悟思考。

1.命题提出的国际背景

从世界局势来看，对近代以来的中国来说，文化自信主要是针对西方文化领导权的压力和挑战而产生的文化自觉。当今世界，和平与发展虽然是时代主题，但世界并不安宁，西方霸权主义、强权政治和新干涉主义持续上升，意识形态领域斗争十分激烈，对我们的思想认识造成了严重干扰。

冷战结束后，世界格局发生重大变化，西方国家特别是美国逐步认识到：要想称霸世界，再使用传统的经济和军事手段已经过时，而谋求文化上的霸权，把文化作为称霸世界的重要战略手段，达到"不战而屈人之兵"的目的，则不失为一项称霸世界的良策。所以，积极地在全球范围内实施文化霸权战略成了冷战结束后美国等西方国家对外关系的重要特征。在当今的西方国家中，美国在军事、经济等方面的实力遥遥领先于其他国家，正是这些综合实力和物质基础，使其内在的扩张欲急剧膨胀，这种日益膨胀的扩张欲促使其肆无忌惮地把自己的文化理念、价值观念等传播或强加给其他的民族和国家，在全球范围不遗余力地推行其文化霸权。它没有像第二次鸦片战争那样派军舰去攻打我国,而是在自由、民主、人权的口号下,采取一种"攻心为上,攻城为下"的战术,利用的就是文化这种软力量。由此可见,在全球化时代,侵略的形式已经发生了改变,文化"软战争"已经变成了一个不得不重视的问题。

以美国为首的西方国家调整战略,积极推行文化扩张,他们把推行文化霸权作为其实现根本利益的一种重要手段,企图把所有非西方文化都纳入自己的文化体系之中。马克思、恩格斯当年曾指出:"迫使一切民族——如果它们不想灭亡的话——采用资产阶级的生产方式;它迫使它们在自己那里推行所谓的文明,即变成资产者。一句话,它按照自己的面貌为自己创造出一个世界。"[1]

西方超级大国推行其文化霸权的基础是他们强大的经济、政治和军事实力。凭借这些实力,这些国家把他们的触角伸向了世界的各个角落,他们无视其他民族文化独特的信条和价值,将西方文化等同于人类文化,赋予西方文化以放之四海而皆准的普适性,将全球化等同于西方化,不惜一切代价地推行其对外文化扩张政策。首先,通过制定和实施有目的、有计划的文化战略来实现对外政策目标。美国等西方国家一直将文化权力作为实现其国家利益的重要工具。早在第二次世界大战末期,美国在其制定的对外文化关系纲要中就认为,"美国的文化思想和文化概念,包括它的所有弱点和缺陷,都必须成为战后秩序的基础""战后世界将要求美国在文化上,如同在政治和经济上一样,在全世界担负起领导责任"[2]。冷战期间,杜勒斯指出:西方国家要同社会主义国家"进行一场思想战"。美国政府也认为,"若要在这场冷战中赢得胜利,除了武器和金钱外,还需要思想输出",需要"美国的文化外交"。其次,西方超级大国凭借其雄厚的经济实力,在文化宣传方面投入的人力、物力、财力的数额是惊人的。早在冷战时期,美国政府在文化宣传方面的投资每年就已高达数十亿美元。美国的许多大财团还创建了数以万计的形形色色的基金会,广泛引进吸收来自第三世界国家和社会主义国家的高层次人才到美国接受西方式的教育,并将培养的重点放在青年人身上,以加深他们对美国民主制度的认识为根本目的。最后,充分利用各种先进传播媒体,规模宏大、方式多样、无孔不入,其方式主要有:对外广播、电影和电视宣传、新闻和图书出版、体育和艺术交流、卫生与科技合作等。美国是当今世界上传媒最发达的国家,其媒体覆盖全球,它用100多种文字向全世界的100多个国家和地区昼夜发布新闻;独家全球性的新闻电视节目巨头CNN就在美国;美国之音对世界影响之大人尽皆知;在世界文化市场中,美国的文化产品所占的份额居全球第一。美国著名电影导演达利尔·柴纳尔称好莱坞电影是"铁盒里的大使",他说得很露骨,"这些圆盒子里装有卷得很紧的一卷卷印着美国电影制片者思想、想象和创作才能的走遍世界的

---

[1] 马克思,恩格斯:《马克思恩格斯选集》第1卷,人民出版社2012年版,第276页。
[2] [美]弗兰克,柯维奇:《美国对外文化关系的历史轨迹》,《编译参考》1991年第8期。

影片。我相信，美国影片是对共产主义最有效的摧毁力量。"[①]综上可以看出，所有这些传媒都承载着美国的价值观念、文化信仰和思维方式，其在向世界各地传播的过程中，使别国人民有意或无意地认同和接受着美国文化，给其他民族国家带来了文化危机和民族危机，致使其他民族国家的民众对本民族的文化及其价值观产生怀疑和动摇，这对各国的文化安全造成了直接的威胁。

在当今全球化的进程中，西方超级大国的文化扩张和侵蚀，不仅影响了其他民族国家经济文化的发展，而且也直接关系到了其他民族国家的生存。马来西亚领导人说，全球化会使人们接触到各种不同的文化，"但它也导致西方文化中最肮脏、最无价值、最颓废的东西在非西方社会泛滥成灾，使本土文化岌岌可危。一些国家的本土文化很有可能消亡，或被西方文化取而代之。"[②]对中华民族的文化而言，这种扩张和侵蚀还直接地冲击着我国文化的社会主义性质，冲击着我们的文化自信。苏联解体后，我国成为少数社会主义国家的代表，以美国为首的西方资本主义国家将和平演变的锋芒直接转向中国和其他几个社会主义国家。他们打着自由、民主、人权等招牌，企图利用文化等因素对我们发动"无硝烟的战争"，"终结"世界社会主义的进程，这无疑对我国的社会主义文化造成了一定的震荡冲击，对此，我们应该保持清醒的认识。

西方国家试图用他们的价值观念来改变世界的主张由来已久，但在今天，他们的方式更隐蔽，采用了更多的新形式。现在，他们文化扩张的花样不断翻新。比如，除了使用电影书籍广播商品等手段外，还以教育和学术交流为掩饰，向我国高层学者、知识分子等社会精英进行价值观渗透。为此，可以看出，当今西方文化霸权在加强对我国文化渗透时，更加注重运用巧实力、软实力发动"软战争"。正如西方传播学者曾公开发表的言论：西方世界寻求瓦解共产主义的方法，花费了亿万美元和近半个世纪的时间，却发现答案在电视新闻里。文化之战、文化竞争是和平年代没有硝烟但也是更为残酷的战场。对一个国家来说，在不同文明形态的冲突中，如何保有价值自信，而不是处于失落困惑的状态，更好地实现价值重构，文化自信在其中将扮演重要角色。

2. 命题提出的国内背景

改革开放四十多年来，中国创造了震惊世界的"中国奇迹"，大踏步赶上了时代潮流，实现历史性跨越。但是我们也应该看到，中国现代化的推进，是在改革开放四十多年中走过了西方国家几百年所走过的道路，在取得成绩的同时，也将长时段的各种矛盾压缩在短时间里集中暴露显现。比如，教育、医疗、住房等问题，贫富差距拉大、思想道德滑坡等。这些现象与社会主义共同富裕本质、与党的为人民服务宗旨、与社会主义核心价值观倡导的公平正义诚信等原则相背离。不仅如此，随着社会环境和现实条件的深刻变化，

---

① 柳静：《西方对外战略策略资料》（第1辑），当代中国出版社1992年版，第29页。
② 【马来西亚】巴达维：《全球化的风险及前景》，《参考消息》，2000年06月26日。

人们的价值观念多元多样多变，各种社会思潮此起彼伏，冲击主流意识形态，侵蚀人民群众的思想认知。当今全球化的大背景为西方资本主义国家对我国进行意识形态渗透提供了极其便利的途径。首先，现代高科技和信息网络传播技术的发展，使全球的信息共享和咨询交流变得快捷又方便，这同时也为西方资本主义国家的文化渗透创造了条件。西方国家借助互联网这一超时空的、立体的和全方位的信息传输方式，使他们的文化轻而易举地传入中国；以各种诱人的广告将其生活方式、消费观念和价值取向传入我国；用"慈善""援助""对话"等方式将其意识形态灌输给我国等。其次，改革开放之后，由于我国实施全方位的对外开放政策，西方文化以前所未有的规模大量传入了中国。对于外来文化，我们一贯是取其精华，去其糟粕，但是，发达国家在向我们输出资本和高新技术的同时，也输出了他们的社会制度、价值观念等意识形态，这无疑会对人们的价值观、人生观产生一定的影响，而这一切往往又是在人们的无意识中进行的。即使是那些不是直接进行意识形态灌输的文化产品和商品，也会使人们在享用和消费的过程中，不知不觉地形成一种对西方文化的认同。如何践行社会主义核心价值观、树立社会正气，如何解疑释惑、凝聚社会共识，如何处理好一元与多元的关系、引领社会思潮，如何激浊扬清、正本清源，所有这些都亟须大力加强思想道德建设和加大文化自信构建的力度。

（三）命题提出的中国近代历史背景

明朝以前的中国，曾是世界上经济、文化都非常发达的国家。商周、春秋、汉代、盛唐、两宋高度发达的文化，都是世界文化史上的辉煌篇章。中国文化自信的危机始自近代。中国只是在近代面临民族存亡危机时才出现所谓真正的文化危机，其重要表现是民族自信心的丧失，是文化自卑和对传统文化的自暴自弃。1840年，西方列强以枪炮轰开了中国的大门，也轰碎了天朝大国的美梦，开启了西方列强入侵的中国近代史。从1840年的鸦片战争到1894年甲午战争之前，"中学为体西学为用"是中华文化对于外来西方文化的基本应对策略，文化主体性未丧失。甲午战争的失败不仅意味着近半个世纪洋务运动的失败，而且意味着中国文化自主性的丧失。甲午海战的失败震惊了朝野，并由此造成了更大的民族危机。此后，不管是康梁维新变法所意图的政体改良，还是孙中山先生领导的政治革命；不管是延续数千年的科举制度的废除，还是西式教育制度的引进；不管是"以日为师""以俄为师"还是"以西方为师"的背后，均反映了中国文化主体性的危机。尤其值得一提的是，1905年取消了持续了1300多年的科举考试。

强烈的文化焦虑，必然会进而选择文化激进主义。文化激进主义就是把已有的文化成果视为"毒药"，统统遗弃。这种危机演变至1919年的新文化运动。虽然后来因"救亡压倒启蒙"而使新文化运动落潮，但那个年代也是中国文化自信危机的一个典型年代。在这一历史过程中，中国人经历了犹豫、徘徊、彷徨、痛苦和失望。可以说，每一次民族危机都加剧了人们对自身文化的怀疑和否定；而学习资本主义、学习西方，老师又总是打击学生，使中国人感到痛苦和失望。这种精神文化上的被动状态，直到马克思列宁主义传入中国、中国共产党诞生才得到根本扭转和改变。中华优秀传统文化一遇到马克思主义便复活了，被赋予了新的生命和意义。中国人找回文化自信，始于中华人民共和国成立之时，毛泽东同志在天安门城楼上宣布："随着经济建设的高潮的到来，不可避免地将要出现一个文化建设的高潮。中国人被人认为不文明的时代已经过去了，我们将以一个具有高度文化的民族出现于世界。"

进入改革开放新时期之后，中国人对传统文化的自信终于回潮，从20世纪70年代末开始大规模经济实践，到20世纪90年代起持续快速增长。近些年，经济总量先后超越法、英、德、日，中西经济水平的强烈反差，已极大地缩小。以经济实力为支撑，在长时间经济成长的经验基础上，中国社会的文化自信开始逐步恢复。

当然，改革开放之后国人对于中华传统文化及其与西方文化的关系并非只有一种立场。中国文化自信的回归虽然是总体上的主流心态，但是文化自卑主义情结与放弃中国文化主体性的主张也有很大的"思想市场"，并由此形成了一波又一波文化激荡现象。概括而言，改革开放新时期以来，在中国文化自信强势回归的同时，还存在大量的以西方中心主义为基础的对中国自身文化不自信的现象，这种不自信在很大程度上又成为消解中国文化自信心的"负能量"。时至今日，以西方中心主义为基础的文化不自信在许多领域仍有明显的表现。文化自信是国家强大的表现，而自信心的丧失是附着在民族心灵上的文化毒瘤。今天我们强调文化自信，正是为了彻底扫除中国长期落后于西方国家而产生的民族自卑和文化自卑，所以要吹响实现中华民族伟大复兴的精神号角。

第二章　文化自信的现实功能与价值引领

"一个国家、一个民族的强盛总是以文化兴盛为支撑的，中华民族伟大复兴需要以中华文化发展繁荣为条件。"①发挥文化自信的现实功能和价值引领，是坚定文化自信的必然结果与目标所在。在新时代的历史发展方位下，坚定文化自信对于文化强国建设、民族复兴伟业、创造人民幸福生活以及世界文化交往都具有极端重要的战略价值。

一、文化自信是文化强国建设的内在动力

（一）文化自信在重塑民族精神家园进程中的重要保障作用

精神家园是个人得以安身立命的精神归属，也是一个民族及其文化得以绵延发展的内在源泉。它是由人们的价值观念、理想信念、情感寄托、心理体验、精神归宿等要素构成的极为复杂的精神系统。精神家园对于一个国家、民族以及个人的发展，都具有极端重要的作用。首先，精神家园是个人和民族的根本精神支撑，也是个人和民族实现发展的源自心灵深处的内在动力。理想信念或信仰在人的精神家园中处于中枢地位，发挥着极端重要的作用。其次，精神家园以超越现实的"应然"境界规约着人的行为方式和活动方式，指引人们朝向理想的"应然"状态前行。再次，一个民族、社会或政党等共同体所共有的精神家园还具有价值导引的功能。社会共同体所共有的精神家园通过其内在的价值体系或价值观念来引导和规范人们努力朝向共同的价值目标。最后，社会共同体的精神家园还具有极其强大的凝聚力。共有的文化传统、价值观念、理想信念是精神家园强大凝聚力的基础。如我们中华民族每到危急关头，民族共有的精神家园都发挥了至关重要的作用。

一般而言，人的精神家园一旦确立，就具有相对的稳定性且长期不变。这种相对性在于：意识形态作为观念或思想上层建筑是与经济基础相关联的范畴，经济基础一旦发生变化，意识形态往往会很快发生变化。人们的精神家园与经济基础的关联并不像意识形态那样紧密，即经济基础发生了根本性的转变，人们的精神家园也会长期不发生大的变化。但精神家园终究是一种社会意识，它会随着社会存在的变化而发生一定的变化。这种变化在社会转型期表现得较为明显。

从历史时态来看，中华民族自秦汉以来就逐步确立起以儒学为主导的主流意识形态。

---

① 中共中央文献研究室编：《习近平关于社会主义文化建设论述摘编》，中央文献出版社2017年版，第3页。

儒家学说的"内圣外王""仁义礼智信""修齐治平"等价值观念、理想信念，强调人的道德人格、精神境界的完善以及社会秩序的稳定，满足了当时的社会需要，并且作为理论形态的文化不断与世俗形态的文化交互作用，以其为指导构成了中华民族历史上的共有精神家园，对于形成社会的超稳定结构以及维护封建社会的统治发挥着极其重要的作用。这种超稳定的社会结构在近代被西方以坚船利炮打破了，中国社会由此开始了决定性的艰难转型。作为思想上层建筑和意识形态的儒家思想由于其相对保守的特性，仅靠道德人格、精神境界完善的"内圣"是不能指明人类社会发展规律的，也难以结出社会发展、科技进步的"外王"之果。显然，中华民族要在世界历史的境遇下屹立于世界民族之林，实现民族复兴，凭借儒家思想"内圣外王"的道路是行不通的。正因如此，儒家思想曾一度被诟病为中国未完成近代社会转型的重要根由。以儒家思想为主导的人们的精神家园在近代中国也处于被消解的状态之中。"千年未有之大变局"使先进的中国知识分子逐渐认识到只有选择马克思主义，走俄国社会革命的道路，通过社会形态的更替，才能挽救民族危机，实现民族复兴。通过艰苦卓绝的伟大斗争，中国共产党带领人民以马克思主义为指导，不仅推翻了压在人民身上的三座大山，建立了社会主义新中国，完成了社会变革，而且创造出毛泽东思想、中国特色社会主义理论体系和习近平新时代中国特色社会主义思想等理论成果，先后生成了革命文化和社会主义先进文化，重塑了民族的精神家园。

从共时态来看，处于新的历史发展方位的中国，随着社会主义现代化建设的不断推进，以马克思主义理想信念和社会主义先进文化为引领的民族共有的精神家园开始转型。但在当代中国社会转型和全球化的双重时代境遇下，人民共有的精神家园建设也面临着诸多问题与挑战。当代世界中的民族国家在普遍交往的时代大背景下，相互依赖、交互作用，已然超越了历史、地域、民族、宗教等边界，人们的现实生活由此发生了鲜明的变化，人们固有的精神家园也正发生着历史性的嬗变：一方面，传统的思想观念由于历史惯性而走入现代，与现代思想观念交织在一起。正如马克思所说："一切已死的先辈的传统，像梦魇一样纠缠着活人的头脑。"[①]另一方面，不同国家、民族的文化日益走向世界，中华文化与其他民族文化、不同性质的文化相互交融碰撞。在多元的价值观念和思想文化共存的辩证图景中，中华民族的精神家园重构面临着诸多困难。

人是以实践为基础和前提的文化存在，精神家园是建立在人的文化存在基础上的意义世界和精神归宿。因而，观念形态的文化与人的精神家园无论是本体、价值或载体、实现路径等方面都存在着难以割断的联系。正因如此，一个民族的文化自信对于民族及其个人的精神家园建构都具有极其重要的作用。文化自信不仅是对本民族文化价值的认同与肯定，而且从更为广义上讲还涵盖着对民族生命力的自信。一个对自身文化和生命力缺乏价值认同和肯定的民族，是不可能建构起本民族所固有的精神家园的。从这个意义上说，文

---

① 马克思，恩格斯：《马克思恩格斯文集》第2卷，人民出版社2009年版，第471页。

化自信对于人的精神家园的构建发挥着基础性、决定性的作用。

当代中国的文化自信，是有其特定内涵的文化自信，是中国特色社会主义文化自信。无论是中国特色社会主义伟大事业整体，还是中国特色社会主义文化，都是以马克思主义为指导思想的。因而，无论对当代中国的文化自信持何种理解，都内在地包含着对马克思主义指导思想、共产主义远大理想和中国特色社会主义共同理想的坚守。以马克思主义科学理论与共产主义远大理想激发出的精神力量在更深层次上支撑着中华民族对中国道路、理论、制度的文化认同和奋斗活力，从而使之成为"更基础、更广泛、更深厚的自信"和"更基本、更深沉、更持久的力量"。马克思主义信仰是在科学地总结人类社会发展的历史进程中确立的，历史以雄辩的事实不断地确证了它的科学性和真理性，"两个必然"的科学论断科学地预测了未来社会的理想状态，并以其实践性架起了通向理想社会的桥梁。中国特色社会主义文化自信不仅能够坚定马克思主义信仰，克服文化漂泊和精神世界的虚无，为新时代人们精神生活筑"根"立"魂"，使之成为当代精神家园建构的核心和精神向导，而且能够使作为观念形态的中国特色社会主义文化与人们固有的精神家园形成良性互动，使之在自觉文化与自在文化的内在张力中不断跃迁，为社会主义文化繁荣昌盛提供更为丰富的精神资源，激发民族复兴的精神活力。

（二）文化自信对社会主义文化繁荣昌盛的根本支撑作用

"文化兴国运兴，文化强民族强。没有高度的文化自信，没有文化的繁荣兴盛，就没有中华民族伟大复兴。"[①]这是以习近平同志为核心的党中央在对中华民族5000多年历史经验教训深刻总结的基础上得出的一个重要论断。这一论断阐明了文化自信在社会主义文化繁荣兴盛、民族伟大复兴中的前提性作用。

社会主义文化的繁荣兴盛不仅是国家综合实力的重要组成部分，更是国家文化软实力的集中表现。但社会主义文化繁荣昌盛需要主体坚定文化自信，并且以其为前提。从广义的层面来看，当代中国的文化自信，就是文化主体对本民族的道路、理论、制度、强大生命力、远大前景及其文化所持有的坚定立场、心理认同、价值肯定以及坚守践行。它所涵盖的内容，不仅包括对本民族发展道路、理论、制度在文化价值方面的自信，而且包括对本民族强大生命力及远大前景的自信，还有对本民族文化的认同、肯定态度以及未来发展前景的确信。

在文化自信的构成中，对本民族发展道路、理论、制度所蕴含的思想观念、价值理念等认同和肯定居于基础的地位，是在价值——信仰层面的自信。这种文化自信一旦生成，文化主体就会在价值——信仰层面对本民族发展道路、理论、制度高度认同，对本民族的

[①] 习近平：《决胜全面建成小康社会夺取新时代中国特色社会主义伟大胜利——在中国共产党第十九次全国代表大会上的报告》，《人民日报》，2017年10月28日。

未来走向充满信心，即对民族生命力的自信。陈先达先生将其称为归根结底意义上的"文化自信"。对本民族文化的自信是对民族生命力自信的观念表达。文化主体对本民族发展道路、理论、制度以及强大生命力、远大前景的价值肯定、心理认同、信念坚守是长期积淀于人的内在心理的自信，其以观念形态的文化形式表现出来，就成为对民族文化的自信。这两方面的自信交互作用，共同推动文化自信力不断提升。具有文化自信的主体必将以高度的热情和活力推进民族文化的发展、推动民族不断实现历史进步。党的二十大报告以"推进文化自信自强，铸就社会主义文化新辉煌"为纲，阐明了坚定文化自信自强与文化繁荣昌盛、民族复兴之间的内在关系，即坚定文化自信既是民族复兴的重要前提，也是文化繁荣昌盛的内在动力。

社会主义文化繁荣昌盛是伟大事业的重大构成，要以文化自觉和文化自信为前提。从理论逻辑上看，文化自觉是前提，文化自信是结果。但在实际文化的发展进程中，两者又是相互作用的，即文化自信也对文化自觉具有能动的反作用，能够推进文化主体的文化自觉。

首先，文化自信能够使人民更加文化自觉，能够充分认识到本民族文化的特有优势和发展前景，并在实践中激发民族的文化创造活力，实现中华文化的创新发展。"中国特色社会主义文化，源自于中华民族五千多年文明历史所孕育的中华优秀传统文化，熔铸于党领导人民在革命、建设、改革中创造的革命文化和社会主义先进文化，植根于中国特色社会主义伟大实践。"[①]由此可见，从文化自身的维度来看，中华优秀传统文化、革命文化与社会主义先进文化共同构成了中国特色社会主义文化自信的主要内容。优秀传统文化是一个国家、一个民族传承和发展的根本，如果丢掉了，就割断了精神命脉。我们要善于把弘扬优秀传统文化和发展现实文化有机统一起来，紧密结合起来，在继承中发展，在发展中继承。显然，优秀传统文化是民族的精神命脉，是"中华民族生生不息、发展壮大的重要滋养"[②]。对优秀传统文化的自信，要求主体以高度的文化自觉，"把弘扬优秀传统文化和发展现实文化有机统一起来，紧密结合起来"，在新时代条件下实现创造性转化和创新性发展，使之成为涵养民族精神的精神源泉和社会主义文化繁荣兴盛的文化宝库。

革命文化是党带领人民在长期的伟大斗争中构建起来的中华民族精神的革命创造和伟大革命实践的精神标识。它以建党精神、井冈山精神、长征精神、延安精神、西柏坡精神等不同形式使传统文化在革命实践中获得了新的生机和活力，也为社会主义先进文化的生成发展奠定了基础。革命文化的自信，是激励中国人民不断奋斗的精神力量，也是中国共

---

① 习近平：《决胜全面建成小康社会夺取新时代中国特色社会主义伟大胜利——在中国共产党第十九次全国代表大会上的报告》，《人民日报》，2017年10月28日。
② 习近平：《在纪念孔子诞辰2565周年国际学术研讨会暨国际儒学联合会第五届会员大会开幕会上的讲话》，《人民日报》，2014年9月24日。

产党和中华民族始终保持旺盛生命力的根本保证。

社会主义先进文化在当代中国发挥着引领社会思潮和历史进步的重要作用。社会主义先进文化的自信，核心是对当代中国价值观念的自信，是与当代中国经济、政治等发展相适应的文化自信，是对中国特色社会主义文化本身自信的落脚点。对这一自信的重要地位和作用，最好的说明是："发展社会主义先进文化、广泛凝聚人民精神力量，是国家治理体系和治理能力现代化的深厚支撑。必须坚定文化自信，牢牢把握社会主义先进文化前进方向，围绕举旗帜、聚民心、育新人、兴文化、展形象的使命任务，坚持为人民服务、为社会主义服务，坚持百花齐放、百家争鸣，坚持创造性转化、创新性发展，激发全民族文化创造活力，更好构筑中国精神、中国价值、中国力量。"[①]

其次，文化自信可使人民能够以积极的态度对待一切人类文明成果，并在交流互动中广泛汲取、吸纳其他民族的优秀文化成果，从而推动社会主义文化的繁荣昌盛。马克思指出："各个相互影响的活动范围在这个发展过程中越是扩大，各民族的原始封闭状态由于日益完善的生产方式、交往以及因交往而自然形成的不同民族之间的分工消灭的越是彻底，历史也越是成为世界历史。"[②]这种世界历史所造成的直接后果就是"过去那种地方的和民族的自给自足和封闭自守状态，被各民族的各方面的相互往来和各方面的相互依赖所代替了。物质的生产是如此，精神的生产也是如此"[③]。自此之后，任何民族和国家在经济、政治、文化、社会等方面的发展都不能脱离世界文明的轨道。一个民族只有以积极的态度对待其他民族的文化，并在与其他民族文化的交流碰撞中汲取、吸纳、融汇人类一切优秀文化成果，才能得到快速的发展。因而，以积极的态度对待一切外来优秀文化成果，使之为我所用，是社会主义文化繁荣兴盛的重要条件和必然要求。从中华民族文化发展历程来看，以文化自信的开放包容心态对待一切外来文化始终是中华文化发展的主流，中国共产党人是中华民族文化发展史上文化自信的最杰出代表。在新的历史发展方位上，以习近平同志为主要代表的中国共产党人高度重视文化自信，特别强调要加强对外文化交流，以我为主、为我所用，使社会主义文化的繁荣发展进入一个新的历史阶段。

最后，文化自信可以使人们着眼于未来民族文化的发展前景，以更加积极的心态进行文化创造。对中国特色社会主义文化的自信不仅源于中华民族文化悠久的历史底蕴和现实社会主义先进文化的勃勃生机，更源于以马克思主义为指导的未来民族文化发展前景。马克思主义是人类思想史上迄今为止最伟大的思想成果，不仅以科学的世界观和方法论为我国当前的文化建设提供了指南，而且以人类社会发展的一般规律和共产主义崇高理想为

---

① 《中共中央关于坚持和完善中国特色社会主义制度推进国家治理体系和治理能力现代化若干重大问题的决定》，《人民日报》，2019年11月6日。
② 马克思，恩格斯：《马克思恩格斯选集》第1卷，人民出版社2012年版，第168页。
③ 马克思，恩格斯：《马克思恩格斯选集》第1卷，人民出版社2012年版，第404页。

我们展现了未来社会以及文化发展的光辉前景。中国共产党人始终高举中国特色社会主义伟大旗帜，坚持把马克思主义基本原理同中国具体实际相结合、同中华优秀传统文化相结合，诞生了一系列重要的思想成果。这些伟大的思想成果不仅指导中华民族完成了民族独立、人民解放等一系列历史任务，而且在指导实践的进程中使中华民族以高度的文化自信屹立于世界民族之林。在中国特色社会主义新时代，中国共产党带领人民创造出的良好文化发展局面，使之在世界历史的发展进程中呈现出无限光辉的前景，也使我们党领导中国人民能够以高度的文化自信在推进伟大斗争、伟大工程、伟大事业、伟大梦想的实践中，推动社会主义文化繁荣昌盛，重铸中华文化新辉煌。

（三）文化自信有提升社会主义文化软实力和竞争力的重要作用

当前中华民族发展新的历史方位，是中国特色社会主义进入新时代，也是中华民族振奋精神、走向复兴的时代。中华民族伟大复兴既是一项伟大而又艰巨的历史任务，也是一项极其复杂的系统工程。建设社会主义文化强国和中华民族的文化复兴是其中极端重要的内容。换言之，没有社会主义文化的繁荣兴盛和文化强国，就不会有实质上的民族伟大复兴。文化自信是一种更基本、更深沉、更持久的力量，可以更加坚定地走坚持中国特色社会主义文化发展道路，激发全民族文化创新创造活力，切实增强文化软实力和竞争力，在文化强国建设中发挥"更基础、更广泛、更深厚"的强力支撑作用。

中华民族在5000多年的文明历程中创造出了辉煌灿烂的文化，新中国成立后，党带领人民又经过几十年的社会主义文化建设，文化事业和文化产业稳步发展，在各方面都取得了重要成就，文化影响力和综合实力显著提升，在文化领域各方面的总量均居于世界前列。显然，中国已经成为一个文化大国，但还不是一个文化强国。比如，核心价值观的影响力、具有世界影响力的当代文化精品力作、连续演出10年以上的优秀演出剧目等都比较匮乏。总的来看，当前，国民的文化素养、发达的文化产业以及文化的影响力和竞争力等软实力与文化强国的目标还有很大的差距。

在新的历史发展方位下，党带领人民要建设社会主义文化强国，将面临更为复杂的困难和挑战。从世界发展趋势来看，全球经济增长放缓已经成为不争的事实，蕴含于不同文明之中的思想文化和价值观念的冲突碰撞也有成为常态化的趋势。从国内形势来看，新时代文化强国建设，既要应对西方"强势文化"的话语霸权的挑战，又要直面自身文化差距和国内的价值观念多元多样、交融激荡的现实。在这样的时代背景下，党带领人民只有坚定文化自信，坚持中国特色社会主义文化发展道路，激发全民族文化创新创造力，切实增强文化软实力和竞争力，才能实现由文化大国向文化强国的转变。当下中国的文化软实力和竞争力集中表现在核心价值观、民族文化的传承与弘扬、文化事业和文化产业的发展等几个方面。文化自信对于这几个方面都具有至关重要的作用。

其一，文化自信的基本内核——社会主义核心价值观是文化强国的凝聚力之源。核心价值观是一个国家的人民所共有的精神家园，也是维系民族赖以存在和发展的精神纽带。没有共同的价值观，就不会有人民共有的精神家园，一个民族也就会魂无所依。换言之，一个民族的核心价值观，是该民族文化软实力和竞争力、影响力的根本依据。社会主义核心价值观是当代中国精神的集中体现，凝结着全体人民共同的价值追求。它是巩固社会主义主流意识形态的根本要求，是中华民族全体成员团结奋进的共同思想根基。新时代中国特色社会主义文化自信，无论是从广义上抑或是从狭义上理解，其最本质和最核心的内容，就是对社会主义核心价值观的自信。一般而言，社会主义核心价值观涵盖"富强、民主、文明、和谐"国家层面的价值理想、"自由、平等、公正、法治"社会层面的价值诉求以及"爱国、敬业、诚信、友善"公民层面的价值要求，这3个层面是决定中国特色社会主义文化性质的最深层次的内核。由此可见，当代中国的文化自信覆盖社会主义核心价值观的所有层面，不仅内在蕴含着国家层面的价值理想，而且浸润着社会进步的价值诉求，更体现着公民素养的价值准则，对于核心价值观的生成、培育及践行，都具有极其重要的支撑作用。社会主义核心价值观是全体中国人民在价值观方面的"最大公约数"，它不仅能够在构建全民思想道德基础的同时提升全民素质和精神境界，而且能够在通达美好社会理想的进程中实现社会主义社会的价值目标，也能够在国家现代化建设进程中实现国家社会文明的整体进步。总之，社会主义核心价值观一旦有了文化自信的支撑，就会展现出巨大的凝聚力，成为激发民族活力、建设文化强国的根本力量。

其二，文化自信内在蕴含着对中华民族的根本精神基因的传承和弘扬，是文化强国建设的强大精神力量。新时代的中国人民之所以能够自信，一个重要的原因就在于中华民族有深厚悠久的历史文化底蕴。中华民族优秀传统文化所蕴含的中华民族的根本精神基因，是中国人民文化自信的历史底气。中华民族在5000多年历史进程中创造出的优秀传统文化，是中华民族得以存续和发展的丰厚滋养，其中最核心的内容，已经成为中华民族血脉传承的根本精神基因。中华民族最根本的精神基因可以概括为自强不息的向上精神基因、厚德载物的向善精神基因以及爱国主义的精神基因等几个方面。"自强不息的向上精神基因是中华文化蓬勃发展的内在动力，厚德载物的向善精神基因是中华文化能够以海纳百川的气魄，包容和吸纳外来文化并推进自身文化发展的重要依据，爱国主义的精神基因是维系中华各民族团结统一，为国家和民族奋斗的根本精神力量。传承至今的传统文化是最根本的精神基因，不仅涵养了当代中国人民，而且已经成为中国特色社会主义文化生命力的丰厚滋养。"[①]显然，优秀传统文化的自信，本身就内在蕴含着对中华民族优秀传统文化和根本精神基因的传承和弘扬。对中国特色社会主义文化的自信，首要的就是对民族自身文化根脉的自信。对中华优秀传统文化的自信，能够使我们充分掌握中华民族文化的独特

---

① 胡海波：《中华民族最根本的精神基因》，《光明日报》，2017年7月17日。

优势与光辉前景，始终坚守中华文化立场、激发民族文化创造的活力，是我们走向未来的强大精神力量。

其三，文化自信是推动文化事业、文化产业发展的精神引擎。全面深化改革是当代中国的重要战略举措，文化体制改革是其重要构成。尽管改革开放以来，文化体制机制改革取得了许多显著的成果，但在新的发展历史方位下，改革进入"深水区"后产生的诸多问题也带来了诸多挑战。从世界现代化发展的经验借鉴来看，在社会大变革的情况下，旧的思想观念赖以存在的基础松动，新的思想观念尚处于生成过程中，人们的思想观念往往较为脆弱，特别需要精神支撑。当代中国的文化自信，可以为社会主义文化强国建设和文化体制机制改革明确方向、找准定位、增强动力、拓展改革的广度和深度，进而从根本上解决当前文化建设的主要矛盾，即文化发展不平衡不充分的矛盾。深化文化体制改革，从根本上说，就是要实现推动文化事业和文化产业不断发展、为人民提供丰富的精神食粮的目标。习近平总书记在党的二十大报告中强调，要繁荣发展文化事业和文化产业，"坚持把社会效益放在首位、社会效益和经济效益相统一，深化文化体制改革，完善文化经济政策"①。健康的文化事业和文化产业的发展绝不是追求文化的经济效益而陷入资本逻辑，而是在科学社会主义远大理想"人的自由而全面发展"的宏大视域下，将民族精神、革命精神、时代精神、社会主义核心价值观、共产主义理想信念等渗透于文化作品之中，从而达到经济效益和社会效益相统一、"润物细无声"的效果。中国特色社会主义文化自信所蕴含的人生观、价值观等丰富的内容，不仅可以成为深化文化体制改革的精神引擎，而且可以成为文化事业、文化产业的精神引领，从而提升当代中国的文化软实力和竞争力。

总之，新时代中国的文化自信，不仅能够从文化主体的维度在重塑人民精神家园进程中发挥基础性作用，而且也能够从文化内容的维度推进社会主义文化繁荣兴盛，也可以从民族文化的比较和交流中，提升中国特色社会主义文化软实力和竞争力，从而可以在社会主义文化强国建设中发挥最根本的保障作用。

二、文化自信是中华民族伟大复兴的精神力量

从历史的维度看，中华文明是人类历史上唯一一个绵延5000多年至今未曾中断的灿烂文明，不仅对中国发展产生了深刻影响，而且对人类文明进步做出了重大贡献。但是，近代中国却由于清王朝的腐朽没落，日渐沦为半殖民地半封建社会，曾经的文明古国光环渐衰。文化优势日渐式微，中国人民的文化自信也逐渐被消解。马克思主义传入中国后，中国共产党带领人民经过百年艰苦卓绝的伟大斗争，完成了中华民族历史上最为广泛深刻的社会变革，实现了从"站起来"到"富起来"，走向"强起来"的伟大飞跃，中国人民

---

① 习近平：《高举中国特色社会主义伟大旗帜为全面建设社会主义现代化国家而团结奋斗——在中国共产党第二十次全国代表大会上的报告》，《人民日报》，2022年10月16日。

在精神上也由被动转为主动,开启了文化自信的重构历程。历史和现实证明,"文化自信是一个国家、一个民族发展中更基本、更深沉、更持久的力量",是国家兴盛和民族复兴的内源动力。

(一)文化自信是中国特色社会主义伟大事业的精神支撑

历史唯物主义认为,人类社会是一个由经济、政治、文化等要素相互作用而构成的有机整体。作为观念形态的文化是一定社会经济、政治的反映和精神体现,其生成、性质和发展都要受经济、政治等要素的规约,但文化又不是消极被动地适应经济、政治等要素的规约,而是以极强的渗透性能动地作用于经济、政治等社会构成,进而推动整个社会的深刻变革。恩格斯曾指出:"政治、法律、哲学、宗教、文学、艺术等的发展是以经济发展为基础的。但是,它们又都互相影响并对经济基础发生影响。"[①]"经济状况是基础,但是对历史斗争的进程发生影响并且在许多情况下主要是决定着这一斗争的形式的,还有上层建筑的各种因素。"[②]文化对于整个社会的发展变迁的重要作用,已经为整个人类社会发展的历史,特别是近代以来社会转型的历史所确证。

文化自信作为一种稳定的民族心理特质,不仅表现为对自身文化价值的认同和肯定,而且表现为对民族和国家生命力及远大前景的坚定信念。中华民族的历史和现实反复证明,"只有社会主义才能救中国","只有中国特色社会主义才能发展中国"。在新时代的中国,中国特色社会主义道路、理论、制度都与文化紧密相连,统一于中国特色社会主义事业的伟大实践。国家、民族与社会主义是统一的,要实现国家繁荣富强和民族伟大复兴,就必须坚持中国道路、理论、制度和文化。中国道路、理论、制度、文化,分属于中国特色社会主义的不同方面,共同指向中华民族的伟大复兴。其中,道路是民族复兴的实践路径,理论是伟大实践和行动的指南,制度是根本保障,文化是内在的精神动力。由于文化反映和彰显新时代中国伟大事业的实践,文化自信不仅表现为对反映这种伟大实践的文化的高度认同和充分肯定,而且还必然表现为在文化心理上对包含伟大事业及其道路、理论、制度等的高度肯定和持有坚定的信念。

当代中国的文化自信是中国特色社会主义伟大事业的精神内核,在更深层次上支撑着当代中国伟大事业的发展。归根结底,道路自信、理论自信、制度自信,就其实质而言,都是对中国特色社会主义共同理想和共产主义远大理想的自信,是文化自信在实践、理论、制度等方面的外在呈现和价值表达。坚定文化自信为道路自信、理论自信、制度自信奠定了坚实的文化底蕴和精神依托,使人们能够更加自觉能动地坚定道路自信、理论自信和制度自信,更加自觉地为新时代中国伟大事业贡献力量。这种力量是一种"更基本、更

---

① 马克思,恩格斯:《马克思恩格斯选集》第4卷,人民出版社2012年版,第507页。
② 马克思,恩格斯:《马克思恩格斯选集》第4卷,人民出版社2012年版,第477页。

深沉、更持久的力量"。马克思主义是当代中国文化自信的深层内容，也是中国人民推进伟大事业的指导思想，其科学的世界观和方法论是中国共产党带领人民取得伟大事业胜利的思想武器，其所蕴含的价值理念和崇高理想始终是道路自信、理论自信和制度自信最坚实的价值支撑和思想基础。马克思主义的科学性和价值性决定了以其为指导的中国特色社会主义伟大事业必然能够凝聚共识、砥砺前行，必然能够坚定当代中国人民对中国特色社会主义伟大事业的认同及其远大前景的坚定信念，必然能够激发全民族的创造活力，从而实现民族复兴的伟业。

党的十九大将文化自信作为坚持和发展中国特色社会主义基本方略的一个重要内容，强调文化自信等内容构成的基本方略能够"更好构筑中国精神、中国价值、中国力量，为人民提供精神指引"。在当代中国，民族复兴的伟大梦想与伟大事业的发展具有高度的一致性，既是中国人民的期盼，也是中国共产党人的初心和使命。文化自信内蕴的价值观念和理想信念是弘扬中国精神与中国价值、凝聚中国力量的内在源泉，可以将14亿多人民群众的力量和智慧汇集起来，形成建设中国特色社会主义伟大事业的磅礴力量。

历史反复证明，一个拥有文化自信的民族必然具有强大的生命力和无比光辉的前景。中华民族是中华各民族在长期交流融合的基础上发展起来的多元一体的民族。"家国一体同构"以及"大一统"的观念造就了中华民族强烈的国家认同和民族认同，以高度的文化自信创造出了汉唐盛世，国家的强盛又反过来强化了中华民族和中国人民的文化自信。当代中国人民的文化自信，不仅有博大精深的优秀传统文化滋养，也有革命文化和社会主义先进文化的精神引领。在中华民族不同历史时期优秀文化滋养形成的文化自信，以软实力的形态推动着人民更加自觉能动地在国家建设和民族复兴中发挥更大的作用，从而在国家和民族层面成为国家强盛和民族复兴的内在动力。

（二）文化自信是创造社会和谐稳定局面的精神引擎

文化自信的战略价值呈现在宏观层面，是伟大事业的精神支撑。伟大事业是民族复兴伟业的重要构成，是民族复兴在新时代国家层面的集中体现，具体呈现在中国道路、理论、制度、文化等方面。民族复兴伟业还表现在社会层面。社会和稳定是民族复兴的重要表现，文化自信在创造社会和谐稳定局面上发挥着精神引领作用。

社会和谐稳定是人类长期以来所期盼的社会进步的最佳状态和社会理想，也就诞生了丰富的社会和谐安定的思想。在中国传统文化中，儒家思想强调"和为贵"，《礼记·礼运》中的"大道之行也，天下为公。选贤与能，讲信修睦……是故谋闭而不兴，盗窃乱贼而不作，故外户而不闭。是谓大同"，描绘出一种社会和谐的"大同"状态；道家所祈盼的社会安定局面是《道德经》中所描述的"小国寡民，使有什伯之器而不用，使民重死而不远徙。虽有舟舆，无所乘之。虽有甲兵，无所陈之。使民复结绳而用之。甘其食，美其服，安其居，乐其俗"。陶渊明在《桃花源记》中构想了一个"黄发垂髫并怡然自乐"的世外桃源；洪秀全发起的太平天国运动的初衷在于建立一个"有田同耕，有饭同食，有衣同穿，有钱同使，无处不均匀，无人不饱暖"的社会；发动戊戌变法的康有为曾设想为近代中国建立一个"人人相亲，人人平等，天下为公"的理想社会。和谐也是古代西方哲学的一个重要范畴，从毕达哥拉斯学派到黑格尔的思想中都存有丰富的和谐思想。1803年，法国著名的空想社会主义者傅立叶把这一重要范畴移植到社会历史领域，在《全世界和谐》一文中强调，现存的资本主义制度是不合理的制度，必将被和谐的社会制度所代替。德国第一位空想共产主义理论家魏特林非常憎恶资本主义社会，1842年，在其著作《和谐与自由的保证》中认为，资本主义社会是一个病态的社会，应当通过社会革命建立一个全体和谐的"和谐与自由的社会"。尽管中外思想家将人类长期祈盼的理想社会状态以理论的形态呈现出来，但这些思想家没有掌握预见未来社会的科学方法论，也没弄清人类社会发展的客观规律，因而，他们的天才设想根本不可能成为现实。

马克思恩格斯在汲取包括空想社会主义者在内的人类一切优秀文明成果的基础上，认为人类社会是一个由低级社会形态走向高级社会形态的自然历史过程。他们早期将未来的理想社会状态描述为"作为完成了的自然主义，等于人道主义，而作为完成了的人道主义，等于自然主义，它是人和自然界之间、人和人之间的矛盾的真正解决，是存在和本质、对象化和自我确证、自由和必然、个体和类之间的斗争的真正解决"[①]。后来，两位经典作家站在无产阶级的立场上，运用科学的方法论，发现了人类社会发展的一般规律和资本主义社会发展的特殊规律，预见未来社会必将是阶级和国家的消亡、社会关系高度和谐的状态。他们指出："随着阶级的消失，国家也不可避免地要消失。在生产者自由平等的联合体的基础上按新方式来组织生产的社会，将把全部国家机器放到它应该去的地方，即放到古物陈列馆去，同纺车和青铜斧陈列在一起。"[②]显然，在马克思和恩格斯的视野中，未来的理想社会将是一个生产力高度发达、自由平等、生产者按新的方式组织的社会高度和谐的状态。

中国共产党是以马克思主义为指导的政党，中国特色社会主义伟大事业是以马克思主义为指导的伟大事业。党带领人民始终把建设一个和谐稳定的社会作为一个重要奋斗目标。在中国特色社会主义新时代，文化自信对于构建和谐稳定的社会局面，具有极其重要的战略意义。首先，文化自信是巩固政权的思想保障。意识形态在社会结构中属于思想上层建筑，发挥着维护政权稳定的功能。意识形态工作也就必然成为一项极端重要的工作。意识形态是文化的核心，在文化结构中居于主导地位。文化则在更广泛的层面支撑着思想的上层建筑。只有人民对自身的文化具有高度的自信，社会主义意识形态才能形成强大的

---

① 马克思，恩格斯：《马克思恩格斯全集》第42卷，人民出版社1979年版，第120页。

② 马克思，恩格斯：《马克思恩格斯选集》第4卷，人民出版社2012年版，第174页。

凝聚力和引领力，从而才能在更大的程度上发挥稳固政权的作用。其次，文化自信有助于化解社会矛盾。在新历史发展方位，当代中国的社会主要矛盾已经转化为人民日益增长的美好生活需要和不平衡不充分的发展之间的矛盾，人民美好生活需要日益广泛，不仅对物质文化生活提出了更高要求，而且在民主、法治、公平、正义、安全、环境等方面的要求也日益增长，社会矛盾的解决固然要靠物质力量来解决，但精神的价值指引也应当得到充分的重视。无论是中华优秀传统文化、革命文化，还是社会主义先进文化，都是破解功利主义、实用主义等社会矛盾思想根基的有力武器。最后，文化自信有助于巩固整个社会的共同思想基础。社会主义核心价值观是中国特色社会主义文化和当代中国价值观念的高度凝练和概括，是当代中国人民共同价值追求的集中表达，也是形成社会和谐稳定局面的共同思想基础。文化自信内在地包含着对优秀传统文化、革命文化、社会主义先进文化等不同形态文化中丰富的社会和谐思想以及共产主义崇高社会理想的认同和肯定，从而在价值理想的更高层面、更深层次上支撑着社会主义核心价值观的培育和践行。

总之，中国特色社会主义文化，蕴含着丰富的社会和谐思想资源。文化自信内含着对这些思想资源的认同和肯定，在更深层次上和更为广泛的层面支撑和引领社会和谐稳定局面的形成。

（三）文化自信是激发全民创造活力的重要动力

文化自信事关国运兴衰、事关文化安全、事关民族精神独立性。"三个事关"彰显了文化自信在民族复兴伟大进程中的战略地位和价值。文化自信的"三个事关"重要地位和价值不仅体现在国家和社会层面，也体现在与国运兴衰、文化安全、民族精神独立性密切相关的文化主体——人民层面。

在人类思想史上，马克思恩格斯以"现实的人"及其实践活动为理论基点，强调"历史不过是追求着自己目的的人的活动而已"[①]，形成了"人民群众是历史创造者"的历史唯物主义基本观点，充分肯定了人民群众的历史主体地位。以马克思主义为指导思想的中国共产党，始终秉持人民群众创造历史的理念，带领人民在革命、建设和改革的实践行动中践行着"为人民谋幸福，为中华民族谋复兴"的伟大历史使命。无论是中国特色社会主义事业的蓬勃发展，还是中华民族的伟大复兴。必须紧紧依靠人民群众，才能成为现实。毛泽东指出："人民，只有人民，才是创造世界历史的动力。"[②]

中国特色社会主义文化自信，从根本上说，是作为文化主体的中国人民对于中国特色社会主义文化的自信。这种文化上的自信，能够弘扬中国精神、凝聚中国力量，不仅从根本上促进新时代中国人民对于中国特色社会主义道路、理论、制度的认同，而且能够从

---

① 马克思，恩格斯：《马克思恩格斯文集》第1卷，人民出版社2009年版，第295页。
② 毛泽东：《毛泽东选集》第3卷，人民出版社1991年版，第1031页。

更深层次激发全民族建设中国特色社会主义伟大事业的热情和活力，汇集全体中国人民的磅礴力量来实现中华民族伟大复兴的伟业。中华文化是中国人民的精神沃土，中国道路、理论、制度都是在中华文化滋养和浸染下生成的，因而，文化自信使人民对中国道路、理论、制度充满信心，从更深层次、更为广泛的范围、更加基础的层面上支撑道路自信、理论自信和制度自信，以新时代的中国精神激励和鼓舞着14亿多中国人民，从而形成一股势不可当的复兴民族伟业的磅礴力量。

中国特色社会主义文化自信能够弘扬中国精神，激发中国人民建设中国特色社会主义伟大事业的斗志和创造活力。当代中国的文化自信，是有特定内涵的，即中国特色社会主义文化自信。从狭义层面上看，文化自信是文化主体即中国人民对中国特色社会主义文化的自信，其所蕴含的主要内容——优秀传统文化、革命文化和社会主义先进文化等都是国家和民族的灵魂，也是实现民族复兴的精神动力和支撑。因而，坚守中华文化立场、坚定文化自信对于国家富强、民族复兴具有极其重要的意义。中华民族即使遭遇外族的入侵，特别是近代西方列强的掠夺，中华文化也未曾失去自己的灵魂，其中的爱国主义精神等已经作为中华民族的基本精神基因熔铸于中华儿女血脉之中。在这种精神的激励之下，中国人民在中国共产党的带领下，进行了艰苦卓绝的伟大斗争，并创造出了更高形态上的崭新文化，完成了民族独立、人民解放和国家繁荣富强等历史任务。中华优秀传统文化是国家和民族固有的根本和精神命脉，也是民族精神独立性的集中呈现；革命文化蕴含的艰苦奋斗的基本精神是中国人民宝贵的精神财富和精神动力；社会主义先进文化是在当代中国特色社会主义实践中生成的文化，对于推进伟大事业发挥着精神支撑和精神引领的作用。

坚定文化自信，就能够弘扬中国精神和中国价值，并以文化的强大生命力和感召力增进思想认同、凝聚共识，更加坚定全体中国人民为实现民族复兴伟业而奋斗的坚定信念，形成合力，从而汇集起建设社会主义强国的巨大力量。

三、文化自信是创造人民幸福生活的思想保证

（一）文化自信是人民幸福的体现和内容

"人民是历史的创造者，群众是真正的英雄。""人民群众是历史发展和社会进步的主体力量。"这是马克思主义历史唯物主义的根本观点。习近平总书记指出："'中国梦'，归根到底是人民的梦，必须紧紧依靠人民来实现，必须不断为人民造福。"[①]这说明了人民幸福就是"中国梦"的最高价值追求。一般而言，作为名词的"幸福"指的是使人心情舒畅的境遇和生活；作为形容词的"幸福"指的是生活、境遇称心如意。可见，"幸福"指的是主体对境遇和生活的一种主观感受和体味。因而，"幸福"有一定的主观性。但这

[①] 习近平：《习近平谈治国理政》，外文出版社2014年版，第40页。

种主观性又有其客观的东西——主体生存发展需求的满足。只有生存发展的需求得到满足，主体才能"心情舒畅""称心如意"，即才能谈得上幸福。对幸福的理解应该是物质和精神两方面的满足。正因为如此，我们国家一直强调物质文明和精神文明两手一起抓，两手都要硬。历史实践充分证明，只有物质文明和精神文明建设都搞好，全国各族人民物质生活和精神生活都改善，中国特色社会主义事业才能顺利向前推进。这里的精神生活实际上就是文化生活。所以说，人民幸福内含文化意蕴。

文化自信彰显人民幸福。人民对自己民族和国家的文化充满着自信，这本身就是幸福之事。梁漱溟曾说，"世界未来文化就是中国文化的复兴，有似希腊文化在近世的复兴那样。"[1]这不仅指出中国文化对世界未来文化发展的意义和价值，更凸显了对中国文化未来发展的高度自信。毛泽东曾自豪地说，"随着经济建设的高潮的到来，不可避免地将要出现一个文化建设的高潮。中国人被认为不文明的时代已经过去了，我们将以一个具有高度文化的民族出现于世界。"[2]可以看出毛泽东对新中国文化建设充满着信心。他还从中国文化在世界文明中的地位来表达自己的自豪感和自信心，这种对中国文化成就的充分肯定以及对其未来发展的憧憬和期待，体现了高度的文化自信。正是在这样强烈的文化自信的鼓舞和激励下，人民的幸福指数会持续攀升。

文化自信促进人民幸福。人民幸福体现在全面发展上，而发展的最高境界是文化。所以从一定意义上说，人民幸福的满足程度依赖于文化。恩格斯在《反杜林论》中提出："最初的、从动物界分离出来的人，在一切本质方面是和动物本身一样的不自由的；但是文化上的每一个进步，都是迈向自由的一步。"可见人类社会的文明程度和水平对于实现人的自由全面发展意义重大。可以说，作为一种内在精神需求，文化是检视人的自由全面发展的标尺，同人类社会的进步紧密相连。文化是凝聚人心的精神纽带，又直接关系人民幸福。一个社会如果没有文化的充实丰盈，就谈不上有真正美好的生活。改善民生、促进人民幸福是党的性质和宗旨要求，也是我们最大的政治。如果没有文化这个十分重要的元素，那么这幸福指数也可能是失去内在特质的低层次的生存指数，很难称得上是真正的幸福指数。因此，党的十八大强调"物质贫乏不是社会主义，精神空虚也不是社会主义。没有社会主义文化繁荣发展，就没有社会主义现代化"。没有文化的引领，没有人民精神生活的丰富，没有全民族精神力量的充分发挥，一个国家、民族就不可能屹立于世界民族之林。

（二）坚定文化自信，不断促进人民幸福梦想的实现

文化自信助推经济又好又快发展，从而为人民的幸福生活奠定坚实的物质基础。物质贫穷不是社会主义，社会主义就是要实现富裕，而且是人民的共同富裕。满足人民日益

---

[1] 梁漱溟：《东西文化及其哲学》，商务印书馆2010年版，第20页。
[2] 毛泽东：《毛泽东文集》第5卷，人民出版社1996年版，第345页。

增长的物质需求，必须抓好经济社会建设，增加社会的物质财富。这是因为物质财富的丰盈是人民生活幸福的现实基础和重要体现。为此，要坚持以经济建设为中心，推动中国经济又好又快发展，只有推动经济持续健康发展，才能筑牢国家繁荣富强、人民幸福安康、社会和谐稳定的物质基础。文化自信作为精神力量总是"润物细无声"地融入经济力量之中，成为经济发展的强大"助推器"、人民幸福生活的重要支撑。

当今时代，经济发展的一个显著特点是经济文化化和文化经济化，文化对经济的影响越来越大，经济发展越来越依靠文化的力量。"文化赋予经济发展以深厚的人文价值，使人的经济活动与动物的谋生行为有质的区别；文化赋予经济发展以极高的组织效能，促进社会主体间的相互沟通和社会凝聚力的形成；文化赋予经济发展以更强的竞争力，先进文化与生产力中的最活跃的人的因素一旦结合，劳动力素质会得到极大提高，劳动对象的广度和深度会得到极大的拓展，人类改造自然、取得财富的能力与数量会成几何级数增加。"[1]可见，文化从多方面影响经济发展，渗透到经济发展的全过程。文化自信就是主体对自己民族国家的文化之于经济社会发展意义与价值的充分肯定。所以，从这个意义上说，高度的文化自信是推动经济发展的巨大力量，必将为人民的幸福生活提供坚强的物质后盾。

文化自信构建民族精神家园，丰富人民精神生活，从而实现人民幸福梦想。人民幸福既体现在殷实富足的物质生活上，更反映到丰富多样的精神文化生活上。这主要包括两个方面：国家层面和个人层面的精神富足。这种精神上的富足能够给人民带来更深厚、更持久、更高远的幸福感。从国家层面看，文化是一个国家、一个民族的灵魂。它是凝聚团结国民的精神纽带，是人民的共有精神家园。文化自信能够提升国民的尊严和自豪感，能够提供整个民族安身立命的精神家园，从而能够为人民幸福提供源源不断的精神动力。为此，我们要大力弘扬以爱国主义为核心的民族精神和以改革创新为核心的时代精神，大力弘扬中华优秀传统文化，大力发展社会主义先进文化，构建中华民族共有精神家园。

文化自信的核心是价值观自信。建构精神家园，价值观至关重要。这是因为核心价值观在一定社会的文化中是起中轴作用的，是决定文化性质和方向的最深层次的要素，是一个国家的重要稳定器。人们据之以观世界、思人生、辨善恶、别曲直、识美丑，也以之为向心凝聚、一体认同、创新创造的依据和向导。社会主义核心价值观把涉及国家、社会、公民三个层面的价值要求融为一体，深入回答了我们要建设什么样的国家、建设什么样的社会、建设什么样的公民的重大问题。概言之，它让人民的生活有确定的目标，有前进的方向和坚实的道路，有美的期冀和超越的精神追求，那内心深处生发的自然是踏实、希望和幸福。

国家层面的精神富足为人民幸福生活提供了良好的条件和氛围。而个人层面的精神

---

[1] 习近平：《之江新语》，浙江人民出版社2013年版，第149页。

富足则是人民幸福生活的真实体现。因此，党的十八大提出了"全面提高公民道德素质"和"丰富人民精神文化生活"的要求。这体现了中国共产党对人民幸福的科学认识，也反映出党的性质和宗旨。今天，在全球化与市场经济的大背景下，有的人往往过于注重物质财富、权力地位等外在的东西，而忽略了内心世界与精神生活的丰盈。导致在物质繁华的表征下，不同程度地出现精神空虚、迷茫、焦虑、疲惫、孤独等现象，很难感受到幸福。可以说，精神世界的危机和困境是这些人幸福感缺失的根源。树立文化自信是解决这一危机和困境的良药。有了高度的文化自信，人们才能认识到"文化是民族的血脉，是人民的精神家园"这一深刻道理。认识到这一点，才能不忘本来，礼敬自己的民族文化；吸收外来，认真对待外来文化。在继承、弘扬、创新自己民族文化的基础上，吸纳外来文化的优秀成果，能够为国民构建共有精神家园。可以说，拥有了文化就拥有了开启幸福的钥匙，拥有了通达幸福彼岸的佳径。

四、文化自信是实现和平发展合作共赢梦想的重要保障

自从资本主义大工业开辟世界历史以来，经济全球化已经成为不争的事实。全球化既是一种客观事实，也是一种发展趋势，无论承认与否，它都无情地影响着世界历史，也无疑地影响着中国的历史进程。处于全球化进程之中的当今世界正经历着一场新的大发展大变革大调整，世界人民面临着新的重大抉择。各国经济社会发展日益相互联系、相互影响，推进互联互通、加快融合发展成为促进共同繁荣发展的必然选择。新的世界历史趋势要求我们，只有坚持开放合作交往之路，才能实现各民族的共同繁荣发展。在文化方面，应该推动不同文明相互尊重、和谐共处，让文明交流互鉴成为增进各国人民友谊的桥梁、推动人类社会进步的动力、维护世界和平的纽带。在当今世界交往日益增强的现实境遇下，坚定文化自信不仅对于民族文化自身的发展、传播中华文化、展现中国形象具有重要的意义，而且能够在世界各民族的普遍交往中为世界的发展贡献中国智慧和中国方案。

（一）文化自信是在世界文化交往中坚守中华文化立场的深厚基础

在经济全球化的时代背景下，原有民族文化空间的界限被打破，文化交流愈趋频繁。各民族文化呈现出趋同的趋势，世界各民族的精神产品成了公共的财产。在世界经济全球化的过程中，发达的资本主义国家凭借自身的科技、经济和舆论的优势力量，对外输出思想文化，企图对其他国家文化进行同化，使其他民族的自我身份认同危机加剧，造成精神上"无根可依"。当今时代，各国的发展都不能离开世界，中国也是如此，中国的发展也不能脱离世界文明的轨道。因此，中外文化的交流互鉴是当代中华文化发展的世界图景。

在多元文化交互激荡的世界图景中，各国人民都面临着多样的文化价值选择问题。

在文化价值选择中，立场作为人们分析和处理问题的根本立足点，在其中发挥着至关重要的作用。人是一种文化的存在，不同的立场直接决定着人们的文化选择，在根基处规约着"是谁""为谁""怎样"等文化价值选择问题。一般而言，文化立场在人的文化结构中处于深层的基础地位，一旦生成就具有极强的稳定性。但这种稳定性又是相对的，文化总是用来传播和交流的，在文化的交流传播中，前人传承下来的文化由于不能适应新的时代发展需要而日渐式微，抑或本民族现有文化不能够有效地解决现实中的文化问题而导致的文化失范，以及民族文化在与其他异质文化的权衡比较中存在劣势等情况，都有可能导致文化立场的转变。文化立场上的转变分歧，在社会变革与不同民族文化碰撞中尤为明显。鸦片战争后不久，中华传统文化就在中西文化的对撞中日渐式微，也由于其本身不能解决救亡图存、社会形态更替意义上的进步而导致的文化失范，就使中国出现了民族本位主义、全盘西化等不同的文化立场。

发展中国特色社会主义文化，就是以马克思主义为指导，坚守中华文化立场，立足当代中国现实，结合当今时代条件，发展面向现代化、面向世界、面向未来的，民族的、科学的、大众的社会主义文化。中华文化立场的坚守既是发展中国特色社会主义文化的根本遵循和基本要求，也是当代中国文化自信的重要体现。文化不仅具有时代性，也具有民族性。文化的民族性立场是一个民族在精神独立性方面的根本体现，也是其能够在世界民族之林中立足的根基。文化自信的根本要义就在于对民族文化自身价值、生命力等的高度认同和肯定。文化自信，从一定意义上说，是对民族生命力的确信。民族文化立场的坚守是其重要表现。没有文化自信的民族是不可能坚守自身文化立场的，往往就会被其他民族的文化所同化，从而丧失自我的民族精神。新时代的中国人民要想实现民族复兴的伟业，就必须坚守中华文化立场。坚守中华文化立场内蕴于中国特色社会主义文化自信之中，是其题中应有之义。

坚定文化自信、坚守中华文化立场在世界文化交往中的战略意义在于：一方面，坚定文化自信、坚守中华文化立场是保持民族精神独立性、在世界文化激荡中站稳脚跟的根基。当今世界，各种不同的价值观念、意识形态以及社会思潮以文化为载体在世界舞台上交互激荡。西方发达国家往往借话语霸权向后发国家输出自己的意识形态和价值观，弱化、分化、西化中华文化和社会主义意识形态的论调甚嚣尘上，"普世价值""新自由主义"等社会思潮也有着极强的影响力，民族精神、民族意识往往被视为"宏大叙事"而被淡化，国家的文化安全民族精神的独立性面临严峻的考验。新时代的中国共产党人反复强调坚定文化自信的重要目的之一，就是其能够在世界文化交往中坚守中华文化立场，增强人民的民族文化价值认同、民族身份认同以及中国特色社会主义远大前景和生命力的认同等，从而保持民族精神的独立性。党的十九大在以往强调民族精神特性的基础上，将"坚守中华文化立场"作为发展中国特色社会主义文化的根本要求写进大会报告。在新的历史方位下，坚守中华文化立场是坚定文化自信的根本要求，也是维护文化安全、彰显民族精神独立性、在世界文化交融碰撞中站稳脚跟的基本前提。

另一方面，坚定文化自信、坚守中华文化立场具有鲜明的、以文化主体意识进行文化创造的现实针对性。党的二十大报告明确提出了"发展中国特色社会主义文化""促进社会主义文化繁荣昌盛""建设文化强国"等在文化发展方面的历史任务，而要完成这些历史任务，就必须要有明确的文化主体意识，其根本缘由在于文化主体意识是一个民族在世界文化交往中进行文化创造的前提。坚守中华文化立场、坚定文化自信，从根本上来说，是要确立中华民族的文化主体意识。坚守中华文化立场绝不是在文化上实行所谓的狭隘的民族主义，而是在世界文化交往中进行文化创造和在历史进步中实现文化进步。批判地继承古今中外一切文明成果是中国共产党人长期坚守的文化态度，"洋为中用"也是发展社会主义文化的基本方针。在世界文化交往中，只有坚守中华文化立场，才能够自觉地树立民族文化的主体意识，才能够实现不同民族文化间的平等对话；也只有坚守这一立场，才能在世界文化交流中反对"西方中心论"和全盘西化的主张，在有效抵御西方文化霸权和价值观渗透的基础上借鉴世界一切优秀文化成果"为我所用"。文化创造是"以我为主、为我所用"的文化创造，显然，只有坚守中华文化立场、坚定文化自信，才能真正做到在历史进步中实现文化进步。

（二）文化自信是中华文化在世界文化交往中得到发展的重要保证

从文化的发生发展机理维度来看，一个民族的文化发展变迁大体有两种模式：一种是内生式的，指的是一个民族的文化在基本没有受到外来文化的干扰或影响的情况下，在生产力等"外部事实"发展的推动下，各方面的条件逐渐成熟而独自发生跃迁的情况；另一种是外源式的，指涉的是两种异质文化相遇时，处于较低阶段的自在文化会受到处于较高阶段的自觉文化的冲击而使较低阶段的自在文化向高级阶段跃迁。马克思在晚年的人类学笔记中对这两种模式都有过阐释。他写道："有一些在地理上与外界隔绝，以致独自经历了各个不同的发展阶段；另外一些则由于外来的影响而混杂不纯。"[①]"较进步的部落便把较落后的部落提高到自己的水平，其速度则以后者能够认识和利用这些进步的方法的速度而定。"[②]一般而言，从社会历史进步的维度来看，任何一个民族的文化在没有受到外来文化的影响或干扰下，都会或快或慢地独自向高级阶段的文化跃进。这种情况正如马克思的摘录所言，在人类社会发展初期是较为普遍的现象。但自世界进入全球化时代以来，世界上许多民族与世隔绝的状态被打破，不同民族文化之间的交融碰撞已经成为常态。资本主义开辟的世界历史在文化上造成了双重的后果：一方面，推动世界各民族间的文化交

---

① 马克思，恩格斯：《马克思恩格斯全集》第45卷，人民出版社1979年版，第331页。
② 马克思，恩格斯：《马克思恩格斯全集》第45卷，人民出版社1979年版，第31页。

流,在一定程度上推进了后发民族文化的发展,使各民族文化的发展呈现出一体化的图景。"过去那种地方的和民族的自给自足和闭关自守状态,被各民族的各方面的互相往来和各方面的互相依赖所代替了。物质的生产是如此,精神的生产也是如此。各民族的精神产品成了公共的财产。民族的片面性和局限性日益成为不可能,于是由许多种民族的和地方的文学形成了一种世界的文学。"[①] 但这种图景是各民族文化多样性基础上的统一。另一方"资产阶级的民族"在世界各地到处安家落户,也给"农民的民族"带来了深重的灾难。在世界历史的大趋势下,中华文化的演进也曾有过外源式的变迁历程。西方列强的入侵不仅严重地冲击了中国社会的小农经济结构和封建专制政权,也导致传统文化的失范,中华文化由此开始现代性的转型。

中华文化的现代转型或者说发展跃迁,是由中国共产党带领人民在革命、建设和改革进程中实现的。这种转型既不是纯粹的内生式的,也不是纯粹的外源式的,而是外源内生型的变迁。这是因为,"中国这个旧邦想复兴,改变中华民族的命运,救人民于水深火热之中,不可能再沿着历代改朝换代的道路走,沿着历史上尊孔读经的道路走"[②]。换言之,中华民族的伟大复兴,只有通过社会革命,以社会形态的变革完成民族独立、人民解放和国家富强、人民富裕等历史使命,才能够实现。先进的中国知识分子和中国人民在几经尝试之后,最终选择了马克思主义。马克思主义是一个严整的科学体系,就中华文化现代转型而言,其指导思想是马克思主义,具有外源式的特征。但马克思主义要在中国发挥其巨大的理论威力,就必须与中国的实际相结合,与中华优秀传统文化相结合是其中重要的维度。正是在马克思主义与中华优秀传统文化结合的基础上,党带领人民在革命斗争实践中创造出了一种新的民族的、科学的、大众的革命文化。从社会形态更替的维度来看,革命文化尚不属于完全意义上的新型文化,但就其性质而言,又是完全不同于原有社会形态的新文化。革命文化在中华文化转型进程中具有承上启下的作用,社会主义先进文化就是革命文化在社会主义中国的逻辑发展。新时代中国特色社会主义文化发展的基本方略就是:必须坚持马克思主义,牢固树立共产主义远大理想和中国特色社会主义共同理想。培育和践行社会主义核心价值观,不断增强意识形态领域主导权和话语权,推动中华优秀传统文化创造性转化、创造性发展,继承革命文化,发展社会主义先进文化,不忘本来、吸收外来、面向未来,更好构筑中国精神、中国价值、中国力量,为人民提供精神指引。显然,中华文化的发展变迁是一种具有外源性特征的内生型发展模式。

以马克思主义为指导思想的中国共产党人历经艰难,为中华文化的发展变迁成功地找到了一条具有中国特色的外源内生型道路。这条道路突出强调中华文化内生性发展在"铸就中华文化新辉煌"中的决定性作用,一个民族文化的发展必须以坚守民族文化立场为基

---

① 马克思,恩格斯:《马克思恩格斯选集》第1卷,人民出版社2012年版,第404页。
② 陈先达:《马克思主义和中国传统文化》,《光明日报》,2015年7月3日。

本前提，但如果只强调民族文化的内生性发展，必然要走上封闭僵化的道路。中国共产党人历来强调中华新文化的发展不能离开人类文明的大道，毛泽东主张批判地继承外来文化成就，提出了"洋为中用"的方针。在中国特色社会主义新时代，以习近平同志为主要代表的中国共产党人在继承前人的基础上，大力倡导世界各民族文化之间的交流沟通，在总结历史经验的基础上提出了"文明交流互鉴"的重要论断，党的二十大报告进一步明确了深化文明交流互鉴的战略部署。

在"历史越来越成为世界历史"的时代境遇下，任何一个民族都不可避免地要与其他民族进行经济、文化等各方面的交往。以何种态度对待与其他民族之间的文化交流，往往会决定该民族文化的发展程度。布罗代尔在《文明史纲》中指出："在各种文明中，西方恰好利用了它汇集着无数文化潮流的优越地位。千百年来，它从各个方向吸取营养，甚至向已死的文明借鉴，这才使它后来光芒普照，风行全球。"[①] 由此可见，在世界文化交流互鉴中，一个民族越是对自身的文化充满自信，就越能以正确的态度对待其他民族的文化，就越能够在文化交流互动中汲取、吸纳其他民族文化的有益成分，实现民族自身文化的跨越式发展。中华民族要实现复兴伟业，就必须要有高度的文化自信，广泛地吸纳人类一切优秀文化成果，实现民族文化的复兴和社会主义文化的繁荣昌盛。从世界文化交往的维度来看，当代中国文化自信对中华文化的繁荣发展的重要作用表现在：

其一，中国特色社会主义文化自信内含着海纳百川、开放包容的胸襟和心态，是能够吸纳其他民族优秀文化成果的重要前提。透过中华文化发展史，不难发现，中华民族曾经以高度的文化自信，广泛吸纳各民族的优秀文化成果，最终形成了多元一体的高度繁荣的中华文化。尽管经历了八次少数民族入主中原，但只是改朝换代或者说政权的更替，而不是国家的灭亡。究其原因在于，中华文化始终处于领先地位，"海纳百川、有容乃大"既是其重要思想，也是其胸襟和情怀。入主中原的少数民族被中华文化所吸引，这些民族的文化也融入中华文化之中。文化的融合统一支撑着国家的统一和民族的融合。从一定意义上说，正是高度的文化自信和开放包容的胸襟推动着中华文化不断汲取各民族的优秀文化成果，从而绵延不绝、生生不息。文化上的封闭主义或保守主义、全盘西化的激进主义的主张和观点貌似截然相对，实则都是文化不自信的极端表现，一个抱守残缺窒息了文化的活力，一个背弃了自身的民族文化立场、失去了屹立于世界民族之林的文化根基。当代中国的文化自信，是以马克思主义为指导的超越以往形态的、具有质的跃迁的自信，其能够以更为开放包容的胸襟和情怀汲取人类文明的一切优秀成果为我所用，使社会主义文化繁荣兴盛。

其二，中国特色社会主义文化自信秉持的"以我为主、兼收并蓄"原则，是能够对人

---

① 【法】费尔南·布罗代尔：《文明史纲》，肖昶等译，广西师范大学出版社 2003 年版，第 157 页。

类文化优秀成果进行辩证取舍的原则。当前，世界不同民族之间的人文交流的应然目标在于促进文化上的合作共赢、共存共生，在促进各民族文化发展上推进人类文化的进步。这也是中国共产党人历来对待中外文化交流的基本态度。但在合作交流的进程中，外来文化也是形形色色、良莠混杂的，这就需要对一切外来文化有一种辩证取舍的态度，决不能照抄照搬、照单全收。同时，任何一个民族的文化，都是该民族在特定的自然和社会历史环境中进行生产实践的结晶，都有其文化的个性。如果脱离了其赖以存在的社会历史条件和文化土壤，其作用和价值也会发生相应的变化。

更需注意的是，各民族文化之间的关系不仅仅具有统一性，也具有对立的方面。具体表现在：一是不同民族文化之间由于文化个性或差异性而可能导致文化间的对立或冲突；二是一些想把社会主义中国纳入资本主义体系的势力、不断培植亲信势力，进行价值观的渗透，也应引起我们的警惕。新时代中国特色社会主义文化建设应始终秉持以我为主、兼收并蓄的原则，对一切外来文化成果进行取其精华，去其糟粕的辩证取舍，使之能够为我所用，为社会主义文化繁荣兴盛提供重要的文化资源和借鉴。

其三，中国特色社会主义文化自信也是对外来文化进行创造性转化和创新性发展能力的自信。对外来文化在辩证取舍的基础上进行创造性转化和创新性发展，最终达到"为我所用"和促进自身文化发展，既是中华民族一以贯之的文化传统，也是中国共产党人在文化方面的科学态度和优良作风。革命文化和社会主义先进文化的生成都没有脱离人类文明发展的大道，都是汲取一切外来优秀文化成果的结晶。科学地对待外来文化，对于中华民族文化的发展而言，根本目的在于"以我为主""为我所用"。"以我为主""为我所用"不是简单地移植，而是以中华文化为主导、将外来文化的优秀成果与中华文化相结合，融入中华文化的要素，服务于我国文化建设和社会实践的需要，并以中国人民所喜闻乐见的中国气派、中国风格呈现出来的创造性转换和创新性发展。当代中国人民之所以能够对自身能力有这样的自信，一方面，在于中华文化对外来文化具有强大转化整合能力，无论是历史上的文化融合，还是马克思主义同中华优秀传统文化相结合，都是其集中表现。另一方面，以马克思主义为指导的中国共产党人善于以马克思主义的方法论对其予以批判的继承和应用。毛泽东在《新民主主义论》中就曾指出："中国应该大量吸收外国的进步文化，作为自己文化食粮的原料……凡属我们今天用得着的东西，都应该吸收"[①]，但这种吸收是经过"取其精华，去其糟粕"的吸收，即创造性转化了的吸收。经过百年的洗礼，新时代的中国共产党人以更加坚定的战略定力丰富和发展了前人的思想，对外来文化的转化发展更加充满自信。

---

① 毛泽东：《毛泽东选集》第 2 卷，人民出版社 1991 年版，第 706~707 页。

（三）文化自信有助于展现中国形象、为人类发展提供中国智慧和中国方案

当今世界，各个国家、民族之间的经济、文化等方面的交流合作日益频繁深入。就世界文化交往而言，各民族之间的文化相遇，不仅有相互交融与合作的一面，也存在着博弈和相互抵牾的一面。西方发达国家利用话语霸权、经济科技等优势将其价值观念、生活方式、消费理念等传输给后发国家。作为商品化和科技化产物的西方发达国家的文化产品在互联网的推动下，其受众面越来越广泛，传播速度和频率也越来越快，甚至在某些国家或民族已经取得了主导地位。这些文化产品承载的价值观念和意识形态对后发国家的人民有着巨大的影响。卢卡奇对此曾指出："一旦商品形式在一个社会中取得了支配地位，它就会渗透到社会生活的所有方面，并按照自己的形象来改造这些方面。"① 作为正在崛起的最大的发展中国家，由于中外文化交流的不平衡性，在总体上不仅要承受西方发达国家价值观念等文化扩张，而且还被西方某些势力根据自身的需要加以歪曲和污名化，导致一些国家及民众在其蛊惑下对中国产生了极大的误解，严重地损害了我国的国家形象。

文化传播与交流是构建和塑造一个国家积极正面形象的重要中介和手段。文化具有以价值观为核心的强大的凝聚力、吸引力和感召力，是一个国家的软实力。历史也一再证明：文化不仅在一个国家和民族的生存、发展中发挥着极端重要的作用，而且在维护国家的团结稳定、树立国家形象方面也发挥着至关重要的作用。一个民族或国家的民众往往是通过各种媒介获得的形形色色的信息，并以自身的价值观念、思维方式等来理解其他民族或国家的。换言之，这就是国家形象的"他者"建构的文化基础。由于意识形态歧见、歪曲误读等因素的作用，在一个国家形象的他者评价或认知中，各种虚假意识必然大量地存在。通过文化传播和交流，不同民族和国家的人民不仅可以增进了解，消除各种分歧、误读，而且能够感受到对方的文化魅力和真实的国家形象。可以说，文化交往是人类消除谬见的过滤器，能够改变人们既有的价值建构。

中国特色社会主义文化自信对于塑造和构建当代中国国家形象具有极其重要的意义。其一，文化自信为塑造国家形象提供了源源不断的精神活力和内在底气。一个民族或国家的文化展现着该民族或国家的价值观念和精神风貌，是国家形象的根本表征。随着文化因素在世界交往中的地位和作用日益重要，通过文化传播和交流让更多的国家和民众了解真实的中国，已成为当前国家形象建构的重要途径。中国特色社会主义文化自信不仅促进了社会主义文化繁荣兴盛，增强了自身的软实力，而且能够激发全民族的创造活力，增强中华民族复兴的硬实力。强大的软实力和硬实力是中华民族得到国际社会尊重和理解的内在底气，一个经济腾飞、政治清明、精神文明、社会和谐、生态美丽的国家必然会得到其他

---

① 【匈】卢卡奇：《历史与阶级意识》，杜章智等译，商务印书馆 1992 年版，第 145 页。

民族或国家的理解和认可。文化自信所激发的活力和呈现出的精神风貌，是国家形象的直接表征。这种表征通过文化传播和交流，而为其他民族或国家所认同和理解。文化自信、国家实力及精神风貌、他者评价之间的良性互动就成为当代中国国家形象构建的根本动力。

其二，文化自信对"他者评价"中国国家形象的重要作用。文化自信分别与"文化信他""文化他信"构成了两组对立统一的矛盾关系。"文化信他"主要是针对国内部分人而言的，即一部分人对于自己民族的文化不是充满自信，而是对某些国家特别是西方发达国家的文化价值观念顶礼膜拜、尊崇至极。随着综合国力特别是文化软实力的增强，中华民族的文化自信必然会日益增强，并为塑造良好的国家形象奠定基础。"文化他信"与文化自信则属于"主体间性"的矛盾关系，从与其他的民族或国家的文化交往来看，文化自信也往往是与他者评价密切相关的，即文化自信不仅仅涉及一个民族、国家或人民对自己文化的认同和肯定的维度，还暗含着一个能够使他者认同或肯定的维度。从一定的意义上说，缺乏他者评价或认同的"自信"不能算作是真正的自信。由此可见，弘扬中华文化不仅要讲清楚中华优秀传统文化的大同社会理想、"和而不同"等价值观念，更要讲清楚中华文化特别是当代中华文化的独特创造、价值观念、鲜明特色，其根本目的在于增强文化自信和价值观自信的同时，也能够通过文化传播与交流，让世界人民更好地了解中华文化，得到他们的文化认同和肯定。文化自信和弘扬中华文化、增强国际影响力、塑造国家形象之间的关系是相互作用、动态发展的关系。以高度的文化自信，通过文化交流和传播，能够更好地弘扬中华文化、展现中华民族的精神风貌、不断扩大中华文化的影响力和感召力，从而塑造良好的国家形象。

其三，文化自信可以通过文化传播真正认识一个全面、真实、立体的中国。以往由于文化自信力不足、传播途径不畅等，世界各族人民对于中国与中华文化的认知是浅层的、碎片化的，加之某些势力和媒介的歪曲，也存在某些误解。文化自信是以积极的态度增进文化传播和交流。它不仅能够增进彼此间的了解和认识，也能够消除出于某种特定目的的媒介错误宣传的影响，以一个全面、真实、立体的中国回应错误的论调，以多样的形式展现中华文化"求同存异""开放包容""以人为本""共存共赢"价值理念。

中国的快速崛起深刻地改变了世界格局。对外全面开放的中国正日益走近世界舞台中心，国际影响力大幅提升。党的十八大以来，以习近平同志为主要代表的中国共产党人奉行"和平、发展、合作、共赢"的理念，以"一带一路"建设为重要平台积极推进人类命运共同体建设，力争为人类社会的发展做出更大的贡献。人类命运共同体发轫于中华优秀传统文化中的"天下情怀"。在新的历史发展方位下，21世纪的马克思主义者汇集马克思主义国际战略思想，创造性地将其运用和发展为一种处理国际关系、解决人类共同难题的崭新理念。人类命运共同体理念为世界其他民族的发展提出了一种道路选择，为人类美好前景提供了中国智慧和中国方案。

文化自信对于推动构建人类命运共同体,为人类发展提供中国智慧、中国方案具有极其重要的作用。首先,人类命运共同体理念蕴含的中国方案既是中华文化的积淀,也是新时代中国共产党人在解决人类发展共同难题上的思想创造。近代以来的人类发展史,借用马克思的话来说,就是"东方"文明从属于"西方"文明的历史。"自我中心主义"是西方文明思维的逻辑基点,以西方为主宰的文明和道路具有唯一的合法性。为此,资产阶级的民族可以粗暴地干涉他国内政,向全世界输出所谓的"普世价值",进行"颜色革命"。萨义德就曾指出:"有理由认为,每一个欧洲人,不管他会对东方发表什么看法,最终都几乎是一个种族主义者,一个帝国主义者,一个彻头彻尾的民族中心主义者。"[①]可以说,西方的"自我中心主义"是当代人类发展进步面临的共同难题的思想根源。人类命运共同体理念源于中华优秀传统文化中的"天下理念""天下情怀",是当代中国共产党人以马克思主义立场观点方法解决人类发展共同难题的理论创造,以"和平、发展、公平、正义、民主、自由"的共同价值和中国智慧提出了"构建人类命运共同体,实现共赢共享"的中国方案。显然,人类命运共同体理念是中华优秀传统文化在新时代的创造性发展。只有坚定文化自信,讲清楚"历史渊源、发展脉络、基本走向"及其"独特创造、价值观念、鲜明特色",才能使之为其他民族所认同和接受,从而为增进人类福祉做出更大的贡献。

其次,构建人类命运共同体的总体布局内蕴着中华文化的价值理念和新时代中国共产党人的文化创造。人类命运共同体理念是要构建"持久和平、普遍安全、共同繁荣、开放包容、清洁美丽"的世界。就文化方面而言,是要建设一个"开放包容"的文明世界。它以尊重民族文化主体的平等地位、人类文明的多样性为前提,充分展现了中华文化的平等理念和包容精神。总的说来,由于发展的不平衡性,不同民族和国家的文化有强弱之分。某些国家和民族不承认民族文化主体的平等地位,不承认民族文化的"个性",强行推行自己的价值观,不仅不利于弱势民族文化的发展,也不利于世界文化的进步。同时,它还深刻地体现了当代中国马克思主义者对人类文化发展规律的认识和促进人类文明共同发展的价值期盼。其实,整个人类命运共同体理念的总体布局都展现着中华文化的因素和当代中国马克思主义者的思想创造,如"持久和平"体现着中华文化的和谐思想、"普遍安全"体现着中华文化的"天下"情怀、"共同繁荣"体现着中华文化的"普惠共赢"理念、"清洁美丽"体现着"天人合一"思想等。显然,人类命运共同体不仅是经济等方面的共同体,也是一个文化相互交流互鉴的共同体,从总体布局上都呈现着中华文化的要素和当代中国智慧。只有坚定文化自信,才能从总体上推进人类命运共同体建设,从而更好地为增进人类福祉提供中国智慧和中国方案。

最后,人类命运共同体建设进程中必然会遇到诸多的现实困难,也需要有高度的文

---

① [美]爱德华·沃第尔·萨义德:《东方学》,王宇根译,上海三联书店1999年版,第260页。

化自信以中国智慧和中国方案去化解。随着世界交往的不断深入，不同民族之间的经济利益、文化观念、价值诉求等都会存在一定的分歧甚至冲突，给推动构建人类命运共同体提出了现实的挑战。这就需要我们不仅要从中华优秀传统文化中寻求思想资源，也要从革命文化和社会主义先进文化中汲取思想营养，更要从当代中国特色社会主义伟大事业的实践中提炼智慧。优秀传统文化中的"求同存异""协和万邦"以及义利观等都是宝贵的思想资源，革命文化和社会主义先进文化中的民族精神基因、价值观、方法论等都是宝贵的精神财富，当代中国特色社会主义的伟大实践中的成功经验也是重要的借鉴等。只要我们坚定文化自信，必然能够凝练中国智慧，为解决人类发展的共同难题提供中国智慧。总之，中国特色社会主义文化自信是以习近平同志为主要代表的中国共产党人对新的历史发展方位下涌现出的问题的时代回应，不仅能够在文化层面上重塑人民的精神家园、推动社会主义文化繁荣兴盛、增强文化软实力，从而实现文化强国的目标；能够从总体上支撑中国特色社会主义伟大事业蓬勃发展，促进社会和谐安定局面形成、激发全民族创造活力，从而实现中华民族伟大复兴的伟业；能够构建民族精神家园，丰富人民精神生活，从而实现人民幸福梦想；还能够在世界交往中坚守中华文化立场、促进中华文化繁荣发展、更好地展现国家形象以及为增进人类福祉提供中国智慧和中国方案。显然，文化自信的价值已经超出了一般的理论或现实意义，从而具有了战略层面的价值。

第三章 文化自信的内在依据

中国特色社会主义文化内在地蕴含着深刻的历史、理论与实践自信根据。从历史来看，其自信的底蕴在于传承了中华优秀传统文化的丰富文明资源、承续了中华文明的显著文明特质；就理论而言，其自信的底色在于革命文化、社会主义先进文化铸就了中国共产党人坚守和坚持的理想信念、根本立场和时代精神；从实践来讲，其自信的底气在于植根于中国特色社会主义实践，依托了"中国道路"的现实力量、马克思主义的真理力量和社会主义核心价值观的道义力量。优秀传统文化的深厚底蕴，在中国革命、建设和改革的伟大实践过程中孕育的革命文化和社会主义先进文化，日益雄厚和强大的经济实力等，这些奠定了我们文化自信的强大底气。

一、中华优秀传统文化的深厚根基

文化自信是一个国家、一个民族、一个政党对自身文化价值的充分肯定，对自身文化生命力的坚定信念。在中华文明发展过程中，中华民族以"有容乃大"的胸襟融汇各民族文化智慧，历经世代积淀传承，逐渐生成了特有的文化传统和精神标识。中华文化传统和文明，不仅是本民族生生不息、发展壮大的精神源泉，而且也对人类文明发展产生过极其重要的影响，更是中国特色社会主义文化的历史源流。中华文化传统及其丰富的文化资源，不仅是中国道路、理论、制度生成的重要因素，而且在革命、建设、改革的进程中与马克思主义相结合孕育出崭新的革命文化和社会主义先进文化，是当代中国文化自信的历史根基。

（一）中华优秀传统文化资源是中国特色社会主义文化自信的历史根基

中华民族是一个历史悠久而又伟大的民族，这个伟大的民族在历经艰难曲折、不断涅槃重生的历程中逐渐凝练出具有自身独特精神标识的文化传统和汇集成源远流长、博大精深的中华传统文化资源宝库。习近平总书记对此指出："中华文化源远流长，积淀着中华民族最深层的精神追求，代表着中华民族独特的精神标识，为中华民族生生不息、发展壮大提供了丰厚滋养。"[①]当代中国文化自信的培育和提升，必须植根于中华优秀传统文化的沃土。

---

① 习近平：《习近平谈治国理政》第 1 卷，外文出版社 2018 年版，第 164 页。

从纵向维度来看，中华文化源远流长，具有旺盛的生命力。英国著名学者汤因比在考察了人类历史上曾经出现过的26个文明之后，发现中华文化是唯一未曾断流而绵延至今的文明形态。汉字和史书典籍是中华文化源远流长的集中体现。文字是文化的载体，民族文字是民族文化的重要标识。中华民族早在3000多年前就使用了甲骨文这种比较成熟的文字，而作为人类文明珍贵遗产的泥板文书、纸草文等均已中断失传。只有中国的甲骨文历经世代传承，逐渐演化为当下的通用汉字。中华文字记载了中华民族生生不息、不断发展的辉煌历史，在文化传承方面发挥了至关重要的作用。中华文字所编撰的史书典籍的规模和数量都为人类文明史所仅有。民族文字和史书典籍所记载的文化，滋养了一代又一代中华儿女，已然成为中华文化的重要标识。

从横向维度来看，中华文化博大精深，思想资源极为丰富。中华各民族在历史上不断交汇融合，逐渐生成了"多元一体"的文化格局。这种文化格局决定了中华文化呈现出多样性统一性的基本特征，是多样性与统一性的辩证统一。中华文化是各族人民在长期的历史进程中共同创造的，具有高度的统一性。但它又不是单一的，各兄弟民族的文化都有其鲜明的特性，不同地域的文化也有其鲜明的地域性特征，"诸子百家""百家争鸣"是其内容的丰富性和发展的动态特征。在文明演进历程中，各兄弟民族文化之间、不同地域文化之间、不同领域的思想文化之间交融碰撞、动态发展，生成了绵延至今、具有高度统一性的中华传统文化。

传统文化既是现代文化发展至关重要的思想资源，也是一个民族能够文化自信的历史根基。美国著名学者莱斯利·A.怀特曾指出："现在的文化决定于过去的文化，而未来的文化仅仅是现在文化潮流的继续。"[①]民族性是文化的基本特征，任何现在的文化都不是无源之水，而是传统文化的当代延伸和发展。中国特色社会主义文化也正是在文化的历史承传中得以繁荣昌盛的，因而它必须根植于中华文化沃土并从中汲取丰富的营养，而中华文化博大精深的思想资源和旺盛的生命力又是增强民族归属感和文化认同感的深层归因。中华文化厚重的历史底蕴和强劲的凝聚力为中国特色社会主义文化自信从历史的根基处提供了重要的支撑，是其重要的历史优势。

（二）中华民族根本精神基因是中国特色社会主义文化生命力的内在源泉

一个国家或民族往往都存在自身所特有的精神基因，这种精神基因内在于该国家或民族的文化传统之中，从而形成有别于其他国家或民族的人文精神和文化习惯。在中华民族传统文化中，对中华民族影响最大、最久远的思想文化是儒家学说，但不能就此简单地把中华民族的基本精神归结为儒家精神。从结构上看，中华民族的传统文化是各家思想相互交融而成的一个整体，一方面，各家思想都有不同的观点，也有不同的特点。另一方面，

---

① 【美】莱斯利·A.怀特：《文化科学》，曹锦清等译，浙江人民出版社1988年版，第325~326页。

各家思想相互补充、相互交融，共同构成了一个完整的精神世界。德国哲学家施伟策曾写道："在其他任何地方都未能像在中国思想中那样成为一个包罗万象的样子。老子、庄子、孔子、孟子、列子等，都是这样的思想家。在他们那里，西方思想须努力解决的世界观，却被一种非常奇怪而又深深吸引我们注意力的方式表现了出来。"在这个文化整体中，既有精华，也有糟粕。中华传统文化的精华经过世代传承，其基本精神已经深深融入中华民族的血脉之中，成为中华民族最基本的精神基因。

对于中华传统文化蕴含的中华民族最根本的精神基因，学者们的概括是多维度的、多层次的，可谓见仁见智。张岱年先生曾将中华传统文化的精华概括为"自强不息的精神"和"厚德载物的宽容精神"。习近平总书记在山东考察时强调，弘扬中华优秀传统文化，要形成"向上的力量"和"向善的力量"；"中国人民的价值观和精神世界，是始终深深植根于中华优秀传统文化沃土之中的，同时又是随着历史和时代前进而不断与日俱新、与时俱进的"；在主持中共中央第二十九次集体学习时明确提出，"爱国主义是中华民族精神的核心。爱国主义精神深深植根于中华民族心中，是中华民族的精神基因"。综上所述，中华民族最根本的精神基因概括为以下几个方面：

其一，"自强不息"的向上精神基因。中华文明始终积淀着一种奋发向上、开拓进取的精神基因。这种精神基因体现着中华民族最深沉的精神追求，是中华民族生存、发展的生机和活力所在，也是区别于其他民族的独特精神标识。"天行健，君子以自强不息"就是对这种精神基因的很早的形象表达。这种"刚健、自强不息"的精神基因在几千年的文明历程中传承，激励着一代又一代中华儿女永不松懈、艰苦奋斗、奋发图强，成为中华民族昂扬奋进的精神力量。"天下兴亡，匹夫有责"的责任意识与"先天下之忧而忧"的忧患意识催生出强大的民族凝聚力，是中华民族生生不息、昂扬向上的动力；"苟日新，日日新，又日新"的锐意进取、革故鼎新精神是中华民族蓬勃向上的具体展现；"天道酬勤"的理念付诸实践便成为奋发向上的具体路径。

其二，"厚德载物"的向善精神基因。中华民族文化的演进历程可以说是一部以人生和心性为观照、以崇德向善为特征的伦理文化发展史，始终承载着持之以恒的向善基因。"地势坤，君子以厚德载物"是这种精神基因的完美体现和高度概括。"厚德载物"以人生和心性为观照，强调通过自身的修养，使人的德行敦厚崇高至承载万物。"善不积不足以成名""勿以善小而不为""积善成德"等至理名言和"桐城六尺巷"等崇德向善的经典故事历史地见证了中华民族一贯的"厚德载物"的高尚品质和精神基因。诚信、仁爱、包容、贵和等思想既是传统德行实践的准则，也是中华民族向善基因的具体呈现。

其三，爱国主义的精神基因。爱国主义是中华民族一以贯之的优良传统，是中华民族精神的核心和集中体现，也是中华儿女共同的精神支柱。中华民族虽然历经劫难，但依然生生不息、发展壮大，保持着旺盛的生命力，民族血脉之中的爱国主义基因是其根本。中华民族的爱国主义精神基因是在中华传统文化的沃土中孕育生成的。中华文化是中华各民族团结统一的精神纽带，也是爱国主义精神基因传承的基本载体。爱国主义始终是绵延不绝的中华传统文化的重要主题，从"大道之行也，天下为公"到"鞠躬尽瘁，死而后已"，从"精忠报国，还我河山"到"天下兴亡，匹夫有责"等都彰显着爱国主义和民族精神的光辉。中华传统文化宣扬的爱国主义精神，其精华部分早已超越时空的界限，维系着中华民族的团结统一，激励着中华儿女为国家和民族而不懈奋斗。

中华文化源远流长的生命力就在于其中蕴含着中华民族最根本的精神基因，"自强不息"的向上精神基因是中华文化蓬勃发展的内在动力，"厚德载物"的向善精神基因是中华文化能够以海纳百川的气魄、包容和吸纳外来文化推进自身文化发展的重要依据，爱国主义的精神基因是维系中华各民族团结统一、为国家和民族奋斗的根本精神力量。承传至今的传统文化中最根本的精神基因，不仅涵养了当代中国人民，而且中华优秀传统思想文化所体现的世界观、人生观和价值观，"其中最核心的内容已经成为中华民族最基本的文化基因"，成为中国特色社会主义文化生命力的丰厚滋养。

（三）优秀传统文化资源在民族复兴进程中的弘扬

源远流长、生生不息的中华传统文化，历经先秦诸子百家争鸣、两汉经学兴盛、魏晋南北朝玄学流行、隋唐儒释道并立、宋明理学发展等历史时期，具有强大的生命力和凝聚力。由于优秀传统文化"积淀着中华民族最深沉的精神追求，代表着中华民族独特的精神标识"，因而，民族复兴伟业总是与优秀传统文化的弘扬相生相伴，中国道路、理论、制度以及文化无不刻有优秀传统文化的烙印。

战争以来的西方列强入侵，使中华民族面临着巨大的生存危机，也在客观上迫使先进的中国人寻求救国的真理。奉行"内圣外王"的儒学道统根本不可能给多灾多难的中华民族提供一条光明的出路，甚至使其遭遇了文化失范的危机。在太平天国、洋务运动、百日维新、辛亥革命等一系列运动之后，传统文化曾经的经济基础、社会制度等逐渐坍塌，人们对其的价值认同也不断消解。五四新文化运动的先锋们对其展开的激进主义批判，成为当时思想文化界的主流。如"像这样的文化，不但没有维护的必要，还应设法令他速死"的思想就是典型代表。应当说，这种近于"全盘否定"的激进主义批判态度固然失之偏颇，但从另一方面来看，也使优秀传统文化从封建专制制度的束缚中解放出来，为获得新的生机和活力做了重要的铺垫。

中国共产党是以马克思主义为指导的政党，也是在中华优秀传统文化滋养下成长起来的政党。中国共产党人在实现民族复兴伟业的进程中，善于以科学态度对待优秀传统文化，使之成为中华新文化的重要源泉。早期的中国共产党人由于五四新文化运动激进批判主义的文化惯性，由于没有"学会"马克思主义和当时反封建主义的革命任务，对传统文化也持否定的态度。李大钊、陈独秀等党的早期代表对传统文化都进行了激烈的批判，瞿秋白把传统文化看作是"东方民族之社会进步的障碍"。这种激进主义态度是幼年时期的党不成熟的表现，也是教条主义理解马克思主义学说的必然。经过艰苦斗争洗礼的党不断走向成熟，在如何对待传统文化的问题上，逐步矫正了曾经的激进主义态度而代之以马克思主义的立场、观点和方法。毛泽东指出："从孔夫子到孙中山，我们应当给以总结，承继这一份珍贵的遗产……用马克思主义的方法给以批判的总结。"这个发言为以科学的态度对待传统文化指明了方向。随后，《新民主主义论》这篇著作对此作出了更为具体的阐发，即"剔除其封建性的糟粕，吸收其民主性的精华，是发展民族新文化提高民族自信心的必要条件"。这些光辉的著作回答了"如何对待传统文化""如何创造新文化"等问题，阐明了对待传统文化的科学态度、基本原则和根本方法，对于开辟中国特色的革命道路以及新制度的确立、发展"科学的民族的大众的"新文化、提升民族文化自信等都起到了重要的指导作用。

改革开放后，中国共产党人继往开来，不断深化对传统文化问题的认识。党的十七大报告将"弘扬中华文化，建设中华民族共有精神家园"作为"推动社会主义文化大发展大繁荣"的重要内容。党的十八大以来，以习近平同志为主要代表的中国共产党人高度重视传统文化，在继承前人的基础上又做出了许多原创性的贡献。如将中华优秀传统文化定位为中国特色社会主义文化的源流形态，即"中国特色社会主义文化，源自于中华民族五千多年文明历史所孕育的中华优秀传统文化"；在如何发展中国特色社会主义问题上，提出要"坚守中华文化立场""坚持创造性转化、创新性发展，不断铸就中华文化新辉煌"。"中华文化立场""双创原则"等精辟论述作为马克思主义文化理论的升华，是当代中国弘扬优秀传统文化的行动指南。习近平同志高度评价中华优秀传统文化，多次用精神命脉、重要源泉、坚实根基、突出优势、最深厚的软实力来说明其地位和作用，强调我们的文化自信"建立在5000多年文明传承基础上"，要加强对中华优秀传统文化的挖掘和阐发，使中华民族最基本的文化基因与当代文化相适应、与现代社会相协调，把跨越时空、超越国界、富有永恒魅力、具有当代价值的文化精神弘扬起来。

从历史维度看，中华传统文化如大河奔流、绵延不绝，尽管曾经历过种种挫折与冲击，但仍以其强大的精神韧性和包容吸收外来文明的弹性，蓬勃发展至今，对于形成和维护中国多民族统一局面有着至为关键的作用。从世界维度看，中华优秀传统文化是中华民族的独特标识和突出优势，提供了西方传统之外的哲学路径，提供了寻求人类文明更好未来的机会，不仅是中华民族精神大厦的牢固根基，而且成为21世纪普惠人类整体的重要精神资源。

综上所述，中华民族在5000多年的发展进程中创造出源远流长、博大精深的灿烂文化，这些丰富的思想文化资源是社会主义文化繁荣兴盛的重要宝库，也是当代中国文化自信的历史根基；丰富的传统文化思想资源中蕴含的最根本的精神基因既是中华民族绵延不绝、不断发展的内在动力，也是当代中国文化自信的内在根据；中国共产党带领人民以马克思主义立场、观点、方法使之在运用中创新发展，始终保持生机和活力，是当代中国文化自信的主体因素和鲜明优势。这些根本的要素和条件都是我们有理由文化自信的根本依据。

二、近代中国革命文化的成果积淀

正是在将马克思主义基本原理同中国革命具体实际相结合的过程中，我们党团结带领人民群众不断取得革命斗争的胜利，培育了井冈山精神、长征精神、延安精神、西柏坡精神等革命精神，形成和发展了革命文化。正如习近平同志所指出的："马克思主义进入中国，既引发了中华文明深刻变革，也走过了一个逐步中国化的过程。"因此，深刻认识和把握作为文化自信深厚根基的革命文化，要高度重视马克思主义这个思想灵魂，坚定不移推进马克思主义中国化。

中国共产党在领导人民进行革命、建设和改革过程中形成的优良革命文化是中国特色社会主义文化的重要组成部分，是实现文化自信不可忽视的重要因素。近代中国优良革命文化是中国人民与国内、国外反动势力在漫长革命斗争中形成的。我们党深刻认识到，实现中华民族伟大复兴，必须推翻压在中国人民头上的帝国主义、封建主义、官僚资本主义三座大山，实现民族独立、人民解放、国家统一、社会稳定。我们党团结带领人民找到了一条以农村包围城市、武装夺取政权的正确革命道路，进行了二十八年浴血奋战，完成了新民主主义革命，一九四九年建立了中华人民共和国，实现了中国从几千年封建专制政治向人民民主的伟大飞跃。在这长达二十八年的革命斗争过程中，我们党的领导智慧、革命先辈的热血与激情、中国人民的团结和牺牲精神凝练成了中国近代历史上不可磨灭的革命文化。革命文化形成于新民主主义革命和社会主义革命时期，与长期艰苦卓绝的革命斗争实践紧密相连，是中国共产党人崇高理想和精神追求的集中体现。革命文化既传承中华优秀传统文化的基因，又坚持马克思主义科学世界观和方法论，彰显了社会主义文化的先进性、革命性、科学性。这些珍贵的革命文化积淀在我们的革命遗址、烈士陵园、革命纪念馆、革命文学等物质和非物质遗产文化中，又进一步凝聚为群众路线、统一战线、马克思主义中国化等思想路线文化和建党精神、井冈山精神、长征精神、抗战精神等精神意志文化中。

（一）中国革命的物质与非物质遗产文化

中国共产党领导中国军队和中国人民进行的艰苦卓绝的革命斗争，为中国人民留下了丰富的文化遗产。这些遗产有些是物质性的，如革命遗址、遗迹、纪念碑、纪念馆、革命领导人和烈士故居等；有些是非物质性的，如革命历史著作、小说、戏剧、诗歌、舞蹈、音乐、标语口号等。这些物质和非物质性的遗产文化是中国革命斗争历史的重要见证，是革命文化的重要载体和有机组成部分。

其一，中国革命的物质性遗产文化。中国共产党领导人民军队和中国人民进行的革命斗争遍布大江南北，各个省份都发生过重要的革命事件，而重要革命事件的发生地自然成为中国人民缅怀历史的革命圣地，比较著名的革命圣地有井冈山、瑞金、遵义、延安、西柏坡等。很多重要革命事件的发生地会遗留下具有历史见证意义的风景、建筑等革命遗迹，这些革命遗迹就成为珍贵的革命遗址。著名的革命遗址有卢沟桥、冉庄地道战遗址、中国人民抗日军政大学旧址、古田会议旧址、瓦窑堡会议旧址等。为了保护、展出相关文物，也为了更好地开展革命纪念活动和爱国教育活动，人们通常会在革命遗址地或其他重要地点建立博物馆，纪念馆，纪念碑。中国人民革命战争博物馆、中国人民抗日战争纪念馆、狼牙山五壮士纪念塔、平型关大捷纪念馆、淮海战役烈士纪念塔、瞿秋白烈士纪念碑、红色娘子军纪念园等都是比较知名的纪念馆所、园区或碑刻。革命领导人和知名革命烈士的故居也是重要的物质文化遗产，这些革命遗产对后人了解革命领导人和革命烈士曾经的工作环境、生活状况，进而了解、领会他们的革命信念、革命勇气、革命智慧具有重要意义。

其二，中国革命的非物质性遗产文化。中国革命的非物质性遗产文化是指革命过程中或革命后产生的记录革命历史、发扬革命精神的文化产品。这些文化产品通常以文学、戏曲等艺术形式表现出来。《红岩》《铁道游击队》《红日》《小兵张嘎》等是著名的革命题材小说。夏明翰的《就义诗》、叶挺的《囚歌》、毛泽东的《沁园春·雪》等是革命时代产生的经典诗篇。上述文艺作品能够细致展现革命斗争的历史情境、革命敌人的凶狠残暴，进而能够极大地彰显革命英雄们的热血、智慧、为国为民的情怀和坦荡的胸襟，有助于加强后人对革命历史的记忆及其对革命精神的传承。

（二）中国革命的思想路线文化

中国革命的思想路线文化是指中国共产党在领导军队和人民进行革命的过程中形成的革命理论、路线方针等文化。思想路线文化是中国革命的精神支柱和经验结晶，是中国革命能够取得胜利的根本，也是中国特色社会主义事业继续前行的思想指导。中国革命的思想路线文化十分丰富，如新民主主义革命理论、农村包围城市的方针、人民战争的战略，等等。在中国革命的思想路线文化中，以下三点是极为重要的：

其一，马克思主义中国化理论。中国革命的胜利离不开马克思主义思想的指导，但面对中国的特殊国情，中国共产党没有"本本主义"地理解马克思主义，而是将其与中国实践相结合，发展出了"马克思主义中国化"理论。1938年10月，毛泽东同志在中共六届六中全会上指出："离开中国特点来谈马克思主义，只是抽象的空洞的马克思主义。因此，使马克思主义在中国具体化，使之在其每一表现中带着必须有的中国的特性，即是说，按照中国的特点去应用它，成为全党亟待了解并亟待解决的问题。"[①]这是毛泽东同志第一次正式提出"马克思主义中国化"命题。经过延安整风运动，马克思主义中国化成为全党的共识。马克思主义中国化理论的提出和应用，使中国共产党独立、灵活运用马克思主义理论成为可能。在此基础上，中国共产党才牢牢把握住中国实际，制定出了合乎中国国情的路线、方针、政策，并进一步领导中国革命走向胜利。进入新时代，马克思主义面临着进一步中国化的问题，我们应该更加地推动马克思主义同当代中国发展的具体实际相结合，不断开辟21世纪马克思主义发展新境界，让当代中国马克思主义放射出更加灿烂的真理光芒。

其二，密切联系群众的路线。群众路线就是一切为了群众，一切依靠群众，从群众中来，到群众中去。这是中国共产党一切工作的力量源泉，是中国革命取得胜利所依赖的基本路线。2013年6月18日，党的群众路线教育实践活动工作会议指出："开展党的群众路线教育实践活动，就是要把为民务实清廉的价值追求深深植根于全党同志的思想和行动中，夯实党的执政基础，巩固党的执政地位，增强党的创造力凝聚力战斗力，使保持党的先进性和纯洁性、巩固党的执政基础和执政地位具有广泛、深厚、可靠的群众基础。"正是因为坚持走群众路线，我们党才能保持与人民群众的血肉联系，我们的革命事业才得到了人民的支持，才能逐步走向胜利。相反，中国革命的敌人正是因为脱离了人民群众，才会在斗争中失败。

其三，统一战线的方针。统一战线的方针就是尽可能地团结能够团结的力量。这在北伐时期表现为中国共产党积极团结国民党，实现第一次国共合作，努力争取旧民主主义革命的胜利、在抗战时期表现为"抗日民族统一战线"的提出和形成，即将农民、工人、城市小资产阶级和民族资产阶级联合起来，去争取抗日战争的胜利。团结就是力量，北伐战争之所以最后失败，就是因为国民党放弃了团结。而抗日战争之所以能够取得胜利，乃是因为在中国共产党的努力下，各种抗战力量能够紧紧地团结在抗日民族统一战线之中。

马克思主义中国化的理论、密切联系群众的路线和统一战线的方针不仅极大地促成了中国革命的胜利，它们在中国特色社会主义政治、经济、社会、文化的建设和发展中依然发挥着重要的作用。只有坚持马克思主义不断中国化，才能保证马克思主义在中国特色社会主义建设中发挥有效的领导作用，只有密切联系群众，才能保证我们党永不变质，只有团结国内外一切友好力量，才能顺利推进国家各项事业的发展。

---

① 毛泽东：《毛泽东选集》（第2卷），人民出版社1991年版，第534页。

（三）中国革命的精神意志文化

中国革命的精神意志文化是指我们党，党领导的人民军队和中国人民在近代革命的不同历史阶段所表现出的可贵精神品质。根据革命发展的不同阶段，这些精神品质又可分别归结为伟大建党精神、井冈山精神、长征精神、抗战精神、抗美援朝精神、大庆精神等。

伟大建党精神。伟大建党精神，指的是坚持真理、坚守理想，践行初心、担当使命，不怕牺牲、英勇斗争，对党忠诚、不负人民。近代以来，中国的先进分子一直在探索救国、强国之路，但洋务运动、维新变法、辛亥革命等改革和革命运动均没有改变中国半殖民地半封建社会的性质。直到1917年，十月革命的胜利给中国人民带来了新的希望，早期的马克思主义者开始在中国积极地宣传马克思主义理论。1921年7月23日，中国共产党第一次全国代表大会在上海召开，"一大"的召开标志着中国共产党正式成立。中国共产党的成立，体现了早期共产党人审时度势的洞察力，体现了早期中国共产党人不畏生死、为了扫除压迫人民的一切势力情愿面对种种艰难、敢于开天辟地的勇气，体现了早期共产党人放眼人类未来，为实现社会主义和共产主义而奋斗的崇高理想信念。伟大建党精神在中国共产党人寻求救国救民真理的不懈探索中生根发芽，在马克思列宁主义同中国工人运动相结合的历史进程中茁壮成长，在中国共产党领导中国人民进行革命、建设、改革的伟大实践中发展成熟，在中国特色社会主义进入新时代的伟大进程中焕发时代光芒。伟大建党精神是中国共产党团结带领中国人民进行一切奋斗、一切创造的精神动力，是中国共产党立党、兴党、强党的精神原点和思想基点。

长征精神。长征精神是土地革命战争时期中国工农红军在历时两年的战略转移中培育形成的革命精神。其基本内涵是：把全国人民和中华民族的根本利益看得高于一切，坚定革命的理想和信念，坚信正义事业必然胜利的精神；为了救国救民，不怕任何艰难险阻，不惜付出一切牺牲的精神；坚持独立自主、实事求是，一切从实际出发的精神；顾全大局、严守纪律、紧密团结的精神；紧紧依靠人民群众，同人民群众生死相依、患难与共、艰苦奋斗。长征精神是中国共产党人和人民军队革命风范的生动反映，是中华民族自强不息的民族品格的集中展示，是以爱国主义为核心的民族精神的最高体现。长征精神为中国革命不断从胜利走向胜利提供了强大精神动力。继承和发扬长征精神，对于建设有中国特色的社会主义，实现中华民族伟大复兴的强国梦，具有重大意义。

抗美援朝精神。抗美援朝精神是中国人民志愿军在抗美援朝战争中培育形成的革命精神。1950年6月，美国乘朝鲜内战之机，悍然出兵朝鲜，我国安全受到严重威胁。中国共产党中央委员会和毛泽东根据朝鲜劳动党和朝鲜民主主义人民共和国政府的请求以及中国人民的意志，作出"抗美援朝，保家卫国"的决策。经过2年9个月的殊死战斗，中朝两国军民终于迫使以美国为首的"联合国军"签订了停战协定。在异常残酷的抗美援朝战争中，广大志愿军指战员赴汤蹈火，视死如归，谱写了气壮山河的英雄壮歌，创造了人类战争史上以弱胜强的光辉典范，形成了伟大的抗美援朝精神。其基本内涵是：祖国和人民的利益高于一切、为了祖国和民族的尊严而奋不顾身的爱国主义精神；英勇顽强、舍生忘死的革命英雄主义精神；不畏艰难困苦、始终保持高昂士气的革命乐观主义精神；为完成祖国和人民赋予的使命、慷慨奉献自己一切的革命忠诚精神；为了人类和平与正义事业而奋斗的国际主义精神。抗美援朝精神，是马克思列宁主义、毛泽东思想同正义战争伟大实践相结合的产物，是人民军队宗旨、本色和作风的体现，是中华民族不畏强暴、敢于斗争的历史传统的弘扬，是中国人民极其宝贵的精神财富。

（四）近代中国革命文化的特性与意义

近代中国丰富多样的革命文化是世界优良革命文化的重要组成部分，体现了中国共产党和中国人民为了追求民族独立和民族解放而英勇斗争的精神。当然，中国共产党领导军队和人民在革命战争过程中形成的革命文化不仅具有世界、古今革命文化的一般特性，还表现出了自身特有的文化品格：其一，近代中国的革命文化体现了革命自觉性与内生性的统一。中国的革命文化是中国共产党领导军队和人民在革命实践中自觉生成的，并且这种自觉性不单纯是对外来文化资源主动借鉴，而且是通过中国共产党人深刻、丰富的文化创造实现的。其二，传承性与创新性相统一。中国革命文化深得中华五千年优秀传统文化的滋养，同时也离不开马克思主义的指导。但在传承上述两个文化传统的同时，中国革命文化又表现出了鲜明的创新发展过程，将传承与创新有机地统一在了一起。其三，包容性与开放性相统一。中国革命文化是对马克思主义文化和中国传统文化的综合创新，是对本土文化与外来文化的有效融合，充分地体现了其内在的包容性和开放性。

具有丰富内容和独特品格的中国革命文化已成为中华民族最为独特的精神标识，对于中国未来文化和事业的发展具有重要的意义。对我们共产党人来说，中国革命历史是最好的营养剂。中国革命文化的意义主要体现在以下几个方面：其一，中国革命文化是传承中华优秀传统文化的典范。"在党和人民伟大斗争中孕育的革命文化……积淀着中华民族最深沉的精神追求，代表着中华民族独特的精神标识。"[①]需要注意的是，传承不是保守复古，而是在保持民族特色的前提下，根据时代需求进行创新发展。中国革命文化特别是其中的精神意志文化，鲜明地体现了中华民族的文化品格，同时又具有新时代的意义。这是中国未来文化建设需要学习和借鉴的。其二，中国革命文化是社会主义先进文化的思想源泉。社会主义先进文化是在中国革命文化基础上的进一步发展，革命文化中的诸多文化成果特别是思想路线成果，是社会主义先进文化的重要组成部分。只有继承革命文化，社会

---

① 习近平：《在中国文联十大、中国作协九大开幕式上的讲话》，人民出版社2016年版，第4~5页。

主义先进文化才具有进一步发展的基础和可能。其三，中国革命文化是党建设新的伟大工程的动力。中国革命文化彰显了我们党忠于信仰的优秀品质、勇于担当的坚强意志、为人民服务的宗旨意识和清正廉洁的工作作风，这是我们党建设和实现新的历史任务和伟大工程源源不竭的精神动力。

三、社会主义先进文化的持续探索

社会主义先进文化是有中国特色的社会主义文化，是由中国共产党领导的社会主义现代化建设中所创造的文化，是和中国道路、中国制度、中国理论相适应的文化。社会主义先进文化表明的是社会主义文化比西方文化所具有的优越性，彰显的是一种文化自信的精神。社会主义先进文化所代表的中华民族的精神追求和精神风貌，是中国特色社会主义文化自信的力量来源和内在依据。中国共产党对社会主义先进文化的探索，是一个持续而不断前进的过程。

社会主义先进文化，是中国共产党在社会主义现代化建设的重大布局中提出的文化建设的新思想、新理念。以社会主义先进文化为现实支撑。社会主义先进文化形成和发展于新中国成立以来的社会主义建设和改革开放实践，是科学社会主义基本原则与中华民族精神、时代精神的有机结合，为中国特色社会主义提供了坚实的思想文化基础和强大的精神动力。作为文化自信的现实支撑，社会主义先进文化蕴含着中华优秀传统文化的因素，建基于马克思主义立场观点方法和革命文化的基本精神。而且，我们不能仅仅局限于文化视域，还要扩展到整个中国特色社会主义实践及其取得的伟大成就来看待社会主义先进文化。今天，我们之所以能够具有文化自信，不仅仅缘于文化的厚重与先进，而且缘于实践的成功、事业的发展和国家的强盛。当代中国的改革开放、社会主义现代化建设、中国特色社会主义事业发展，为我们增强文化自信提供了坚实的实践基础。

社会主义先进文化是马克思主义政党思想精神上的旗帜，文化建设是中国特色社会主义事业总体布局的重要组成部分。没有文化的积极引领，没有人民精神世界的极大丰富，没有全民族精神力量的充分发挥，一个国家、一个民族不可能屹立于世界民族之林。物质贫乏不是社会主义，精神空虚也不是社会主义。没有社会主义文化繁荣发展，就没有社会主义现代化。当代中国的先进文化本质上就是中国特色社会主义文化，发展先进文化就是建设中国特色社会主义文化，先进文化是当代中国的新文化，它以全新的面貌向世人展示中华文明的新形象。这种新体现在它以社会主义核心价值观为核心内容，并以文化事业、文化产业等多种形式实现着人们在社会主义核心价值观指导下追求的思想观念和价值理念，展现着人们在追求理想信念过程中积极向上的精神面貌。

社会主义先进文化的建立本身就是创新与改革的成果，更是一种文化自信的表现。早在1940年，毛泽东就提出了新中国的文化纲领，即建立中华民族的新文化，也就是民族的、科学的、大众的新民主主义文化。新中国成立后，随着社会主义制度的建立，新民主主义文化逐步转变为社会主义先进文化。社会主义改造完成以后，社会主义制度正式在中国确立，社会主义文化也取代了新民主主义文化，成为我们国家意识形态领域的文化指导思想。1956年4月，中共中央确定"百花齐放、百家争鸣"为科学和文化工作的重要方针，随后八大又进一步强调要求予以坚持贯彻。"双百"方针的实质，就是承认社会主义科学文化的多层和多样格局。只要是赞成社会主义制度的知识分子，便是社会主义文化的创造者和建设者。"双百"方针是团结知识分子和文化人的情感纽带，是允许和鼓励不同观点、不同流派的文化形态和谐发展的指南。只要符合繁荣社会主义的经济文化这一民族的最根本利益，只要有利于促进和体现社会的进步，就应该纳入先进文化的格局范围。"双百"方针体现的是一种自信、开放和宽容的文化心态，遵循的是符合文化发展繁荣的根本规律。这调动了工人们文化建设的积极性，知识分子的科学研究和文艺创作热情也空前高涨，极大地推动了社会主义文化的繁荣，增强了社会主义的吸引力，社会主义文化事业也取得了非凡成就，文化自信极大提高。

改革开放初期，把社会主义精神文明建设提升到战略高度，邓小平一再强调，要"两手抓，两手都要硬"。此后中国共产党对社会主义精神文明的认识不断深化，形成了一个比较完整的体系，并提出了社会主义精神文明是建设有中国特色社会主义的重要组成部分和本质特征。党的十五大又明确指出，有中国特色社会主义的文化是综合国力的重要标志，就其主要内容来说，同改革开放以来一贯倡导的社会主义精神文明一致。党的十五大还正式提出了建设有中国特色社会主义的文化纲领，即以马克思主义为指导，以培养有理想、有道德、有文化、有纪律的公民为目标，发展面向现代化、面向世界、面向未来的，民族的、科学的、大众的社会主义文化。进入新世纪，社会主义文化建设进入发展的新时期。随着中国经济建设取得的巨大成就，文化"走出去"战略稳步推进。正如习近平总书记在会见第七届世界华侨华人社团联谊大会代表时所说："中华文明有着5000多年的悠久历史，是中华民族自强不息、发展壮大的强大精神力量。我们的同胞无论生活在哪里，身上都有鲜明的中华文化烙印，中华文化是中华儿女共同的精神基因。希望大家继续弘扬中华文化，不仅自己要从中汲取精神力量，而且要积极推动中外文明交流互鉴，讲述好中国故事、传播好中国声音，促进中外民众相互了解和理解，为实现中国梦营造良好环境。"[①]这些年，中国国外文化交流频繁，欧美国家"中国文化年""中国文化周""中国春节"以及其他各种形式的文化交流活动的陆续开展，扩大了中国文化在世界范围内的影响，孔子学院在世界各地的广泛设立进一步扩大了中国文化的传播范围，彰显出中国文化的独特魅力与传播力。

坚持并发展社会主义先进文化，首先要旗帜鲜明地坚持马克思主义在文化建设领域

---

① 习近平：《习近平谈治国理政》第1卷，外文出版社2018年版，第64页。

的指导地位。我们党是用马克思主义武装起来的工人阶级的先锋队,也是中华民族的先锋队。马克思主义在思想文化领域的一元领导地位是我们党在长期的革命斗争和社会主义现代化建设中做出的历史的必然选择,是保证社会主义现代化建设和改革沿着正确路径前进的必然要求。思想文化建设离不开正确的世界观和方法论指导。马克思主义是经实践反复检验的正确的世界观和方法论,符合人类社会发展的一般规律,具有其他思想文化理论所不能取代的指导性和方向性,规定着社会主义文化建设的性质和指向,解决了为什么人,走什么样的道路这一根本问题。任何国家,不管存在多少思想文化理论,其根本性的意识形态只能有一个。我们是共产党领导的社会主义国家,在意识形态领域只能坚持马克思主义的指导地位。坚持马克思主义的指导地位是占领思想文化阵地,凝聚人心的可靠保障。在中国各项改革深入推进,利益主体日益多元,对外交流不断扩大的时代背景下,各种思想观念相互碰撞,先进文化与落后文化、进步思想与腐朽观念、真理与谬误并存,价值观念相互激荡,使得意识形态领域的矛盾和斗争日益激烈和复杂化。意识形态这一重要领域,无产阶级不去占领,其他非无产阶级就会去占领。苏联解体、东欧剧变的历史教训历历在目,时刻提醒我们绝不能动摇马克思主义在社会主义文化建设和意识形态领域的一元领导地位。当今的中国,改革进入攻坚期,人们的思想由于受到各种因素的干扰,呈现出易变、快变的趋势,思想变化频率加快,价值取向日益复杂。越是在这样复杂的情况下,越要坚持马克思主义在思想文化领域的一元领导地位,旗帜鲜明地反对思想文化领域的多元化,唯有如此才能坚持社会主义方向和人民主体地位,才能聚合思想,凝聚力量。

马克思主义是随着时代、实践、科学发展而不断发展的开放的理论体系,它并没有结束真理,而是开辟了通向真理的道路。把坚持马克思主义和发展马克思主义统一起来,结合新的实践不断作出新的理论创造,这是马克思主义永葆生机活力的奥妙所在。社会主义先进文化是马克思主义指导下的文化,但并不是说,社会主义先进文化就是故步自封的理论体系,它并不排斥吸收其他先进文化的合理成分,对于一切有益的人类文明成果,不管是国外的,还是传统的,都可以拿来为我所用,积极借鉴。同时,对世界上出现的新事物新情况,对各国出现的新思想新观点新知识,我们要加强宣传报道,以利于积极借鉴人类文明创造的有益成果。要精心做好对外宣传工作,创新对外宣传方式,着力打造融通中外的新概念新范畴新表述,讲好中国故事,传播好中国声音。扩大文化领域对外开放,是提升中国文化世界影响力的成功举措,也是扩展中国文化发展空间的迫切需要。近些年来,中国文化对外开放取得显著成果,国际影响力不断加大。扩大文化领域的对外开放,关键是完善以民族文化为主体,吸收外来有益文化,推动中国文化走向世界的文化领域开放格局。为此,必须创新对外宣传方式方法,要采用国外听得懂、易接受的叙事方式。坚持官方与民间并举、文化交流与文化贸易并重,推动中国优秀文化产业和文化产品走向世界。要开展知识产权保护的国际合作,积极借鉴吸收国外优秀文化和成果,大力推进文化创新，拓展对外文化交流渠道，构建人文交流机制，促进中国优秀文化相互借鉴。

党的十八大以来，我们党在中国特色社会主义伟大实践中不断进行文化领域改革创新，推动文化建设迈上新台阶。社会主义核心价值体系建设深入发展，文化体制改革全面推进，公共文化服务体系建设取得重大突破，文化产业快速发展，文化创作更加繁荣，人民精神文化生活更加丰富多彩，我们走出了一条中国特色社会主义文化发展道路，使中国文化领域整体面貌和发展格局焕然一新。

四、中国特色社会主义探索成就的现实基础

（一）文化自信是经济大国走向强国的自我表征

经济实力是综合国力的基础，是文化繁荣发展并对其他国家产生溢出效应的前提，没有坚实的经济基础做后盾，作为上层建筑的文化便不稳固，也就不能持续产生文化辐射力。西方国家发达的文化产业和强大的文化吸引力是建立在西方雄厚的经济基础之上的。而一些历史上文化非常辉煌的发展中国家，因为经济和科技实力的相对落后，在文化、制度和价值观等方面就不能对其他国家产生强烈吸引力。中国是文化大国，但是一段时期内中国丰富的文化资源并没有随着中国经济地位的上升而产生对其他国家的同步文化的吸引力和文化感召力。我们的文化影响力尚不足以同西方国家，尤其是美国相抗衡，文化话语权不强一直以来是我们国家文化建设方面的软肋。改革开放以来，中国坚持以经济建设为中心，将其作为发展社会主义生产力，提升综合国力，提高人民生活水平的根本。一个经济富强、政治民主、文化繁荣、社会和谐、生态美丽的社会主义现代化强国，已经越来越清晰地呈现在世人眼前，这就为中国文化事业的发展和文化影响力的扩大，奠定了坚实的物质基础和文化自信的源泉。

得益于工业革命的推动，西欧国家率先进入工业社会。先进的生产力推动着封建自然经济在西欧的土崩瓦解，取而代之的是适应当时生产力发展的资本主义生产关系。先进生产关系的建立又不断促进生产力的快速进步，使得建立资本主义生产关系的国家在产品生产效率方面远远超过历史上的任何时期。"资产阶级在它的不到一百年的阶级统治中所创造的生产力，比过去一切世代创造的全部生产力还要多，还要大。"[1]先进生产方式带来的巨大物质财富向世人提供了描述其文明优越性的有力证明。丰富的商品种类，不仅满足了资本主义制度下人们的贪婪欲望，同时也为西方世界的文化自信提供了最好的物质载体。与此相反，一些曾经文明发达的传统国家由于种种原因，没有赶上工业革命的浪潮，被时代远远抛在了后面，逐渐丧失对自身文化的信心，甚至导致文化自卑心理，从而产生对原属相对落后文明的西方文明由轻蔑到盲目崇拜的价值错位。认为凡是西方的就是好

---

[1] 马克思，恩格斯：《马克思恩格斯选集》第1卷，人民出版社2012年版，第405页。

的，本国的就是落后的。我们国家也不例外，经济的落后动摇了我们对自身传统文化价值的肯定和对其生命力的信心。面对西方的坚船利炮，中国一度刮起了一股唯西方马首是瞻的"全盘西化风"。究其原因，是近代以来我们国家全面落后于西方发达国家，落后于时代发展趋势，面对由西方资本主义构建起来的新的世界秩序，我们完全没有做好准备。在这场时代变革中，落后就要挨打。资本主义向外扩张的内在动力将天朝上国的自信击得粉碎，梦醒后的国人开始反思，最后将其原因归咎于中国文化的落后，开始抛弃传统文化的束缚，去拥抱西方文化，认为只有西方文化才能救中国，才能发展中国。

党的十一届三中全会以来，我们党始终坚持以经济建设为中心，集中精力把经济建设搞上去、把人民生活搞上去。只要国内外大势没有发生根本变化，坚持以经济建设为中心就不能也不应该改变。这是坚持党的基本路线100年不动摇的根本要求，也是解决当代中国一切问题的根本要求。同时，只有物质文明建设和精神文明建设都搞好，国家物质力量和精神力量都增强，全国各族人民物质生活和精神生活都改善，中国特色社会主义事业才能顺利向前推进。正是在这一方针的指引下，中国取得了举世瞩目的成就，国家经济、政治、文化、科技、教育等各项建设快速发展，综合国力不断提升，中国正在以世界经济强国的身份屹立在世界秩序不断变革的新时代。随着中国国力日益强盛，中国文化对其他国家的吸引力越来越强，这进一步提升了中华民族自信心与文化自信心。在各种世界的舞台上，我们都可以看到中国人越来越自信的风采。以前只有少数西方文化精英在研究中国文化，但是现在，中国经济的成功使得西方普通民众重新审视中国传统文化的魅力，重新发现中国文化的时代价值。越来越多的人坚信，现代化不应一定要建立在西方文明之上，在东方文明之下同样可以开辟出自己的社会发展道路。西方文化有优于中华文化的地方，但中华文化也具有西方文化无可替代的优势。从全盘西化到学国学、重视青少年传统文化的教育，这些变化背后反映的正是国家实力变化带来的对文化认可的变化，既包括其他国家对我们文化的认可，也包括我们自己对自身文化的认可。这两方面的认可极大提升了我们的文化自信。因此，文化自信一定程度上来源于国家综合国力的提高。在综合国力不断增强的基础上，更加坚定对本民族的文化自信，从而改变当前不合理的国际话语结构，重构国际话语体系。

中国作为世界上有重要影响的文化大国，尽管近代以来落后于西方国家，但是近年来随着经济领域的成功，文化自信心也在逐渐恢复。同时，我们也应该看到，我们党对中华优秀传统文化高度重视，一再强调中华优秀传统文化是中华民族的突出优势，中华民族伟大复兴需要以中华文化发展繁荣为条件，必须结合新的时代条件传承和弘扬好中华优秀传统文化。这是中国共产党治国理政的重要思想文化源泉，也彰显了中国处在文化大国走向强国和国际秩序重构期的大国自信。

（二）文化自信是国家软实力提升的时代风范

软实力主要指一个国家通过其文化、价值体系、社会制度等因素体现出来的无形的影响力与辐射力。软实力以硬实力为物质凭借、以物质力量为基础，没有强大的硬实力就不可能有强大的软实力。文化自信以软实力为重要载体，而软实力的发展离不开硬实力的强大。硬实力是一个国家的经济、军事、科技等表现出来的有形实力。两者既相互区别，也紧密联系。"硬实力为软实力提供基础，软实力影响着硬实力的发展。软实力只有建立在硬实力的基础上，才有支撑其成为实力的根本。离开了硬实力的软实力是无源之水、无本之木。"[①]软实力建基于硬实力的基础之上，并不意味着随着硬实力的增强，软实力自然而然随之一同增长，软实力的增长具有一定的滞后性。对我们国家来说，首先必须高度重视以经济实力为基础的国家硬实力的建构，促进经济、科技和军事实力的迅速提升，从而为软实力的发展打下坚实的物质基础。我们应该看到，尽管中国在经济领域取得了巨大成就，但与世界强国相比仍有不小差距，尤其在人均指标方面更是落差巨大。紧紧抓住经济建设这一核心问题，不断优化经济产业结构和经济发展方式，促进科技进步和社会各项事业的发展，仍然是我们当前和今后相当长的一段历史时期的中心工作。正如习近平总书记所指出，"在全面深化改革中，我们要坚持以经济体制改革为主轴，努力在重要领域和关键环节改革上取得新突破，以此牵引和带动其他领域改革，使各方面改革协同推进、形成合力。"[②]因此，我们必须紧紧抓住经济建设这一中心工作不放松，以经济的大发展为依托，从而带动国家软实力的全面增强。提高国家文化软实力，关系"两个一百年"奋斗目标和中华民族伟大复兴中国梦的实现。要弘扬社会主义先进文化，深化文化体制改革，推动社会主义文化大发展大繁荣，增强全民族文化创造活力，推动文化事业全面繁荣、文化产业快速发展，不断丰富人民精神世界、增强人民精神力量，不断增强文化整体实力和竞争力，朝着建设社会主义文化强国的目标不断前进。

当今世界，国家间的竞争是包括硬实力与软实力两方面的综合竞争，在不断提升经济发展水平的过程中，更要充分重视文化生产力的提高，充分发挥文化因素在社会发展过程中的积极作用，推动文化产业和文化事业的大发展，积极实施"走出去"的文化战略，不断满足中国人民与其他国家人民群众的精神文化需要，从而提升中国先进文化的辐射力与吸引力。

从整个世界历史进程的发展来看，特别是过去数百年的人类文明史中，不同国力资源在不同的历史时期发挥着不同的作用，直接导致了世界上许多国家兴衰成败的差异表现。随着人类社会历史的发展和整体文明的进步，无形的资源在国家兴衰中的地位日益凸显，

---

① 王静：《试论文化自信的四维根基》，《天府新论》2022年第3期。
② 习近平：《习近平谈治国理政》，外文出版社2014年版，第4页。

而且成为一种趋势。因此，未来国家的综合实力、竞争力和影响力的强弱，不仅表现在经济、军事、科技等硬实力方面，更会在国家的文化、制度、公民素质等软实力上凸显。提高国家文化软实力，要努力夯实国家文化软实力的根基。要坚持走中国特色社会主义文化发展道路深化文化体制改革，深入开展社会主义核心价值体系学习教育，广泛开展理想信念教育，大力弘扬民族精神和时代精神，推动文化事业全面繁荣、文化产业快速发展。夯实国内文化建设根基，一个很重要的工作就是从思想道德抓起，从社会风气抓起，从每一个人抓起。要继承和弘扬我国人民在长期实践中培育和形成的传统美德，坚持马克思主义道德观、坚持社会主义道德观，在去粗取精、去伪存真的基础上，坚持古为今用、推陈出新，努力实现中华传统美德的创造性转化、创新性发展，引导人们向往和追求讲道德、尊道德、守道德的生活，让14亿人的每一分子都成为传播中华美德、中华文化的主体。

如果我们不重视软实力建设，就必然影响国家长远发展，从而导致国际影响力和国际话语权的旁落。落后就要挨打，贫穷就要挨饿，失语就要挨骂。现在国际舆论格局总体是西强我弱，一个重要原因是我们的话语体系还没有建立起来，我国发展优势和综合实力还没有转化为话语优势。国家话语优势的取得建构在文化软实力的基础之上。面对当今世界各种思想文化相互激荡的大潮，面对国家发展和人民生活改善对文化发展的要求，面对社会文化生活多样活跃的态势，如何找准我国文化发展的方位，创造民族文化的新辉煌，增强我国文化的国际竞争力，提升国家软实力，是摆在我们面前的一个重大现实课题。在全球化不断发展的今天，一个国家越来越有必要通过增加自己的软实力或潜在影响力，在激烈的国际竞争中捍卫并拓展自身的长远战略利益，否则就会长期处于被动状态。软实力的强大绝不是一句空话，它落实到我们每个人的具体行动中，通过每个人的言谈举止和精神风貌表现出来。讲好我们每个人的故事是讲好我们国家故事的基础，每个人都是这个伟大变革时代的一分子，个人软实力的提升最终也会体现在国家软实力的强大上。

（三）文化自信是国家硬实力奠基的话语表达

以经济、科技和军事为主要内涵的硬实力，是衡量一个国家传统实力强弱的主要标准，而经济实力则是硬实力的核心指标，直接决定了一国硬实力的大小，也决定了科技实力与军事实力。物质资料生产是人类社会产生和发展的先决条件，也是国家存在的前提。人类要从事政治、经济、军事、科学、艺术、宗教等活动，首先要能够生存。为了生存，必须解决吃、喝、住、行等问题，这就需要生产资料和生活资料。为了获得这些生产资料和生活资料，就必须进行生产。"人们为了能够'创造历史'，必须能够生活。但是为了生活，首先就需要吃喝住行以及其他一些东西。因此第一个历史活动就是生产满足这些需要的资料，即生产物质生活本身，而且，这是人们从几千年前直到今天为了维持生活必须每日每时从事的历史活动,是一切历史的基本条件。"①作为人类首要的和基本实践活动的物质生产是人类社会存在和发展的物质基础,是人类活动的出发点。有了物质生产,才能生产出生活资料和生产资料,从而使民族、国家得以存在和发展,使文化软实力主客体得以存在和发展。"任何一个民族,如果停止劳动,不用说一年,就是几个星期,也要灭亡,这是每一个小孩子都知道的。"②生产力发展水平决定经济实力强弱,作为硬实力核心指标的经济实力,直接反映出一国生产力发展水平和人民物质生活水平,也是我们考察文化软实力的前提条件。

科技的发展引领着经济社会的发展,对社会生产力具有巨大的推动作用。马克思在《政治经济学批判》(1857—1858年草稿)中第一次明确提出了"生产力中也包括科学"的著名论断,邓小平进一步明确表示,科学技术是第一生产力。人类历史上历次工业革命都对社会生产力的发展产生了巨大的影响,深刻改变着社会的运行结构和人类社会的发展方向。每一种社会形态都会有对应的生产力表征,正如马克思的名言"手推磨产生的是封建主为首的社会,蒸汽机产生的是工业资本家为首的社会"中所描述的一样。面对蓄势待发的新一轮科技革命,面对迫切的国家重大战略需求,必须牢牢抓住科技创新这一重大战略指向,不断完善人才培养和使用机制。坚持以人才为本,围绕人才这一科技创新的核心要素做好相关制度创新和管理体制创新。习近平总书记指出,"历史经验表明,科技革命总是能够深刻改变世界发展格局。在绵延5000多年的文明发展进程中,中华民族创造了闻名于世的科技成果。经过新中国成立以来特别是改革开放以来不懈努力,我国科技发展取得举世瞩目的伟大成就,科技整体能力持续提升,一些重要领域方向跻身世界先进行列,正处于从量的积累向质的飞跃、点的突破向系统能力提升的重要时期。纵观人类发展历史,创新始终是一个国家、一个民族发展的重要力量,也始终是推动人类社会进步的重要力量。不创新不行,创新慢了也不行。如果我们不识变、不应变、不求变,就可能陷入战略被动,错失发展机遇,甚至错过整整一个时代。实施创新驱动发展战略,是应对发展环境变化、把握发展自主权、提高核心竞争力的必然选择,是加快转变经济发展方式、破解经济发展深层次矛盾问题的必然选择,是更好引领我国经济发展新常态、保持我国经济持续健康发展的必然选择。我们要深入贯彻新发展理念,实施科教兴国战略和人才强国战略,深入实施创新驱动发展战略,统筹谋划,加强组织,优化我国科技事业发展总体布局。"③唯改革者进,唯创新者强,唯改革创新者胜。中国实现现代化,是人类历史上前所未有的大变革,必须牢牢把握这一难得的历史机遇,利用新科技革命的后发优势,不断

---

① 马克思,恩格斯:《马克思恩格斯选集》第1卷,人民出版社2012年版,第158页。
② 马克思,恩格斯:《马克思恩格斯选集》第4卷,人民出版社2012年版,第473页。
③ 习近平:《为建设世界科技强国而奋斗——在全国科技创新大会、两院院士大会、中国科协第九次全国代表大会上的讲话》,人民出版社2016年版,第3~6页。

创新,加速发展。

  经济基础决定上层建筑,以美国为首的西方发达国家不断利用其在信息技术和网络通信等方面的主导地位,对别国文化领域渗透控制,以图垄断国际思想文化市场。文化霸权构成了西方国家霸权主义战略的关键一环。文化霸权体现出一种控制与被控制的权力关系,文化霸权的推行必须以强势文化为基本条件,而"其根本基础则是强大的经济实力,其核心动力则是强烈的政治霸权欲望"①。当前的国际话语体系,从本质上讲是维护西方国家价值观和既得利益的话语结构。随着近年来西方发达国家经济实力的相对下降和新兴国家的迅速崛起,尤其是2008年蔓延西方资本主义世界的经济危机的巨大冲击,西方世界普遍弥漫着心理上的失落感,这是自近代以来,在发达国家与发展中国家对话中从未有过的新变局。但是,即便西方国家的国力相对下降,却仍未改变其世界话语评判仲裁者和国际道德标准制定者的心理状态。一些国家依旧抱有宗主国心态,对前殖民地国家内部事务颐指气使,甚至粗暴干涉,严重损害了广大发展中国家的根本利益,造成了极为恶劣的国际影响。针对这一问题,习近平总书记特别指出,"各国要致力于建设公平公正、包容有序的国际金融体系,提高新兴市场国家和发展中国家代表性和发言权,确保各国在国际经济合作中权利平等、机会平等、规则平等。"全球一体化的背景下,中国融入世界,一方面大大加快了中国改革开放的进程;另一方面也对中国社会的方方面面产生了巨大影响,尤其是对中国的文化安全和文化产业发展带来了巨大挑战。西方教育资源不断涌入中国,对中国造成了价值观念的进一步冲击。在文化和教育交流过程中,既要弘扬中华民族优秀传统文化,振奋民族精神,同时又要注重把握以我为主、为我所用的原则,充分吸收全人类一切优秀文明成果,积极构建具有中国特色的叙事方式,加大中国文化的外宣力度,讲好中国故事,扩大中国文化的国际影响。正如习近平总书记所指出,"要着力推进国际传播能力建设,创新对外宣传方式,精心构建对外话语体系,创新对外话语表达,打造融通中外的新概念新范畴新表述,把我们想讲的和国外受众想听的结合起来,努力争取国际话语权,增强文化传播亲和力。要多用外国民众听得到、听得懂、听得进的途径和方式,积极传播中华文化,阐发中国精神,展现中国风貌,让世界对中国多一分理解、多一分支持。"②

---

① 陈乔之,李仕燕:《西方文化霸权威胁与中国国家文化安全选择》,《暨南大学学报》(哲学社会科学版)2006年第1期。
② 《习近平总书记系列重要讲话读本(2016年版)》,学习出版社、人民出版社2016年版,第210页。

第四章　文化自信的价值支撑

一个国家和民族的文化之强，既表现为其文化创新程度、发展高度、影响力度等在国际文化格局中超拔于世界的客观态势，也表现为其所具有的先进的文化精神、强大的文化自信。文化自信有着多方面的构成与表现，对自我文化发展历史与现实的理性认知，对当下文化发展道路的清晰与自觉，对未来文化前景的希望与信心，这些都是构成文化自信的重要维度、关键因素。而在文化自信的系统构成中更具核心意义、对文化自信的诸多构成维度具有统摄意义的，则是价值观的自信。

一、文化自信之核是价值观自信

文化的核心是价值，人们据之以观世界、虑人生、辨善恶、别曲直、识美丑，也以之为向心凝聚、一体认同、创新创造的依据和向导。任何一种文化体系的性质，都由其内含的价值观决定、表征；任何一种文化体系的魅力，都由其内含的价值观培育、彰显；任何一种文化体系的发展，也都由其内含的价值观规约、引导。价值观在文化体系中的这种独特地位与功用，决定了其在文化体系中的核心意义，也使得价值观的自信成为文化自信的内核。价值观的自信，是一个国家和民族在推进文化发展的进程中知所趋止、顽强进取的定力与韧性所在，也是一个国家和民族面对各种文明创造、文化滋养择善而纳的气度与尺度所在。因此，文化强国，首在强魂。魂，即核心价值观。价值观自信与文化自信、文化强国之间的这种内在关联，启示我们在文化强国建设的进程中，要把弘扬践行社会主义核心价值观、不断增强中华民族的价值观自信摆在战略位置，确立起社会主义文化强国建设的价值观主轴，夯实我们走向文化强国的价值观基础。

（一）多元社会思潮的价值引领

从适应国内国际大局深刻变化看，我国正处在大发展大变革大调整时期，在前所未有的改革、发展和开放进程中，各种价值观念和社会思潮纷繁复杂。面对世界思想文化深度交流交融交锋的新态势，面对国内改革开放和社会主义市场经济条件下思想意识多元多样多变的新特点，迫切需要我们积极培育和践行社会主义核心价值观，扩大主流价值观念的影响力，提高国家文化软实力。

很长一段时间以来，社会主义核心价值观是什么以及如何建设，是马克思主义经典作家留给我们的一个世纪性价值难题，世界社会主义实践运动也曾经一度在这一问题上遭遇挫折。回首历史，在科学社会主义的指导下，通过无产阶级现实的社会主义实践运动，苏联、东欧、中国以及其他一些国家，都先后建立了事实上的社会主义制度。然而，由于长期以来两种制度并存，不同制度国家之间存在经济实力、军事实力方面的对抗。在这种情况下，社会主义国家主要致力于经济建设和经济发展，而对思想力、价值力和文化软实力的提升乃至社会主义核心价值观和价值体系的深入研究和建设关注较少。

比如，在苏联80多年的社会主义建设中，一直没有提出系统的社会主义核心价值观和价值体系，在文化软实力上一直远远逊于西方发达资本主义国家，从而使人们对于社会主义的本质及其价值观的认识长期处于模糊之中，极大地影响到人们对社会主义的理解、信念和信仰，影响到社会主义的具体实践。苏联解体的原因很复杂，但其中一个重要原因是因为没有明确、坚定的社会主义核心价值观而为意识形态的多元化留下了通道，从而使苏联最终成为西方资本主义核心价值观的俘虏和追逐者，使资本主义的"和平演变"成为现实。过去我们一直说，无产阶级政党共产党是用马克思主义武装起来的政党，只要我们坚持用马克思主义作指导思想，武装起来，就是战无不胜的党，就是能够长期执政的党，因为马克思主义是科学的理论，是真理。但是，随着苏联、东欧等一些社会主义国家共产党执政的垮台，这一命题被打破。我们也曾认为，只要把经济建设搞上去、发展是硬道理；只要进一步改革开放、发展社会主义市场经济等，就能巩固党的执政地位。事实表明，并非如此。从这些活生生的例子可以看出，一个政党执政并不是指导思想正确就能永保执政地位，也并不仅仅是经济发展的问题，还有经济与政治、政治与民主、公平与效率、国际和国内协调发展等问题。执政地位要巩固，各个方面都要协调发展。因此，核心价值观问题是经济、政治、文化、社会等诸多问题交织在一起的集中反映，无论环境变化与否，始终要有一面思想和精神上能够始终动员、引领和凝聚最广大人民群众团结奋斗的伟大旗帜，这就是明确的社会主义核心价值观，这是一个执政党保证执政永固需要特别加以解决和加强建设的课题。

改革开放以来中国社会意识形态同社会结构一起经历了深刻转型。一方面，国内社会意识形态进入了空前活跃和繁荣发展时期，网络正对我国意识形态的控制力形成严峻挑战，各种多元、多样的社会思潮正在影响我国主流意识形态的权威认同；另一方面，西方敌对势力依旧没有放弃对我国意识形态领域进行文化渗透威胁，国际领域话语权和文化领导权等软权力的竞争成为国家之间综合国力较量的焦点。社会变革的急剧性和复杂性决定了我国社会价值观变革和演进的急剧性和多样性。细数历史上的各种价值观，分别有封建主义价值观，半殖民地、半封建社会带有一定资产阶级性质的价值观，中国共产党人革命时期的价值观，社会主义建设时期的价值观，计划经济时代的价值观，市场经济时代的价值观，东方价值观乃至西方价值观甚至资本主义价值观，各种各样、纷繁复杂的价值观在我国急剧的社会变革和社会发展中同时并存，正确的与错误的、先进的与落后的、积极的与消极的相互交织、相互激荡，导致社会上出现种种价值裂变、价值冲突和价值矛盾。

历史和现实告诉我们，经济建设是党的中心工作，意识形态工作是党的一项极端重要的工作，只有物质文明建设和精神文明建设都搞好，中国特色社会主义事业才能顺利向前推进。随着全球经济一体化和文化多元化趋势的快速发展，当前我国社会思想领域正面临着前所未有的严峻挑战，意识形态问题已经成为一个国家安全的重要问题。从当前我国意识形态领域的发展态势来讲，意识形态工作是应对意识形态领域复杂形势的重要抓手。当前多元多样的社会思想现状迫切要求积极、正确思想的引领，迫切需要我们牢牢占领思想建设阵地，巩固马克思主义在意识形态领域的指导地位，巩固全党全国人民团结奋斗的共同思想基础。因此，在新的形势下，充分认识意识形态工作的重要地位，重视社会主义核心价值观的重要功能，具有巨大的紧迫性和重要性。

"三个倡导"的社会主义核心价值观是处于主导地位的价值观，代表着价值体系的基本特征，体现着价值体系的基本价值倾向，统率着其他处于从属地位的价值观念，是我国各族人民普遍遵循的基本原则，犹如一座标杆、一面旗帜，规范和引导人们的思想和行为，能够凝聚人心，汇集民智，把社会的一切积极因素调动起来。新形势下，客观环境利益多元，观念多变，新的传播技术传播手段层出不穷，舆论众声喧哗。在这种复杂的环境里，主流媒体要有效地进行舆论引导，必须重视正面宣传，积极掌握话语权，以社会主义核心价值观正面宣传壮大主流舆论。

（二）凝聚民族合力的精神支柱

从社会主义发展规律的高度来讲，意识形态工作是党团结和带领全国各族人民建设中国特色社会主义的基础。毛泽东同志曾经指出："掌握思想领导是掌握一切领导的第一位。"这是对我们党领导中国革命和建设实践经验的高度概括和科学总结。改革开放以来，我们党带领全国各族人民以经济建设为中心，经济发展取得了巨大成就，我国一跃成为世界第二大经济体。同时，党始终坚持高举中国特色社会主义伟大旗帜，以毛泽东思想、邓小平理论、"三个代表"重要思想、科学发展观、习近平新时代中国特色社会主义思想为指导，凝聚了全国各族人民坚实的思想基础。物质和精神二者不可偏废。经济建设为意识形态工作奠定了物质基础，意识形态工作为经济建设提供有力保障。可以说，意识形态工作是党的各项工作的中心环节，是党团结和带领全国各族人民建设中国特色社会主义的基础。只有物质文明建设和精神文明建设都搞好，中国特色社会主义事业才能顺利向前推进。

回首历史，共产主义的伟大理想，对于处在水深火热中的中国人民来说曾经是一面具有巨大吸引力的思想旗帜，在这伟大目标的激励下，无数革命先烈为之奋斗牺牲，多少人无私奉献才换来了社会主义的新中国。改革开放促进了经济的发展,也带来了思想领域的开放与活跃,导致了一些人理想信念的缺失,尤其是不同的社会群体之间理想目标出现了分歧。正是在这种情况下,我们党提出了把我国建设成为富强、民主、文明、和谐的社会主义现代化国家的宏伟目标,正式对社会主义的核心价值观做出了凝练和概括,"三个倡导"的价值目标集中反映了社会主义现代化国家在经济、政治、文化、社会各方面的核心价值,鲜明地体现了中国特色社会主义共同理想的内涵和特征。社会主义核心价值观把国家富强、民族振兴、人民幸福这三者紧密联系在一起,具有强大的感召力、亲和力、凝聚力。从提升民族和人民的精神境界看,社会主义核心价值观是精神支柱,是行动向导,对丰富人们的精神世界、建设民族精神家园,具有基础性、决定性作用。一个人、一个民族能不能把握好自己,很大程度上取决于核心价值观的引领。要振奋起人们的精气神、增强全民族的精神纽带,必须积极培育和践行社会主义核心价值观,铸就自立于世界民族之林的中国精神。

实现中华民族伟大复兴,是中华民族近代以来最伟大的梦想,要实现这个梦想,必须树立正确的社会精神支柱来凝聚14亿多民众为之共同奋斗。党的十八大所倡导的社会主义核心价值观,来自中国特色社会主义实践,凝练于中华优秀传统文化精华,包容了多样化的社会思潮,反映了全体中国人民的共同心声,能够将伟大实践、创新理论内化为人们内心的价值认同,具有为全国各族人民所接受的全局性、整体性特征,在广泛认同的基础上,必将为中国梦的早日实现提供巨大的精神力量。构建具有强大凝聚力感召力的社会主义核心价值观,关系社会和谐稳定,关系国家长治久安,关系到"两个一百年"奋斗目标的实现。这就要求我们必须持续加强社会主义核心价值体系和核心价值观建设,巩固全党全国各族人民团结奋斗的共同思想基础,凝聚起实现中华民族伟大复兴的中国力量。

(三)现代化理想国家形态的价值表达

价值承载理想,理想内蕴价值,美好的理想本身反映的正是人们的价值追求。富强、民主、文明、和谐等"三个倡导"的社会主义核心价值观,凝结了一百多年来先进中国人的理想与价值愿望,同时也是基于现实的理想,是中国共产党的领导下14亿多中国人民对于现代化国家理想形态的价值表达。

马克思主义认为,有国家就有意识形态。意识形态是一个政党、一个国家的思想意志和政治制度的根本体现。它关系到这个国家、这个民族举什么旗帜、走什么道路等根本政治问题。意识形态工作决定了一个国家、政权的稳固程度,正如马克思所指出的那样:"一定的意识形式的解体足以使整个时代覆灭。"由此可见,牢固占领思想舆论阵地,是巩固一个政党执政根基所遵循的基本规律和根本要求。我们党是无产阶级政党,马克思主义中国化的意识形态体系,规定着我国的政治体制、政权性质、国家制度,指引着我国社会发展方向，牢固树立以马克思主义意识形态为主导的社会主义核心价值观，是我们必须毫不动摇坚守的政治底线。同时，在全球一体化的今天，我们需要在世界人民面前展示我们的理念和价值追求，这不仅是国家长远发展、屹立于世界民族之林的必要途径，更是世界文化融合交流的必然趋势。在《亚洲价值观：新加坡政治的诠释》一书中，吕元礼先生从儒家文化的角度，以自己对儒家文化深刻、透彻的理解，寓之于对新加坡政治的诠释中，构成了他心目中的亚洲价值观。吕先生指出："作为新加坡模式内在价值的亚洲价值观，促成了新加坡的经济腾飞，对于希望急起直追实现现代化的中国来说，新加坡正是上述引言中邓小平指出的那个'应当借鉴'的对象。借鉴新加坡，就必须深刻把握内在于新加坡模式的亚洲价值观——因为失去内在价值的外在模式，就会成为没有灵魂的躯壳；深刻领会亚洲价值观，又必须深入了解新加坡政治的诠释——因为缺乏具体诠释的价值观念，就会沦为言之无物的空谈。"书中所谓的亚洲价值观，实质上是以儒家文明为主体的价值观，书中所谈到的新加坡政治，在一定意义上可以看作为儒家王道政治在新加坡的创新与发展。由此可见，在全球化大发展的今天，建构现代化理想国家形态的价值表达，无论对于世界更好地认识我们还是一个国家的自我认知和发展都有着重要意义。

这就需要我们讲好中国故事，传播中国声音和理念，这不仅是提升我国国际传播能力的开始，从长远来讲也是一个大国走向强国的开端。只有大力加强意识形态建设和价值宣传，不断增强我国在国际传播领域的话语权，才能更好地传播中华文化，充分展示我国繁荣发展、民主进步、文明开放的良好形象，有力地彰显中国特色社会主义制度的巨大优越性，引导人们更加全面客观地认识当代中国、看待外部世界。因此，我们要加强话语体系建设，着力打造国内外老百姓都能够接受的新概念、新范畴、新表述，我们传播的概念范畴表述既要符合中国国情，有鲜明的中国特色，又要与国外习惯的话语体系、表述方式相对接，易于为国际社会所理解和接受。社会主义核心价值观正是在最大限度上达成了价值共识，激起了国内外民众共鸣，有力推动了国家在价值层面的现代化之路。

（四）社会进步的价值规范

学习和实践社会主义核心价值观是促进个人全面发展、社会和谐进步的需要，主要体现在社会主义核心价值观对人们思想道德的规范以及对社会主义和谐文化建设的引领作用。全面深化改革，完善和发展中国特色社会主义制度，推进国家治理体系和治理能力现代化，必须解决好价值体系问题，加快构建充分反映中国特色、民族特性、时代特征的价值体系，在全社会大力培育和弘扬社会主义核心价值观，提高整合社会思想文化和价值观念的能力，掌握价值观念领域的主动权、主导权、话语权，引导人们坚定不移地走中国道路。

马克思主义认为，人在其现实性上，是一切社会关系的总和。人的发展不能脱离社会，社会的进步更是需要靠人类实践改造。个人的全面发展与社会的和谐进步是社会主义发展过程中一体两面的因素，二者相互促进，互为条件。衡量人与社会发展的最主要标准是生产力的发展，但生产力不是唯一标准，文明的进步同样表现为人类道德水平的提高和社会文化的进步。思想道德水平的提高是个人全面发展的一个重要方面，树立正确的世界观、人生观、价值观更是个人全面发展的前提，社会主义核心价值观在日常生活和道德实践层面为个人道德建设指明了方向，树立起了社会进步的价值规范，有利于正确世界观、人生观、价值观的梳理，有助于整合社会意识，同时个人道德水平的提高，也为社会的和谐进步提供了重要保障。

党的十八大报告指出："倡导富强、民主、文明、和谐，倡导自由、平等、公正、法治，倡导爱国、敬业、诚信、友善，积极培育和践行社会主义核心价值观。"这个概括分别从国家、社会、个人三个层面进行，清晰而凝练，集中表达了中国共产党人对社会主义核心价值体系的全新认识。马克思说过："社会结构和国家总是从一定的个人的生活过程中产生的。"积极培育和践行社会主义核心价值观，关键在于提高价值主体的自觉性。"富强、民主、文明、和谐"，是我国社会主义现代化国家的建设目标，也是从价值目标层面对社会主义核心价值观基本理念的凝练。"自由、平等、公正、法治"，是对美好社会的生动表述，也是从社会层面对社会主义核心价值观基本理念的凝练。"爱国、敬业、诚信、友善"，是公民基本道德规范，是从个人行为层面对社会主义核心价值观基本理念的凝练。社会主义核心价值观是由国家、社会、个体三个层面构成的统一整体，其价值主体分别是国家、社会、个体。要继承和发扬中华优秀传统文化和传统美德，广泛开展社会主义核心价值观宣传教育，积极引导人们讲道德、尊道德、守道德，追求高尚的道德理想，不断夯实中国特色社会主义的思想道德基础。

因此，社会主义核心价值观的提出，有助于规范公民的行为和提升公民的思想道德境界，不仅体现了国家的本质规定和社会的根本要求，同时也为每个社会公民提供了基本的道德伦理规范和行为准则，对于培育和塑造新型的现代公民具有重要意义。可以说，妥善处理个人与社会、个人与他人的关系，是社会主义核心价值观在个体层面的体现，也是国家、社会对个体公民的一种道德和伦理要求。要把提升每个公民认同和践行社会主义核心价值观的自觉性作为重中之重，深入开展社会主义核心价值观的学习和教育，全面提高公民的道德素养，以此来促进全社会的道德建设。

二、社会主义核心价值观的建构方向

社会主义核心价值观的培育和践行是我们党适应思想文化领域新变化、坚定文化自信提出的一项重大战略任务，它所具有的长期性和系统性，决定了正确认识构建社会主义核心价值观应当遵循的基本原则。培育社会主义核心价值观的主体而言，党的执政理念起着关键作用。政党的力量来自政党的团结，对核心价值观的共同认同是政党团结的思想基础。所以，核心价值观是政党的阶级性、政治目标和历史使命的集中体现。在这一主旨下，培育社会主义核心价值观应当遵循以下基本原则：

（一）坚持人民主体，兼顾国家、社会、个人的价值追求

党的十八大报告提出，"倡导富强、民主、文明、和谐，倡导自由、平等、公正、法治，倡导爱国、敬业、诚信、友善，积极培育社会主义核心价值观"，这是对社会主义核心价值观的一个全新的论述，包含了中国特色社会主义应该具有的最基本的价值理念。其中，最首要的一条准则就是要坚持以人为本，尊重群众主体地位，关注人们的利益诉求和价值愿望，促进人的全面发展。在社会主义条件下，人民群众作为实践的主体，是整个社会的主体，其根本利益构成了提炼、概括社会主义核心价值观的根本出发点。尽管在任何社会条件下，人们总是不可避免地出现利益上的冲突，但是，作为实践和社会主体的人民群众的利益和要求必然是社会整体利益的主导和支配因素。

坚持人民主体地位是马克思主义理论的本质规定。马克思主义在继承以往哲学思想中积极成果的基础上，科学地揭示了人的本质，为坚持人民主体思想的确立奠定了科学的基础。马克思与恩格斯创立的唯物观，本质上就是人民的历史观和发展观。在唯物史观的科学体系中，人的发展是其理论的核心，以人的发展为尺度考察人类社会发展是马克思和恩格斯的基本观点之一。在他们看来，历史的进步是社会发展和人的发展过程，整个历史也无非是人类本性的不断改变而已。因此，后来邓小平也进一步指出，人民群众满意不满意、赞不赞成、高兴不高兴是我们衡量一切工作成败的标准。十八大报告明确指出："必须坚持人民主体地位。中国特色社会主义是亿万人民自己的事业。要发挥人民主人翁精神，坚持依法治国这个党领导人民治理国家的基本方略，最广泛地动员和组织人民依法管理国家事务和社会事务、管理经济和文化事业、积极投身社会主义现代化建设，更好保障人民权益，更好保证人民当家作主。"由此可见，真正反映了最广大人民群众根本利益和要求的最基本的价值观或价值体系，才可以作为社会主义核心价值观的内容。社会主义核心价值观要具备广泛的认同性与实践性，必须突出人民的主体性。广大人民只有真正认同社会主义核心价值观与自己利益的深层关系，才会自觉地认同社会主义核心价值观。因此，应从思想上和实践上突出人民群众在培育和践行社会主义核心价值观中的主体地位，充分发挥人民群众的主体作用，调动人民群众的积极性、主动性和创造性，促使他们更加自觉、更加主动地推动社会主义核心价值观建设。培育社会主义核心价值观，还要尊重人民群众的首创精神，积极培育建设主体的创新意识。在推进社会主义核心价值观的培育过程中，要善于发现人民群众中蕴藏的积极向上的思想精神，充分重视人民群众的社会实践对于社会主义核心价值观发展和创新的价值和意义，在全社会营造浓厚的创新氛围。

社会主义核心价值观蕴藏于广大人民群众的生活和实践之中,离开了人民群众的生活和实践,忽视了人民群众的主体地位,社会主义核心价值观的培育和践行就会成为无源之水、无本之木。同时也要注重兼顾国家、社会、个人三者的价值愿望和追求。党的十八大关于核心价值观的凝练,充分遵循了这一基本原则。富强、民主、文明、和谐就是立足于国家层面而提出的价值要求,它既是中国特色社会主义的根本目标,也是这一目标的价值规定和价值体现;自由、平等、公正、法治主要是立足社会层面提出的价值要求,既体现了中国特色社会主义的内在属性,也体现了核心价值观的基本价值导向;爱国、敬业、诚信、友善则是立足公民个人层面提出的价值要求,既是一个中国公民应该履行的基本义务和要求,也体现了社会主义核心价值观的基本道德准则。正如国家、集体、个人三者相互依存、不可分割一样,上述三个层面的价值规定也是相互联系、相互依存、相互贯通的关系。它们不仅兼顾了国家、社会、个人三者的价值追求,确立了国家、集体、个人三者价值目标的统一基础,也在某种程度上反映了现阶段全国人民利益的最大公约数,实现了国家发展目标、社会价值导向、个体行为准则的基本统一,反映出不同价值主体的价值愿望与追求。

因此,培育社会主义核心价值观,既要关注不同层面主体的价值愿望的一致性,也要关注不同层面主体的价值追求的差异性。党的十八大对核心价值观问题的表述,兼顾了国家政治制度、社会发展目标、传统文化积淀和民间行为规范的融汇与共通;这个论述所采取的开放性的表述方式,体现了核心价值观的先进性与包容性的高度统一。

(二)坚持以理想信念为核心,抓住世界观、人生观、价值观总开关

习近平总书记指出:"坚定理想信念,坚守共产党人精神追求,始终是共产党人安身立命的根本。""理想信念就是共产党人精神上的'钙',没有理想信念,理想信念不坚定,精神上就会'缺钙',就会得'软骨病'。"这些言简意赅、通俗易懂的话语告诉我们,共产党员只有注重"精神补钙",坚定理想信念,才能经受住执政考验和各种诱惑,才能永葆自身的先进性与纯洁性。培育社会主义核心价值观要坚持以理想信念为核心,抓住世界观、人生观、价值观这个总开关,在全社会牢固树立中国特色社会主义共同理想,着力筑牢人们的精神支柱。如果不解决这个根基问题,社会主义核心价值观就难以最大限度地确立和巩固。因此,在培育社会主义核心价值观的过程中,必须把坚定理想信念作为一个首要任务来抓。

理想信念与社会主义核心价值观具有内在统一性。理想信念彰显的是旗帜问题、道路问题,具有根本性、全局性;社会主义核心价值观凸显的是理想信念的具体价值取向问题,具有动态性、开放性。两者相互构建,统一于中国特色社会主义的伟大事业中。

首先,它们在目标上是一致的。共产主义和社会主义的理想信念,是我们共同追求的

总体性目标。核心价值观既是精神理念,也蕴含着现实的目标追求。社会主义核心价值观的现实目标就是实现中华民族伟大复兴的中国梦,它凝结了中国特色社会主义的要义,体现了社会主义核心价值观的精髓。可见,培育社会主义核心价值观,与理想信念塑造都是中国特色社会主义的灵魂工程,强调的是把先进性要求和广泛性要求结合起来,致力于增强民族的自尊心、自信心和自豪感,引导人们把个人的价值追求融入民族振兴、国家发展之中,努力把全体人民的思想意志统一起来,把全民族的智慧力量凝聚起来,为社会主义和共产主义事业而不懈奋斗。

其次,二者在内涵上具有相融性。理想信念和社会主义核心价值观都体现了社会主义意识形态的本质要求,体现了社会主义制度在思想和精神层面的质的规定性。二者都积淀着中华民族深厚的文化传统与优良的道德风尚,吸收、借鉴了人类文明的成果,凝结了社会主义先进文化的精华。社会主义核心价值观从国家、社会、公民三个层面,分别阐述了我们的价值目标、取向和准则,三个层面相互联系、相互贯通,各具功能、各有侧重,是现阶段中国社会"最大公约数"的价值共识和基本的价值遵循。社会主义核心价值观为理想信念提供了层次性解读,马克思主义信仰、共产主义理想和社会主义信念升华了我们的价值追求,构筑了我们的精神高地。

最后,二者在实践上是契合的。价值观最深层次的内核是信仰信念。理想信念是培育弘扬社会主义核心价值观的文化土壤;社会主义核心价值观是理想信念活生生的表现形式,也是理想信念的具体化。反过来,社会主义核心价值观建设的内容和领域不断拓展,为理想信念塑造提供了广阔的空间。理想信念源自现实,又高于现实,具有崇高性。但理想信念并不是完全抽象的,而总是与一定的社会物质条件相联系,并通过社会实践才能最终实现。社会主义核心价值观的鲜明特色就是实践性。把理想信念贯穿于社会主义核心价值观建设的各个方面,理想信念就找到了现实落脚点和实践平台,并在实践中注入新的时代特质,逐渐实现内化于心、外化于行,从而使理想信念获得无比旺盛和坚强的生命力。

因此,理想信念塑造是培育和践行社会主义核心价值观的重中之重。坚定的理想信念是培育和践行社会主义核心价值观的精神支柱。当前,我国正处于"四个深刻"变动时期,多样化的社会思潮开始出现并通过多种方式得以广泛传播,迫切要求我们筑牢思想防线,练就"金刚不坏之身",自觉抵御各种错误思想、观念的影响侵蚀,抵抗住五光十色的各种诱惑。理想信念确立的过程实际上就是突破"小我",追求"大我",达到一个更高人生境界的过程。如果背弃理想信念,迷恋自我,一个人的气象和格局就会变得十分渺小、猥琐,最终失去灵魂与做人的底线;就会在纷繁复杂的现实中政治嗅觉迟钝、政治立场动摇,误入歧途,甚至腐败变质。因此,要把理想信念塑造贯穿于社会主义核心价值观建设的全过程。作为新时期的党员干部,特别要强化党性意识,要坚定道路自信、理论自信、制度自信,把学习中国特色社会主义理论作为政治责任和精神追求,真正使先进理论内化为坚定不移的政治信仰、唯物辩证的思想方法、立身做人的基本准则,转化为谋划工作的思路、促进工作的措施、领导工作的本领。

(三)坚持兼容并包,体现民族性和世界性的有机统一

在培育社会主义核心价值观的过程中,必须正确处理好一元主导与多样并存的关系。这就要求我们不能因为强调社会主义核心价值观的主导地位而否认社会思潮多样化的客观现实。我们应当看到,在全球化背景下,经济和政治结构深刻变动,文化思潮复杂多元,社会需要主流价值观的引领,也需要这种主流价值观能够兼容并包其他一些进步观点。目前,全球文化间交锋日渐激烈,任何一种民族文化都不可能脱离外来文化的影响,任何一种价值观念也都不可能与世隔绝,都需要从其他价值观念中汲取养分,这是当前凝练社会主义核心价值观的基本前提和重要特点。社会主义核心价值观要巩固自己的主导地位,引领整合多样化社会思潮,就必须充分尊重多样化社会思潮的社会地位,为其存在与发展创造宽松的社会政治和文化环境。否则,发挥核心价值观的主导和引领作用就会流于空谈,达不到实质性的效果。同时,也不能因为社会思潮多样化的客观存在而否认社会主义核心价值观的主导作用。多样化社会思潮的发展决不能损害社会主义核心价值观的主导地位,离开了社会主义核心价值观的主导和引领,社会思潮就会因缺乏科学理论的指导而偏离正确的航向,从而给中国特色社会主义事业的发展带来巨大损害。

在社会思潮多样化的客观现实下,坚持核心价值观的主导,就是坚持马克思主义的指导地位不动摇,坚持和发展马克思主义指导实践,牢牢掌握其在意识形态领域的指导权、主动权、话语权,这样才能充分发挥社会主义核心价值观在引领社会思潮中的导向和整合功能,形成一元与多样、主导与包容的辩证格局。这种尊重和包容是中国共产党走向成熟的表现,它体现了党在理论自信、制度自信、文化自信基础上的大格局,也是中国社会发展进入改革攻坚期的必然要求。在此过程中,要做到兼容并包,做到民族性和世界性的有机统一。"只有民族的,才是世界的。"社会主义核心价值观如果丧失了民族性,就缺失了民族特质,就难以为广大人民群众所认同和接受,也就难以落地生根,更难以存续发展。毛泽东指出,马克思主义只有"和民族的特点相结合,经过一定的民族形式,才有用处"。同时,我们也必须看到,随着人类文化融合的提速,不同价值观念之间的融合也在提速,马克思和恩格斯在《共产党宣言》中就指出:"过去那种地方的和民族的自给自足和闭关自守状态,被各民族的各方面的互相往来和各方面的互相依赖所代替了。物质的生产是如此,精神的生产也是如此。"因此,社会主义核心价值观的凝练,离不开对世界优秀文明成果的借鉴和吸收,社会主义核心价值观没有了世界性,就难以应对全球化时代思想文化的交流、交锋和交融,就难以在日趋激烈的文化软实力竞争中脱颖而出。由此不难看出,凝练社会主义核心价值观,搞断绝传统的"全盘西化"不行,故步自封的"民粹主

义"更不行，只有坚持"以我为主、兼容并包"，实现民族性和世界性的统一，方是可行之道。

社会主义核心价值观，应该具有与时俱进的品格和开放包容的气度，善于吸收人类创造的各种优秀思想文化成果，兼收并蓄，为我所用，不断丰富和完善自己。这是因为，社会主义核心价值观理应代表人类社会的发展方向和人类文明的发展趋势，理应属于全人类共同精神财富的有机组成部分。社会主义核心价值观源于本民族但又不局限于本民族，而是放眼世界、瞩目未来的。凝练社会主义核心价值观应该要有开放的心态、全球的视野和世界的眼光。社会主义核心价值观从来不应离开人类文明发展的主渠道。"三个倡导"的提出正是对世界范围内的"现代性危机"和"全球化浪潮"的积极回应和有效应对，既吸收了西方文化的合理成分和优秀因子，又实现了对以往价值观的超越，吸纳了民族传统文化因子，把发扬传统与立足当代有机结合，体现中华民族的意志，反映人民群众的需求，立足于中国基本国情，形成了一个内涵丰富的价值观体系。

（四）坚持从实践领域入手，以对现实的认知和把握为基础

马克思说："全部社会生活在本质上是实践的。凡是把理论引向神秘主义的神秘东西，都能在人的实践中以及对这个实践的理解中得到合理的解决。"在马克思看来，实践在理解社会关系中具有根本性、决定性的作用，也是对社会本质的一种规定。价值既不是客观事物固有的性质，也并非凭空产生和主观臆造的，而是建立在当前现实和事实的基础之上，是在人类实践活动中生成并随着社会实践的发展而发展的具有主体性和客观性性质的现象。个人或者社会的价值观是主体在现实存在困境和事实本身矛盾的基础上，形成的价值取向、价值追求和价值信念。简言之，核心价值观所蕴含的价值判断和价值选择，是社会主体通过对事实矛盾和现实困境的否定和超越而获得的自身需求的满足，实践性是社会主义核心价值观的鲜明特征，这就意味着实现全民族确立社会主义核心价值观离不开丰富多彩的社会实践。因此，培育社会主义核心价值观，首先应当紧紧围绕社会主义社会的事实矛盾和现实困境，从人们整体实践活动的基本领域入手。

中国特色社会主义核心价值观的实践基础是中国特色社会主义的伟大实践。社会主义核心价值观的形成、丰富与发展都离不开改革开放的实践。因此，在推进社会主义核心价值观凝练及其宣传普及的过程中，理应牢牢把握住核心价值观这一重要特征，扎根实践，从关心群众的现实生活入手，在群众的生产实践、日常生活中融入社会主义核心价值观，在和风细雨中推进社会主义核心价值观宣传教育。简言之，就是要坚持"三贴近"原则，即贴近实际，贴近生活，贴近群众。从某种意义上讲，人民群众是最讲实际的。在广大基层，人们所关心的，往往都是从自身利益出发，而且所接触并认可的都是基于自身的经历作出的。这实际上体现了社会存在决定社会意识这一基本原理。在凝练并在全民族确立社

会主义核心价值观的过程中，牢牢把握住这一条，极为重要。这就意味着，要在全社会范围内形成强大的合力，营造良好的氛围，切实把社会主义核心价值体系与人民群众的生产生活紧密联系起来，使社会主义核心价值理念深刻地广泛地融汇在人民群众的生产实践、日常生活中。

在培育过程中，既要遵循以人们创造人生价值的实践为基础的、作为人生实践指南的价值观，即为人民服务的人生观。这种价值观以处理人与人之间的伦理道德实践为基础，以此作为人们处理社会关系的普遍价值尺度的道德标准。同时，也要遵循立足我国社会主义的客观现实与实际状况，以中国特色社会主义建设实践为基础的、作为社会政治理想的价值观，即为中国特色社会主义而奋斗的理想和信念。我国是一个社会主义国家，中国特色社会主义实践要求我们为实现经济繁荣、社会和谐、政治开明、人民安居乐业的目标而努力奋斗。立足于现实，就是要解决与群众利益和需要相关的实际问题。马克思曾经说过我们所为之奋斗的一切，都同他们的利益有关。社会主义核心价值观建设离开群众的实际需要，就会流于空谈。培育社会主义核心价值观就是要凸显人文关怀，坚持以人为本，着力保障和改善民生，了解群众心声，倾听群众意见，针对人民群众最关心、最直接、最现实的利益问题，做好就业、分配、社会保障、看病、子女上学、生态环境保护、安全生产、社会治安、食品医药安全等方面的工作，使人们充分感受到社会主义核心价值的重大实践价值。

为此，此人2016年已去清华大学当教授。指出，社会主义核心价值观转化落地要着力解决层次化具体化问题。一个国家或民族的核心价值观，是这个国家或民族文化的灵魂和精髓。从价值体系的结构和有机组成看，核心价值观的落地转化，应该包括多个层次，如终极价值观、主导价值观、基本价值观和具体价值观等，核心价值观只是贯穿价值体系这些层次的总纲、主线，并不是有了一个核心价值观，就万事大吉了。我们不可能企望有了一个核心价值观，就能解决价值观面临的一切问题。社会主义核心价值观，只是贯穿我国社会主义价值体系的总纲和主线，它要转化落地，还需要落实、落细、落小，需要进一步深入解决价值观的层次性问题。因此，要将社会主义核心价值观付诸实践，就要使它具体化为不同层面、不同维度的价值体系，构建系统完整的、内在一致的社会主义价值体系。这样，核心价值观才能够真正落地、生根、开花、结果，渗透到社会生活中，成为国家的主流文化。如果核心价值观始终停留在观念层面，停留在一般的、抽象的原则上，它不可能真正成为国家的主流价值观，更不可能成为社会文化。

总之，培育社会主义核心价值观不是一蹴而就的，我们在凝练社会主义核心价值观的过程中，既要坚持以人民利益为根本出发点，也要同时兼顾国家、社会、个人的价值追求；既要以理想信念教育为核心，也要注重从实践领域入手，把握中国特色社会主义实践的现实要求；既要关注马克思主义世界观方法论的现实运用，也要吸收人类文明发展的积极成果。现已形成的"三个倡导"，正是充分体现了以上原则的科学提炼。

三、培育社会主义核心价值观的科学方法

对社会主义核心价值观进行准确恰当的提炼培育，离不开科学合理的方法。一方面，社会主义核心价值观是在社会主义制度下形成和发展的，必须坚持马克思主义的指导地位，这也是社会主义核心价值观作为社会主义核心价值体系有机内容的必然要求；另一方面，社会主义核心价值观是在中国进行社会主义改革发展的背景下提出的，必须立足于社会主义意识形态，与西方资本主义宣扬的普世价值观具有本质上的不同。基于此，为使其能够更加体现时代性，凸显民族性，富于创造性，在对社会主义核心价值观进行培育提炼的过程中，需要遵循以下方法路径：

（一）强化马克思主义主流意识形态的作用

主流意识形态构成一个社会思想文化的中枢和支柱，构成一个民族精神信仰的基础和载体，起着扩大政治认同、进行政治整合、规范政治行为、增强政治体系的合法性、促进政治稳定的作用。在我国，马克思主义作为主流意识形态，在党和国家事务中居于领导地位。加强马克思主义在意识形态领域的指导地位，用创新发展的马克思主义武装全党，引领社会主义核心价值观培育，是增强民族凝聚力和向心力，推进中国特色社会主义事业顺利前进，实现中华民族伟大复兴中国梦的根本保障。

一是必须切实加强党对社会主义核心价值观培育工作的领导，增强马克思主义的控制力和导向力。要确保意识形态领域各部门、各单位的领导权牢牢掌握在忠于马克思主义、忠于党和人民的人手中。党委宣传部作为意识形态工作的主管部门，要紧紧围绕党的中心工作，加强对整个意识形态工作的指导和监督，加强对宣传文化事业和文化体制改革工作的领导。

二是必须加强理论研究，用马克思列宁主义、毛泽东思想、邓小平理论、"三个代表"重要思想、科学发展观、习近平新时代中国特色社会主义思想重大战略思想武装全党、教育人民，使马克思主义成为我国经济、政治、文化、社会、生态等领域各项工作的根本方针，成为党领导全国人民团结奋进的共同思想基础，这样才能使社会主义核心价值观为群众所掌握并转化为自觉。要开展马克思主义理论研究和建设工程，这是培育和践行社会主义核心价值观的重要途径。实施马克思主义理论研究和建设工程，对于巩固马克思主义在意识形态领域的指导地位，增强社会主义核心价值观的吸引力和凝聚力，推进中国特色社会主义事业的发展具有极其重大的意义。要以对党对人民对历史高度负责的精神，继续推进充分反映马克思主义中国化最新成果的哲学社会科学教材体系建设，担负起马克思主义的学科建设和教材建设工作，把马克思主义中国化的最新理论成果融入各科教材和课堂教

学之中。应坚持与时俱进，紧密结合改革开放和现代化建设的新要求，不断创新意识形态工作的内容、形式和方法，增强主流意识形态的吸引力与渗透力，使其牢牢掌握思想舆论阵地。

三是要针对当前干部群众中出现的一些思想疑虑和困惑，针对目前人们关心的重大理论和现实问题，深入研究阐释，帮助干部群众明辨是非、澄清认识，把思想统一到中央精神上来。深入开展对外交流，努力扩大我国在国际学术领域的话语权和影响力。大力加强马克思主义理论队伍建设，不断提高理论研究水平。鼓励哲学社会科学界为党和人民事业发挥思想库作用，推动我国哲学社会科学优秀成果和优秀人才走向世界。这些必将有力地推动党的思想理论建设，为培育社会主义核心价值观提供重要的理论支撑。

在当前世情国情社情复杂多变的背景下，只有进一步加强马克思主义在意识形态的指导地位，从根本上保证马克思主义在我国意识形态领域的唯一主导性，不断强化全体民众对共同思想基础的高度价值认同，才能真正巩固社会主义核心价值观的主流地位，把全国人民的力量汇聚到实现中华民族复兴的伟大事业上来，从而推动中国梦的实现。

（二）多领域培育社会主义核心价值观

社会主义核心价值观是我国意识形态和政治文化的核心内容，对于巩固党的领导、确立正确的思想、文化发展方向具有至关重要的意义和价值。就内容而言，十八大报告提出"三个倡导"的社会主义核心价值观是兼顾国家、社会、个人三个层次的有机整体。只有针对各个层次的特点和要求，采取建设性的方法和路径，才能切实有效培育社会主义核心价值观，充分发挥它在引领我国政治和社会生活方面的灵魂作用。其中，有几个重要领域需要给予重视。

一是要注重从创新社会治理领域培育。加强和创新社会治理，必须凸显社会主义核心价值观。社会治理中须充分保证社会成员的话语权，建立自由、平等的公共舆论平台，深入了解人民群众的生活期待和需求。同时，在社会治理中要鼓励社会主体的多元参与，深化公民参与社会事务的程度，充分发挥人民群众的主体性。社会治理要接受社会成员的监督和质疑，广泛采用公共事务听证制度，扩大群众在社会治理中的权限。此外，要构建更为完备的公共物品供给体系，为人民群众提供更丰富、质量更高的社会服务。特别是对于处于社会不利地位的成员，社会要给予更多的关切，使他们能够更多地分享社会发展所带来的利益。

二是要注重从公民道德建设领域培育。社会主义核心价值观本身包含了公民道德建设的基本内容，爱国、敬业、诚信、友善是我国公民应遵守的基本美德。以社会主义核心价值观引领公民道德建设，是核心价值观内化、培养合格公民的必然要求。当前，十分紧迫的工作是以社会主义核心价值观加强公民诚信建设。提高政府行政和法制规范的公信力，建立个人与社会之间、与其他社会成员之间的互信关系，是培育爱国、敬业、诚信、友善价值观的必要条件。在政府层面，要深度推进"阳光行政"，维护政府行政的公开、公平、公正，明确政府责任，履行政府承诺，建立并推行诚信制度。在法制层面，要进一步加强社会法制建设，构建法治社会，维护公民法律权利，保证法律面前人人平等。在社会层面，要建立社会诚信信息系统，在各社会部门间建立协同管理的诚信信息平台，坚决打击失信行为。在公民层面，要通过基层组织加强社会成员之间的交往与合作，加强诚信教育、培养诚信意识。

三是注重从公民文化建设领域培育，加强社会主义核心价值观对公民文化建设的引领。多元化是现代社会文化的基本特征，特别是网络的发展和普及，为各种思想、观念在社会中广泛传播提供了渠道。我国社会文化主流是积极、健康的，但也夹杂着腐败、落后、与社会主义核心价值观相背离的内容。要培育公民个体的核心价值观，就必须创造积极向上的文化氛围，在社会文化中完整、充分地表达社会主义核心价值观。要利用新闻媒体、网络平台等现代传媒手段，以核心价值观为导向引领大众文化。要采取为人民群众喜闻乐见的形式宣传核心价值观，围绕核心价值观创作优秀的文化作品，比如电视剧、电影、小说等文化产品，将核心价值观融入群众文化消费之中。要充分利用现代媒体在文化潮流引领中的作用，加强主流媒体的文化导向功能，使社会主义核心价值观成为一种文化时尚。此外，要加强对文化载体和文化传播渠道的管理，对于负面的文化现象，要及时做出回应和处理。

（三）分人群培育社会主义核心价值观

习近平总书记在沪考察期间就着力培育和践行社会主义核心价值观提出了明确要求，强调要面向社会做好这项工作，特别要抓好领导干部、公众人物、青少年、先进模范等重点人群。这四大重点人群，对社会主义核心价值观的培育和践行至关重要。抓好这四大重点人群的工作，是培育社会主义核心价值观的关键所在。在全社会培育社会主义核心价值观必须区分重点人群，分人群、分类别、有针对性地开展工作，其中最为突出的就是党员领导干部、青少年等重点人群。

中国共产党是中国工人阶级的先锋队，是中国特色社会主义事业的领导核心。党员干部作为执政党的一个重要群体，价值观建设非常重要。党员干部的形象直接影响到党的形象，影响到党的吸引力、凝聚力和战斗力。党员干部在弘扬先进思想道德上做出表率、见诸行动，是极为重要的导向和示范。因此，十八大提出，要加强社会核心价值体系建设，提高公民整体道德水平。党员干部的道德建设无疑是公民整体道德水平的一个重要方面，培育和践行社会主义核心价值观，必须抓好党员干部这个重点，发挥好党员干部的引领带动作用。

注重党员干部群体的社会主义核心价值观培育既要从克服和超越党员干部中不良价值观念的消极影响着眼，加强依法执政、集体主义、为人民服务的思想道德的教育，又要以反映和维护新的历史时期对机关党员干部的发展的积极要求入手，倡导进行最高层次的价值择优。党员干部自觉培育和践行社会主义核心价值观关键是要坚定理想信念。习近平总书记指出，理想信念坚定是好干部第一位的标准，再次强调理想信念是共产党人精神上的"钙"，理想信念坚定，骨头就硬，否则就会"缺钙"，就会得"软骨病"。党员干部理想信念是否坚定，要看在重大政治考验面前是否有政治定力，是否有正确的价值观，是否能牢固树立宗旨意识，是否对工作极端负责，是否在急难险重任务面前勇挑重担，是否能经得起权力、金钱、美色的诱惑。理想信念坚定，必须加强思想理论建设，引导党员干部坚持走中国特色社会主义道路，为实现中国梦而奋斗，努力建设中华民族的共有精神家园，推动形成奋发向上、崇德向善的强大力量。加强思想理论建设，就是要坚持不懈地用中国特色社会主义理论体系武装党员干部，深入开展中国梦宣传教育，引导党员干部深化对邓小平理论、"三个代表"重要思想、科学发展观的学习，深化对党的基本理论、基本路线、基本纲领、基本经验、基本要求的学习，不断增强道路自信、理论自信、制度自信，成为中国特色社会主义的坚定信仰者和忠实践行者。努力提高党员干部运用马克思主义立场观点方法分析和解决问题的能力，用坚定的理想信念练就"金刚不坏之身"，在大是大非面前始终旗帜鲜明。在新时期社会价值观念多样化的条件下，坚守住共产党人应有的价值观是对每一个党员干部的严峻考验，也是对党的执政能力的严峻考验。只有以科学的理论武装人，在树立正确的价值观上下功夫，我们党才能引导社会思想主流，构建起社会主义核心价值体系。

　　青少年是国家的未来、民族的希望，他们能否认同社会主义核心价值观，不仅关系中国未来的发展走向，而且直接影响中华民族伟大复兴中国梦的实现。当代青少年的生活成长环境较之以往更加纷繁复杂，经济全球化、文化多样化、思想多元化，特别是信息网络化，让广大青少年接触外部知识和信息的机会大大增多。由于人生经验不足、思想不够成熟、缺乏社会实践，一些青少年对错误思潮的判断能力较弱，很容易受到外界不良因素的影响，导致思想困惑和价值迷失。青少年时期是世界观、人生观、价值观开始萌芽并逐步形成的关键时期。在这一时期，不加强思想道德教育，不强化价值观引导，青少年就难以明事理、辨是非，将来也难担大任。

　　习近平总书记与北大师生座谈时的重要讲话是对青年培育和践行社会主义核心价值观，最为全面、系统的一次动员和部署，为广大青年深入浅出、生动形象地讲解了什么是社会主义核心价值观、社会主义核心价值观是干什么用的、是怎么积淀而成的、为什么要培育和践行社会主义核心价值观、为什么要特别对青年讲社会主义核心价值观、青年应怎样树立和践行社会主义核心价值观等一系列重大问题，具有很强的思想性、指导性和针对性。广大青年要原原本本地学，认认真真地学，逐字逐句地学，深刻体会总书记对青年一代的殷切期望，把"勤学、修德、明辨、笃实"的要求内化于心、外化于行，努力成为社会主义核心价值观的自觉践行者和积极倡导者。

注重加强青少年群体的社会主义核心价值观培育就是要完善体系、强化合力，努力形成学校教育、家庭教育、社会教育三结合的教育网络，全方位、立体式地培育青少年积极健康向上的人生观、价值观，深化青少年的社会主义核心价值观认同，通过榜样的力量引导青少年常修善德、常怀善念、常做善举，既以健全的制度鼓励正面行为、惩治不良现象，又通过发掘和弘扬中华优秀传统文化，陶冶青少年的情操。发挥社会实践的养成作用，积极组织开展志愿服务等实践活动，引导青少年在服务他人、奉献社会的过程中完善和提升自己。

（四）大力弘扬社会主义法治精神

当前，我国的社会阶层发生了新的变化，社会利益格局始终面临动态调整，人们的思想多元、多变。但无论如何，任何一个稳定的、良性发展的社会，都必须建立和维护一种主流思想和价值观，亦即社会共识。历史和实践证明，我们今天所要树立的社会主义核心价值观，可以成为这样的社会共识。社会主义核心价值观的确立，是中国特色社会主义理论的重大创新，同时，其确立又是我国社会主义法治建设的又一里程碑。社会主义核心价值观的精髓就是社会主义法治精神。大力弘扬社会主义法治精神不仅有助于提升国家的文化软实力，更有助于提升社会主义核心价值观的内在凝聚力与感召力，促进社会主义核心价值观的培育。

现代政治伦理、社会伦理和公民道德，其共同的交织点是现代法治精神。因为政治伦理的核心即人民民主需要宪法和法律的保障，社会伦理的核心即法治需要宪法和法律得以全面实施，公民道德需要以遵守宪法和法律为基本前提。树立社会主义核心价值观，必须着重培养社会主义法治精神。这不仅因为法治是基础性的核心价值观，还因为法治是一套规则治理体系。法治本质上是利益关系的调整器，即使人们的思想有多元，观念有差异，法治社会里人的行为也必须在法治规则下运行，这样，国家社会才能有秩序，我们改革开放的发展之路才能在稳定的环境下进行，我们确定的价值目标才能实现。

当然，法治作为基础地位，其本身必须具有良好的品质要求。由于受历史传统和观念的影响，当前，立法不科学、执法不严、司法不公、公民法律意识淡薄、领导干部运用法治思维和法治方式的能力不足等非法治的现状还存在。法治中国建设要求以一种法治的思维方式来化解人的发展中出现的矛盾，通过依法执政、依法行政、依法执法、依法司法来不断提高政府的服务水平，使人民对司法充分信任、人与人之间团结互助。只有在法治的秩序中，人们才能建立起法律的信仰。只有法治才可以消除人的发展中存在着的某些不公现象，为平等、公正、民主、自由的社会主义核心价值观提供制度保障，为富强、民主、文明、和谐的中国梦提供智力支持。

因此，法治中国建设是践行社会主义核心价值观的有力保障。没有共产党就没有新中国，中国共产党始终是中国时代精神的积极倡导者与践行者。自十一届三中全会以来，中国进入了一个新的历史时段，面对新的历史发展情势与世界秩序格局，中国共产党开启了改革开放与现代化建设的伟大历史任务，在当下改革开放与现代化建设的伟大实践中，法治中国建设是"表"，社会主义核心价值观建设是"里"。法治中国建设是保证改革开放顺利进行的制度保障，改革开放要求我们必须解放和发展社会生产力，提高综合国力，进一步解放人民思想，建设中国特色的社会主义，改革开放与现代化建设的历史实践必然要求有一个有法可依、有法必依、执法必严、违法必究的法律制度作为根本秩序保证。而社会主义核心价值观是中国共产党在新的历史、时代精神下作出的理性抉择，它内渗于改革开放和现代化建设的具体实践中，并不断转化为改革开放与现代化建设的现实成果。我们可以说，法治中国建设与社会主义核心价值观统一于中国共产党领导的改革开放和现代化建设的伟大历史实践中。

法律法规是推广社会主流价值的重要保证。要把社会主义核心价值观贯彻到依法治国、依法执政、依法行政实践中，落实到立法、执法、司法、普法和依法治理各个方面，用法律的权威来增强人们培育和践行社会主义核心价值观的自觉性。厉行法治，严格执法，公正司法，捍卫宪法和法律尊严，维护社会公平正义。加强法制宣传教育，培育社会主义法治文化，弘扬社会主义法治精神，增强全社会学法尊法守法用法意识。注重把社会主义核心价值观相关要求上升为具体法律规定，充分发挥法律的规范、引导、保障、促进作用，形成有利于培育和践行社会主义核心价值观的良好法治环境。大力弘扬法治精神，推动法治中国建设，才能真正实现科学立法、严格执法、公正司法、全民守法，使法治成为推动社会主义核心价值观的基础力量。

四、健全社会主义核心价值观践行的内外机制

要将社会主义核心价值观引领社会思潮、凝聚社会共识的任务落到实处，必须结合当前生动而具体的实践。马克思主义认为，价值是对主客体相互关系的一种主体性描述，它代表着客体主体化过程的性质和程度。因此，价值观内在地体现了一种客体以自身属性满足主体需要或主体需要被客体满足的效益关系。因此，从这个意义上说，践行社会主义核心价值观，使之成为人们自觉的价值观，既要在主体建设上下功夫，同样也要在客体，即社会改革建设和发展上下功夫，实现核心价值观主体与客体的有机统一。因此，当前我们要下大力气在主客体统一中不断推进社会主义核心价值观的有效践行，就是要不断健全社会主义核心价值观践行的内外机制。

一是要加强社会主义核心价值观价值认同。深入探索社会主义核心价值观通俗化、大众化、本土化的内在机制、方式方法和实现途径，有效解决社会主义核心价值观在领会、接受和实践中的难点问题，不断深化对社会主义核心价值观的地位作用、科学内涵等的认识。要注重将抽象的核心价值观念转化为具体的价值、理论和思想，注重以真实、鲜活的人物和事实来展示蕴藏于现实生活中的核心价值观念，将社会主义核心价值观日常化、具体化、形象化和生活化。建构多元价值观的融合机制，从而形成核心价值观的大众化表达。在此过程中，应当把握好以下几点：首先，注重理论研究的科学性。研究社会主义核心价值观必须自觉坚持以马克思主义立场、观点、方法为思想武器，善于从马克思主义经典作家对社会主义本质属性的科学阐述中进行归纳概括，善于在与封建主义、资本主义社会等其他社会形态的对比中抓住最关键、最根本、最核心的精要，使社会主义核心价值观充分反映社会主义的价值导向和社会主义的本质属性。其次，注重理论提炼的融合性。坚持把传统的优秀文化和当代的先进文化结合起来，把中国的先进文化和世界的先进文化结合起来，既要积极吸收我国传统的优秀价值规范，又要充分学习资本主义社会先进合理价值标准，既承继科学社会主义的价值源本，又融合中国特色社会主义的最新成果，真正把历史、现实、西方和未来有机地统一起来。再次，注重理论概括的适应性。社会主义核心价值观的理论研究，要适应中国特色社会主义建设的现实需要：适应当前全面深化经济体制改革和加快转变经济发展方式的要求，适应中国特色社会主义政治发展道路的要求，适应我国现阶段社会主义先进文化建设以及提升文化软实力的要求，适应我国构建社会主义和谐社会形势和要求，适应我国建设生态文明和美丽中国的要求等。最后，注重理论阐释的大众性。社会主义核心价值观在阐释上必须处理好个体价值观与整体价值观的关系，处理好社会现实理性与大众价值理想的关系，处理好核心价值观的精英化提炼与大众化传播的关系，坚持反映人民的根本利益和价值诉求，用人民群众喜闻乐见、简明扼要、通俗易懂的语言来表达，从而成为凝聚和引领广大社会成员的巨大力量。

二是注重在实践层面突破拓展。要自觉将培育和践行社会主义核心价值观融入国民教育和精神文明建设全过程，融入深化改革开放和全面建成小康社会的实践历程，融入推动中华民族伟大复兴和实现"中国梦"的伟大进程，使社会主义核心价值观成为推动科学发展跨越发展的共同思想基础和精神纽带。首先，突出载体的创新。要借助有效载体开展活动，突出设计好主题教育实践活动载体。如以深入开展"四德"教育、"讲文明树新风"、"爱党、爱祖国、爱人民"、"做一个有道德的人"等主题实践活动为载体，引导民众自觉践行社会主义核心价值观。其次，突出创建的深化。要自觉把培育和践行社会主义核心价值观活动融入创建文明社区、创建文明村镇、树立行业新风之中，推动活动经常化、细微化。要以这些创建活动为抓手，继续推动社会主义核心价值观的培育和践行不断深化，切实把社会主义核心价值观渗透到人们的日常生活、礼节礼仪、民俗活动之中，使培育和践行社会主义核心价值观成为人们的自觉精神追求。再次，突出教育的深入。教育党员领导干部率先垂范，带头培育和践行社会主义核心价值观，用自己的模范行为带动全社会践行社会主义核心价值观。加强对社会公众人物的教育，引导他们的言行、活动体现社会主义核心价值观的要求。把社会主义核心价值观的要求落实到学科教材、课堂教学、校园文化、家庭教育等青少年教育全过程，引导青少年树立正确的世界观、人生观和价值观。最后，突出文艺的熏陶。坚持以文化人、以文育人，让人们在文艺活动的潜移默化中受到熏陶感染。要发挥地方文化的特色，探索地方曲艺传播社会主义核心价值观的有效形式，探索影视创作、地方小品小戏展演、群众文艺活动开展等弘扬和传播社会主义核心价值观的契合点，善于用艺术的形式把培育和践行社会主义核心价值观中涌现的典型事例、典型个人宣传好、传播好，让艺术参与和艺术欣赏与培育和践行社会主义核心价值观律动起来。

　　三是注重提供强有力的制度保障。建构社会主义核心价值观，不仅要靠思想教育、实践养成，制度机制来保障。要充分发挥政策的导向作用，使经济、政治、文化、社会方方面面的政策都有利于社会主义核心价值观的建设，防止具体政策与主流意识形态相背离。首先，探索建立融入机制。在推进经济、政治、文化、社会和生态文明建设过程中融入社会主义核心价值观的价值取向，在推进精神文明建设和国民教育过程中融入社会主义核心价值观的规范要求，逐步把培育和践行社会主义核心价值观的要求融入各个领域、行业、部门的具体职责中，增强制度落实的可操作性。其次，探索建立创建机制。探索培育和践行社会主义核心价值观的长效创建机制，包括完善创建职责、创建经费、创建活动、创建载体、创建设施等机制，推动社会主义核心价值观的培育和践行长期开展。再次，探索建立示范机制。坚持典型引路、典型带动，完善培育和践行社会主义核心价值观的典型个人、典型单位的推广、宣传等示范机制，引领社会各层面积极培育和践行社会主义核心价值观。最后，探索建立考核机制。探索建立多层次的督促考核机制，针对不同群体、不同单位、不同个人提出相应制度性要求，使符合社会主义核心价值观的行为得到鼓励，违背的行为受到制约。总之，加强相关制度建设，才能确保社会主义核心价值观的培育和践行在各种刚性制度下稳步展开、常态推进。

　　四是在践行中注重以人为本。以人为本是培育和践行社会主义核心价值观的根本出发点和落脚点。只有在以人为本上破题，真正理解人、尊重人、关心人、提升人，才能得到人民大众的支持和拥护。首先，理解人。引导社会成员正确认识历史和现实生活中种种扭曲人、歪曲人的错误思想和做法，从而深刻理解社会主义倡导的以人为本理念的科学性和正当性。其次，尊重人。要尊重人民群众的主体地位，善于发现人民群众中蕴藏的积极向上的思想精神，引导群众自我教育、自我提高。尊重广大群众在思想意识、价值观念上的差异性，既鼓励先进，又照顾多数，在尊重差异中扩大社会认同，在包容多样中形成思想共识，发展壮大积极健康向上的主流思想舆论。再次，关心人。要关注每个个体的现实发展和内在诉求，关心每个个体的现实困难和精神苦闷。对每个个体的生存和发展充满人道之爱、人本之爱，真正把人当作一切发展的起点和最终目的，保障人的生存权、自由权和发展权，维护人的尊严、人的劳动和人的创造，使更多的人共享人生出彩的机会。最后，提升人。培育和践行社会主义核心价值观最终是为了引导人、提升人。要坚持以"三个倡导"的社会主义核心价值观建设理念引导群众、教育群众、提升群众，促进广大干部群众自觉投身到中国特色社会主义伟大实践中来，投身到社会主义发展战略中来，不断提升自己、超越自己，实现个人的全面发展，达到每个个体的个人梦与"中国梦"的有机统一。

第五章 跨文化视角下文化自信建构经验借鉴

他山之石，可以攻玉。当今世界呈现出文化多元化的格局，中外文化作为不同的异质性文化形态，在国家文化自信建构中，既有独特性，又有共通性。研究中国特色社会主义文化自信，需要将中国置于世界各国交流对话的跨文化情境中，在跨文化交流中，参考和借鉴其他国家文化自信建构的经验和教训，通过中外文化对话，观照自我文化认知，阐释文化自信的主体意识。一方面要吸取曾经最大的社会主义国家——苏联文化自信丧失的教训；另一方面，也要看到，当前一些发达国家和新兴工业化国家，如美国、法国及韩国等国在文化自信建构中探索和发展出了一些成功运作模式。从正反两方面考察和借鉴这些国家的经验教训，无疑对中国特色社会主义文化自信的建构有重要的现实意义。

一、苏联文化自信丧失的教训

文化是一个国家或民族全部生存和记忆的痕迹，是一个国家民族凝聚力的源泉。国家政权的正常运转必须有维护自身政治文化合法性的功能。苏联解体的原因是复杂的，但深层次的原因是文化建设与社会主义发展的不协调，在意识形态的引导、文化专制政策、知识分子政策方面都存在重大失误。长期忽视文化建设，最终丧失了文化自信，导致了政权统治的分崩离析。

（一）意识形态上僵化了马克思主义指导思想

所有社会秩序的维持都需要共同的意识形态，意识形态对社会制度的作用是不可估量的。美国前总统尼克松曾指出："尽管我们与苏联在军事、经济和政治上进行竞争，但意识形态是我们争夺的根源。"作为社会主义国家指导思想的马克思主义，是科学的世界观和方法论，需要继承，更需要随着时代的变化而发展。从苏联国家内部情况看，列宁去世后，苏共党内就逐渐出现了严重的个人崇拜现象和官僚主义体制，造成了专断的政治文化，压抑了人民群众的生活积极性和文化创造性。苏共有意培养人民不去关心政治，竭力把工人变成只会机械执行没有自己意志的群众。这使得整个社会和国家的凝聚力被严重削弱。另外，苏联的几任领导人都对前任的历史进行批判，包括赫鲁晓夫对斯大林的批判，戈尔巴乔夫打着"人道的民主的社会主义模式"对苏共历史进行批判，这不但造成了苏联国内人民思想的混乱，而且使西方国家趁机掀起了反对共产党和社会主义国家的浪潮，导致整个苏联社会因失去了共同的信仰支撑而最终瓦解。

（二）文化专制主义压抑了人们的思想，腐蚀了社会主义制度的活力

苏联思想文化模式的最基本的特征是思想文化专制主义。苏共在20世纪20年代，对文化发展非常重视，其文化方针政策还是比较灵活的，能够代表先进文化的前进方向。1921年，列宁在俄国国内政治形势稳定后指出："在解决了世界上最伟大的政治变革的任务以后，摆在我们面前的已是另一类任务，即可称为'小事情'的文化任务。"这个"小事情"实则关系苏维埃政权生死存亡的大事情。因此，列宁强调："要使整个苏维埃建设获得成功，就必须使文化和技术教育进一步上升到更高的阶段。"20世纪30年代后，苏联在政治、经济和文化发展方面逐渐形成了僵化的斯大林模式。苏共自斯大林掌权后，在对社会主义文化发展的认识上日益僵化，实行文化上的专制主义。苏联领导人经常打着马克思主义的教条思想，粗暴地干涉文化、科技领域的研究，行政命令代替制度建设，使国内的文化发展逐渐失去了多元竞争的局面。另外，苏共为了统治的需要，外来文化采取了一概排斥态度，用教条的马克思主义指导国内文化的发展。20世纪30年代后，苏联还开展了一系列文化大批判，清洗了一大批知名的专家学者，使正常的文化科研和文化团体活动趋向停止。

（三）对文化发展中坚持自我和吸收外来的关系缺乏妥善处理

斯大林时期，特别是在"二战"结束以后其主导的文化批判浪潮中，宣称抵制资产阶级世界主义，否定和排斥西方文化，阻碍了对西方优秀文化的学习和自身文化的创新。赫鲁晓夫和勃列日涅夫执政时期，适当调整了思想文化领域的方针政策，多次兴起"解冻"思潮，但斯大林时期高度集中控制的思想文化路线没有得到根本改变，依然奉行文化锁国政策，注重抵制、批判西方文化，检查、限制对外交往，导致思想文化和科学技术的发展一定程度上偏离了世界发展大道，文化发展逐渐落后于西方发达国家。这些时期，苏联虽然也有对外文化交往，但主要局限于周边国家以及社会主义阵营内部，比如中国和东欧国家等，并且这些交往主要是苏联输出自己的文化，带有大国沙文主义色彩以及明显的选择性。1985年戈尔巴乔夫上台后，以"公开性"和"多元化"为原则，走向民主社会主义，对外来文化全面放开、不加过滤，导致人们思想混乱、信仰丧失，致使苏联顷刻崩塌。如果说斯大林时期在处理本国文化与外来文化的关系时，过于强调自身文化的主体性，过于依靠自身发展文化，犯了文化发展上狭隘民族主义的错误的话，那么戈尔巴乔夫时期则走向了另外一个极端：不加辨别和选择，照搬照抄西方意识形态和思想文化，放弃了对自身社会主义文化主体性的坚守，结果邯郸学步，丑态尽出，不可挽回。如果说斯大林时期是一种狭隘的、封闭的、僵化的文化自信，或者说是一种文化自大、文化自负的话，那么戈

尔巴乔夫时期则是文化自信的彻底丧失，以及文化自卑的生动展现。因此，在认识和处理文化发展坚持自我和吸收外来的关系上，既要继承和弘扬优良传统，坚持自身文化的主体性，又要保持开放和包容的心态，学习借鉴一切有益的外来文化，包括资本主义文化的有益成分。

二、美国文化自信建构的经验

美国是一个典型的移民国家，在其仅300多年的建国历史中，美国在文化建设中崇尚个性，追求自由，注重实效。从20世纪90年代起，美国逐步走上了美式的文化强国之路，并逐渐成为强势文化。美国拥有当今世界上最发达和最活跃的文化产业，其在文化产业领域形成了一整套市场化运作的成功经验。因此，美国文化产业的管理和运作方式、组织形态及美国政府的文化管理模式对我国文化建设都具有一定的借鉴和参考价值。

（一）重视文化教育交流，积极推进文化外交

文化外交一般指"以文化表现形式为载体来促进国际相互理解与友好的文化交流活动，也是主权国家通过对外传播本国文化来传达国家意志、输出国家价值观和实现国家文化战略的一种外交活动"[1]。美国政府较早地认识到文化软实力对于一国综合国力提升的重要性，并制定、调整相关文化战略与文化政策，大力扶持文化产业发展，积极开展文化外交工作。早在20世纪20年代起，美国政府便把文化作为谋求经济、政治权力的一种特殊政策工具。美国国务院美洲司的理查德·帕蒂在1938年曾指出，"政治渗透带有强制接受的烙印，经济渗透被谴责为自私和强制，只有文化合作才意味着思想交流和无拘无束。"[2]大力开展对外文化教育交流活动则是美国文化外交的重要途径。始于1964年的"富布赖特项目"作为美国文化交流的里程碑，通过派遣美国专家出国讲学和资助外国学者赴美研修，造就了一大批致力于加强国家间相互了解的领导人和舆论制造者，被视为对美国国家长远利益投资的典范。除此，美国还有许多致力于促进美国教育文化机构与多国教育文化机构合作、交流的非营利性机构组织。由前任美国总统罗伯特·肯尼迪协助注册成立的美国对外文化交流协会，是美国最著名的专门从事学生文化交流项目的非营利性机构组织。1992年在洛杉矶成立的美国教育基金会，至今已和美国近3000所院校建立合作关系，分布全球的会员多达10余万人。另外，美国还有许多世界著名的诸如卡内基基金会、洛克菲勒基金会、福特基金会等致力于知识文化的增长与普及、增进国家间了解的私人慈善机构。它们尽管独立于政府，却得到政府一系列政策上的支持，对美国对外文化交流、美国价值观的全球传播亦是功不可没。2013年由清华大学和美国黑石集团主席合

---

[1] 吴咏梅：《浅谈日本的文化外交》，《日本学刊》2008年第5期。
[2] 孙泽学：《社会主义初级阶段文化建设研究》，华中师范大学出版社2004年版，第276页。

作设立的，旨在立足中国、面向世界，培养最卓越的未来领导者以推动全球性变革的清华大学苏世民学者项目，引起了中美双方政府的高度重视。这体现了在全球一体化趋势下高等教育、人文交流对于增进各国人民了解、促进国家间合作共赢的重要作用。与此同时，美国出色的高等教育凭借其前沿的科技水平和师资力量、灵活多样的教育体制、高额的奖学金项目、高端的学术交流而闻名全球，长期以来占据着全球高等教育及科技前沿的高地。近年来，随着美国签证政策不断放宽，来自全球各地的留美学生数量不断增加。尽管部分美国名校录取率稍有降低，但总的申请人数只增不减。美国前沿的科学技术、雄厚的师资力量、完善的教育体制及奖学金制度等，仿佛一块巨大的磁铁在无形之中吸引着全球渴望知识的优秀学子们竞相追随。而文化软实力建设的目的之一便在于通过对庞大的留学群体的意识形态、价值观念、思维方式加以影响，使得他国精英阶层体验美国社会文化，了解其社会制度，创造愉悦、积极的心理体验，并对其政治文化、价值观、生活方式产生认同。

可以看到，文化软实力建设虽离不开政府的正确引导，但政府绝对主导的文化输出存在种种弊端。一方面，政府的过多干预可能会对文化发展活力、文化创新起到制约、阻碍作用；另一方面，政府绝对主导的文化软实力建设背景更容易因其较强的政治目的而引起国际社会及他国公民的质疑、抵触和反感。较之政府发挥的直接刚性作用，非政府组织、非营利性组织、跨国公司等因其间接的柔性作用而更具有客观中立性，自然更易为国际社会所接受，更易获得他国公众的信任。美国所拥有数量众多的以麦当劳、微软、美国文化交流协会、卡特基金会等为代表的非政府组织、非营利性组织、跨国公司，在其文化软实力建设中体现了强大的社会能量。主体多元化使得各国公民可以通过不同途径轻而易举地感受到美国价值观的无处不在。与之相比中国的文化软实力建设则更倾向于高度依赖政府，少有成熟的非政府组织、非营利组织及具备国际文化影响力的跨国公司的参与。尽管中国存在着大量的活动于众多领域的NGO组织，但诸如人力物力资源匮乏、分布不均、专业能力不足等问题却严重阻碍了其发展。近年来尽管我国慈善捐助水平不断提高，但与美国等发达国家依然存在较大差距。因此，实施主体多元化是国家文化软实力长远发展的不可或缺的重要条件，唯有不断培育文化软实力建设的非政府力量、促进政府与之在文化软实力建设方面的良性互动，充分借助非政府组织、非营利性组织及跨国公司传播中华文化和中国文化价值观，才能有效地避免国际社会中不必要的猜忌和抵触，提升文化交流与传播的全面性与高效性。

（二）夯实文化软实力建设基础，大力发展文化产业

文化产业既是促进经济增长的主要动力，亦是一国对外进行文化输出的有效手段，也因其直接反映着一国文化被他国公众的认可和接受程度，而成为衡量一国文化软实力强弱

的重要指标之一。当今社会，文化产业已是各国进行文化软实力竞争以及价值理念展现的最佳舞台。以强大的文化产业为依托，不断对外输出文化产品和价值理念，始终贯穿美国的文化发展战略。美国原本是一个文化资源相对匮乏的国家，但时至今日，美国已发展成为全球文化产业最为发达的国家之一，其文化产业在GDP的比重超过25%，仅次于居于首位的军事工业。自1996年以来，美国的文化产品（电影、音乐、电视节目、图书杂志和计算机软件）的出口首次超过航天工业，成为第一大出口创汇产业。美国秉承兼容、自由、开放、务实的文化产业发展探索出了一条成功之路：政府的高度重视与积极引导、多样化的投资主体、高科技含量的文化产品、完备的法律法规扶持政策、规范的市场商业运作等，为美国文化软实力的建设打下坚实的物质基础。文化产业的发展为美国带来了可观的经济效益、巩固了其以经济为基础的世界霸权地位；在获得巨额商业利益的同时，通过向世界推广饱含价值观的"政治文化产品"，美国成功地向世界传播了本国价值观念、民主制度、生活方式，更加注重资本主义文化核心价值观的渗透，增强了其大众文化的国际影响、有力地促进了其文化软实力的成长。

从美国文化软实力建设经验中我们可以看到，要提升我国文化软实力，必须本着务实精神大力发展文化产业，为建设社会主义文化强国打下坚实物质基础。北京奥运会、上海世博会的成功申办及孔子学院在海外的拓展之路，向世界弘扬了博大精深的中华文化，有效提升了我国的文化软实力，而这一切都必须以不断壮大的文化产业为经济后盾。文化产业应该成为国民经济的支柱产业、经济增长的主要动力。应始终坚持以市场为主导，制定开放、积极的文化产业政策，扩大投资主体的多样性，建立有效的法律法规实施机制，实施商业运作。以重大公共文化工程与文化项目建设为带头，充分发挥国有文化企业的骨干作用，带动民营企业投资文化产业的主动性和积极性，不断壮大文化产业的，打造具有核心竞争力的文化产品和文化品牌，促进国际合作。不断加大科技投入，利用现代高科技手段，推进文化产业创新，培育新型文化业态。大力培养文化产业骨干企业和战略投资者，坚持以人为本，营造有利于文化创新人才大量涌现、健康成长的良好环境。

（三）借助强大传媒实力，加强核心价值观传播

美国价值观的广泛传播得益于其无以匹敌的传媒实力。全球通用语言英语作为传媒的介质之一在这里起到了重要作用。但语言绝不仅仅是信息传播的基础，它更是传递思想、价值观的有力工具。它是文化的重要组成部分，是民族的重要特征之一，亦是衡量一国文化软实力的重要指标之一。正如亨廷顿在《文明的冲突与世界秩序的重建》中提到的，"语言在世界上的分布反映了世界权力的分配，权力分配的变化产生了语言使用的变化"[①]，语言霸权的形成意味着母语国将拥有更多的信息霸权和文化霸权。美国能够将各种打着其

[①] [美]塞缪尔·亨廷顿：《文明的冲突与世界秩序的重建》，新华出版社2002年版，第41页。

"民主""自由"等价值观烙印的文化产品行销全球,离不开其英语为母语的语言优势。语言的优势为他国了解美国历史传统、文化思想、生活方式打通了一条捷径,英语在全球的各个领域的广泛应用使得人们主动或被动地去学习英语,而学习语言的过程亦是了解一国文化、历史、传统的过程,能够促使人们在学习、使用英语的过程中产生对美国的文化、价值观的认同与吸引便是美国文化软实力建设的成功所在。

美国新闻署早在20世纪80年代就已经在128个国家设立了211个新闻处和2000个宣传活动点,在83个国家建立了图书馆。时至今日,美国掌控了世界75%的电视节目和60%以上广播节目生产和制作播出,赫赫有名的美联社、美国之音、三大报纸(《纽约时报》《华盛顿邮报》《华尔街日报》)、三大新闻周刊(《时代》《新闻周刊》《经济学家》)、三大电视网(美国广播公司、哥伦比亚广播公司、全国广播公司)在全球新闻媒体界可谓权重望崇。此外,美国在网络信息技术、软件等方面依然占有着令他国望尘莫及的优势。比尔·盖茨曾说:"在因特网时代,谁买下了文化,谁就控制了时代。"信息时代下美国传媒业的成熟发展极大地便利了美国文化输出,巩固了其在国际媒体界的垄断地位。美国主导了当今世界的国际新闻和舆论主调,国际上的任何风吹草动都会经过美式"民主、自由、人权"的洗礼后向全球公众见面,在信息流动不对等的传播平台下,这些深深印刻着美国文化价值观烙印的信息,正以极强的侵蚀力和渗透力吞噬、威胁着他国的文化个性,在吸引的同时潜移默化地改变着他国公众的文化认同,造成他国民族文化的流失。

此外,被誉为"不是宣传部的宣传部"的好莱坞影视作为美国向世界打开的一扇大众窗,始终是美国外交政策中的一个强有力工具。约瑟夫·奈指出,好莱坞电影拥有无与伦比的市场竞争力和市场占有率,能够有效提升美国所标榜的美国价值观念和政治文化的国际竞争力和影响力,有利于发挥美国独一无二的文化软实力。好莱坞凭借娱乐业的身份背景,有效地减弱了不同种族、阶层、信仰、价值观的人群对其所持的抵触和猜忌,以铺天盖地的架势和胸有成竹的自信向全世界渗透美国主流价值观、大众文化和生活方式。在居高不下的票房收入和市场占有背后,以个人主义为代表的理想化的美国自由主义文化正在无形之中吸引、改变、征服全球观众,特别是新一代弘扬个性、追求理想的青年人的思想,其对文化软实力提升之效果已远超一般意义上的现实政治阐释和外交政策的宣教。

源远流长的中华传统文化铸造了中国文化大国的地位,然而文化大国并不等于文化强国。文化软实力建设关键在于一国所宣扬的核心价值观能否为他国所接受。文化归根结底就是价值观,价值观是文化中最稳定、最持久、最不易改变的部分,如基因一般复制、延续在一代又一代人、一个又一个王朝政党之间。个人价值观决定了个人的为人处世之道,延伸到国家亦是如此,一国所秉持的政治价值观决定了其在国际社会中处理国际事务的方式、准则。价值观作为民族精神之,魂凝聚于一国的制度、规则、习俗和社会关系等有形文化,语言文字、法律条文、规章制度、行为礼仪、风俗习惯、生产方式等有形的文化是一国所持价值观的外在的反映和具体体现。强大的文化软实力不仅表现于一国有形文化对他国的吸引力,其精髓在于他国对其核心价值观的理解、认可与吸引。只有一国的核心价值观真正为他国所接收、所吸引,文化软实力才能发挥其维护国家利益、实现国家战略目标的能力。为什么一提到美国的价值观,人们脑海之中首先浮现的便是诸如"民主""自由"等概念?事实上,"民主""自由"并非为美国所有,也并非为资本主义所有,而是一种普世价值观,是人类在其文明的发展进化的某一特定过程中所体现所追寻的共同理念。因此,加强核心价值观建设,赋予核心价值观以中国人的美好价值理念,真实确切彰显中国文化的价值元素,是中国文化软实力建设中所面临的最迫切需要解决的核心问题。

文化软实力,既给美国创造了源源不断的经济效益,更实现了美国核心价值观对外的强力渗透。美国凭借其强大的大众传媒实力在竭力传播美国的文化价值观念和生活方式的同时,亦有效提升了美国的国际形象,增强了文化的吸引力和影响力,进一步推动了美国文化的全球扩张及文化软实力的发展。美国文化软实力建设的经验有许多值得中国借鉴和思考之处。提升我国文化软实力,将庞大的文化资源转化为文化软实力,不仅是我国文化建设的战略重点,也是中国和平崛起、建设和谐社会和实现民族伟大复兴的重要前提。在风起云涌的国际文化浪潮中,占据文化制高点、拥有强大文化软实力的国家无疑享有更大的话语主动权和更高的国际地位,中国要建设成为真正意义上的世界文化强国,进而实现中华文明的伟大复兴,还任重而道远。

三、韩国文化自信建构的经验

韩国是我国的邻国,也是文化产业强国,尤其1998年金大中政府提出"文化强国"方针以来,韩国文化产业得到突飞猛进的发展,如今韩国已占据世界文化产业五强的一席。

(一)不断完善、强化文化管理体系

纵观韩国文化管理机构的设置与变迁,可以看出其职责范围经历由严格管理到服务发展、鼓励发展的变化。自1998年韩国实施"文化强国"方针以来,韩国通过管理机构的不断完善积极促进韩国文化的发展。

早在1998年之前,韩国就有明确的文化管理部门,称为文化体育部。1998年文化体育部更名为文化观光部,相应的职责也有所调整,除了延续其传统职能,即为人民提供享受文化活动的机会之外,增强了对外职能,在国际社会树立韩国文化的地位,负责韩国文化推广、文化遗产保护、国家历史与自然景观保护、观光、国际交流等任务。自1998年成立至今,韩国文化观光部一直是韩国最主要的文化管理机构,在文化政策制定、文化发展规划等方面起到重要作用。

为进一步促进韩国相关文化产业的发展，1999年由文化观光部牵头，联合韩国产业资源部、信息通信部共同建立了各自下属的"游戏综合支援中心"，主管政策、规划等；"游戏技术开发支援中心"，主管游戏产业园区建设和管理；"游戏技术开发中心"，负责游戏产业的技术开发。通过这3个中心的建立，整合不同部门的资源，强力推进韩国游戏产业的迅猛发展。至21世纪前20年，韩国的本土游戏制作和经营类公司已超过1500家，韩国的游戏产业，尤其是网络游戏已占据全球市场份额的49.3%，这一数据还在逐年增长。从事业发展的效果来看，这一组织机构的设立是成功的，体现了韩国的文化管理机构由管理向服务转变。

为了更广泛整合全国资源，推进文化发展，21世纪初韩国成立了"韩国文化产业振兴委员会"，这个常设机构至今在韩国文化管理、文化研究、文化服务中扮演着重要角色。韩国文化产业振兴委员会委员由15~20人组成，政府首脑是最高负责人，委员长名单中含2名国会常任委员，国家财政经济部、外交通商部、行政自治部、文化观光部、产业资源部、信息通信部、企划预算处各委派一名副部长，以及广播、电影、出版、音像、游戏等有关部门负责人参加，委员任期3年，可以连任。可以看出，这个机构的级别高、覆盖范围广，它的主要职责是制订国家文化产业政策方向、发展计划及文化产业振兴基金运营方案，检查政策执行情况，开展调查研究等工作。

除了文化观光部、文化产业振兴委员会等主要管理机构，还有以不同产业门类划分的各行业协会，如韩国影视协会、韩国音乐协会、韩国漫画出版协会、游戏产业协会、文化产业市场营销振兴协会等，这些协会定期举办评奖、庆典等活动，为行业稳定、行业自律、产业成熟做出了重要贡献。

（二）完善立法，通过法律法规保护、规范文化发展

作为韩国配合实施"文化强国"方针制定的一部基本大法，21世纪初通过的《文化产业振兴基本法》为韩国发展文化产业、增强文化软实力的长期发展制订计划提供了依据。并且明确了政府在促进文化发展方面的职责，给予了资金和人员的保障。概括这部法律的基本要旨包含4个方面：

其一，明确了文化产业所涵盖的范围。其二，明确了相关政府机构，如文化产业振兴委员会、相关行业协会及基金会的职责。其三，鼓励在文化产业相关领域创业，支持文化商品制造者和广告电视映像公司的合法权益，对文化产业的投资进行保护，对文化产业的创业行为予以支持。其四，创立文化产业园，研究文化产业相关技术，开发、制作文化商品等。支持产研结合，重视文化从业人员的培养力度。

韩国政府还相继出台了《关于游戏相关产业振兴的法律》《关于电影等振兴的法律》《唱片、视频出版物与游戏出版物相关法律》以及配合产业发展的税收相关法律法规——《税

收特例限制法》等。这些法律保障了文化市场的市场选择权,明确了文化产品、文化服务的市场属性,并赋予重点文化产业领域较高的自主权,在财政、税收上给予相应支持。另外,为规范文化市场秩序,也做了相应的管理,如设立等级分类制度等。这些对文化产业不同领域的立法,概括起来有3个特点:

其一,扩大韩国创造自主权,取消原有的官方管理及数额限制。如《电影振兴法》中明确规定,"扩大民间自主权,进口外国电影不再经文化观光部推荐;废除影片制作与进口数量调节制度"。其二,设置分类审查制度,如唱片、出版等领域的法律条文都取消了事前审查制,改为等级分类制。其三,鼓励文化产业创业,减免中小企业税收。《税收特例限制法》中规定,"将电影产业、公演产业和广播电视业纳入减免税收的中小企业之列,可减免纳税额中所得税和法人税的5%至30%"。

(三)重视文化创意人才培养,注重实践教育

韩国各个等级的教育都非常重视文化人才的培养,而文化专业在每个高等教育学校都有相关的院系,且高等教育的文化院系已不满足仅仅作为文化领域的教育和研究机构,而是参与制作和生产相关文化产品。目前,韩国多所大学都通过与中央或地方政府合作,建立产业园区,通过产学结合,在生产实践中培养人才、完善学科体系。其中比较有代表性的是釜山东西大学,该校以数字映像大众传播学部、数字内容学部、数字设计学部的学生为对象,进行以项目为中心的教育,学生通过参与和国内企业共同制作作品的项目,完成学业。韩国近些年来对文化人才的培养力度逐年加大,通过专业引领、资金保障、产学配合为韩国的文化产业输送了源源不断的新鲜血液,这些高技能的专业人才又不断推动文化制作水平的提升,形成良性互动。

(四)政府实施"文化立国"战略

韩国原本是个农业国家,20世纪60年代初,韩国的经济还是很落后的。到60年代中期,在强力型领导人朴正熙的领导下,韩国经济开始了摆脱贫困的进程。此后的20年,韩国经济持续超高速发展。到20世纪80年代中期,韩国的经济建设取得了初步成就,成为"亚洲四小龙"之首。1997年席卷亚洲的金融危机使韩国经济遭受严重冲击,同时也使韩国政府逐步意识到了靠重工业支撑经济的弊端。危机过后,韩国政府调整了经济结构,把文化产业定位于21世纪发展国家经济的战略性支柱产业,并在1998年提出了"文化立国"的方针。"文化立国"的最终目标是要把韩国建成21世纪的知识经济强国、文化大国。为了保证"文化立国"方针的有效施行,韩国政府制定了《文化产业发展5年计划》《21世纪文化产业的设想》《文化产业发展推进计划》《电影产业振兴综合计划》《文化韩国世纪设想》等发展战略,有力地推动了文化产业的发展,为建设文化产业强国打下了坚实

的基础。在政府的大力支持与统一规划领导下，韩国文化产业蓬勃发展。

（五）大力推行文化出口

由于韩国是一个国土范围有限、国内市场狭小、高度依赖海外市场的国家，因此，韩国非常重视对国际市场的开拓。为了把韩国文化推向世界，韩国文化投资者善于利用人们的社会心态和流行文化的规律，抓住一切契机把韩国文化的优点尽量地发扬光大。首先，韩国通过重大的国际活动如世博会、奥运会、世界杯等，大力宣传本土特色文化，在国际上树立起了"文化韩国"的形象。其次，韩国积极发展大众文化，竭力向国际社会推销自己的文化品牌。当今，韩国的电影和电视剧在国际上已有很大的市场。韩国的大众文化产品不仅为韩国赚取了巨额利润，而且达到了对外宣传的效果，提升了国家的影响力，增加了国家的软实力。最后，为了扩大"韩流"在全球的影响力，韩国还建立了一系列推广"韩流"的组织机构，比如，首尔的"韩流发祥园地"；北京、上海等地的"韩流体验馆"；韩国的民间专家学者为了对出口的文化内容把好质量关组建的"亚洲文化交流协会"；在"韩流"影响大的国家和城市设驻外办事处，成立"韩国文化振兴院"等。这些措施在推进韩国文化出口方面发挥了举足轻重的作用。

四、其他国家文化自信建构的经验

除了苏联、美国这两大最具代表性的国家，法国、加拿大、日本等国也有一些经验值得中国学习借鉴，这里综合起来进行分析。

（一）尊重和维护文化多样性

冷战结束以来，面对美国文化的肆意扩张，法国采取了多种措施，致力于维护文化多样性，维护自身文化利益和国际影响。20世纪末，在CATT乌拉圭回合谈判中，面对美国开放文化市场的要求，法国提出"文化例外"，反对美国关于文化产品自由开放与流通的要求。联合国教科文组织第33届大会通过了《保护和促进文化表现形式的多样性公约》，确认了人类文化多样性的基本特性，使其具有了国际合法性基础。尊重和维护文化多样性，不仅是在不同的国家和民族文化之间，也包括在同一国家和民族文化的内部；不仅表现为对传统文化和民族文化的弘扬和传承，还表现为建立在这一基础之上的创造和创新。

在国内文化的尊重多样、多元共处方面，加拿大是一个典范。作为一个移民国家，加拿大从立法、行政和政策上支持多元文化主义：尊重各民族、各群体的生活方式、风俗习惯和思想文化；尊重各族群拥有的自由平等地继承和弘扬自身文化的权利；当某些成员，特别是少数群体的文化受到歧视和排挤时，政府进行干预以保障机会的平等和问题的解决；政府设立专业部门和投入专项资金来支持多元文化特别是少数族裔文化的建设和发展等。

（二）注重保护传统文化

日本非常注重保护传统文化。一是建立健全法律法规。《古器旧物保存方法》是日本最早制定的保护传统文化的法规，明确了国家对"文化财"的保护责任和义务。从此之后到"二战"之前，日本颁布了多部关于传统文化保护的法律法规。1950年颁布的《文化财保护法》，对以往所有相关法律进行了梳理、整合、修改、丰富和完善，是一部关于文化遗产和传统文化保护的综合性法律。几十年来，虽有所修改，但总体框架没有发生根本改变，一直沿用至今。二是注重运用现代科技。日本强调运用先进理念和现代化的仪器设备，全面地了解掌握文物信息，提升文物保护的质量，减少对文物的损害。如在对《源氏物语绘卷》等古书画的保护中，注重使用便携式X荧光分析装置、伽马射线等先进技术设备，为减少损害提供了有利条件。三是加强宣传，营造文化保护的良好社会氛围。日本注重通过提供奖励、媒体报道、会议交流及制定法规、发放书籍等手段，组织引导各级政府、民间团体、社会组织和个人积极参与，营造了较好的社会氛围。

（三）抵御外来文化的侵蚀

由于奉行多元文化主义的政策，以及与美国存在较大的实力差距，"二战"结束以来，加拿大文化难以与美国相抗衡，受到美国文化的强烈冲击。当前，美国的电影、电视剧、报刊等，占据了加拿大的绝大部分市场。加拿大认识到了这一危机，并采取措施加以应对。1949年成立的梅西委员会是一个旨在促进国家文艺与科学发展的专门机构，这一机构提出，政府要拨出专款补助和提供政策支持以鼓励加拿大人文社会科学的发展，促进加拿大文化的独立。20世纪50年代末60年代初相继成立的广播管理委员会和皇家出版委员会，规定了广播影视和书籍出版中"加拿大内容"的比例。进入21世纪，广播电视电信委员会推出了一系列新措施，旨在有效限制跨媒体所有权。这一系列政策和措施的制定，对加拿大抵制和防御美国文化的冲击起到了不可忽视的作用。

"一战"结束以后到现在，与英语的国际影响力日趋上升相比，法语的国际影响力日趋减弱，曾经辉煌灿烂的法国文化也走向衰落。法国为了抵制美国文化的冲击，以振兴法语为突破口，不遗余力地提高自身的文化影响力，成立专门委员会负责法语术语和新词的审订，政府规定，"所有法语新词及其解释都必须经过法兰西学院通过，并且在政府公报上发表后才能算数"[①]，严格规范了程序权限。此外，法语事务委员会、法国高等视听委员会等机构，都对法语在相关领域的表达和使用做出了系列规定。

---

① 张小平等著：《当前中国文化安全问题研究》，社会科学文献出版社2012年版，第193页。

（四）着力发展本国文化产业

为扶持文化产业，促进其较好发展，加拿大采取了诸多措施，包括：成立多个专门机构，增加对相关文化产业的资金投入，通过立法限制美国等其他国家文化资本、产品的输入和侵蚀，采取减免税收等优惠政策鼓励本国文化产业的发展等。

韩国从领土面积和人口数量上讲，可以说是一个小国，但它是一个文化大国，产业发达，输出成效明显。韩国文化产业出口额连年保持高速增长，与其他国家相比，韩国在健全政府文化部门设置、制定完善法律法规、提供政策优惠和加大资金投入之外，还特别注重文化内容产业的发展以及文化产业的外向型发展。在文化内容产业方面，注重发展创意文化，如广播电视、游戏业、电影业的发展；在外向型发展方面，以开拓中国、日本为主的东亚市场为台阶，向海外大市场不断进军。近年来，一度在中日掀起"韩国热"。

（五）加强对外文化交流，推动自身文化走出去

法国政府为向全世界推广和传播法国文化，多措并举，不遗余力。一是积极扶持出版业等行业的发展。法国政府对出版业提供了很多种政策和财政支持，制定了在税收、投资等诸多方面的优惠政策，设有用于支持法语与外国语言和文字之间翻译的多种政府计划项目。通过这些措施，译者可以申请数额可观的经费和补助，出版商、书商也都获益匪浅，充分调动了多方面的积极性。这使得法国出版业成为其文化产业中的龙头老大。法国人口虽然只有5000多万，其每年的图书销售额和版权贸易量却占到全球的15%左右。二是致力于向外推广法语。主要措施有：在相关国家开办学校，教授和培训法语；扶持法语在国外广播影视、互联网络等各种视听媒介的传播；资助法语书籍报刊等在国外的翻译出版；利用"法语国家组织"等平台加强法语国家间的交流合作等。三是创新文化走出去的方式、方法。如有计划地与相关国家联合举办文化年、文化季活动，以电影节、艺术节等为载体进行文化交流，对某些发展中国家和欠发达国家提供包括教育、人力资源培训等在内的文化援助。这些措施取得了明显效果，目前，法国文化产品出口占到其出口总额的5%以上。

五、国外文化自信建构经验对我国的启示

通过以上对苏联、美国、韩国、法国等国家文化建设经验的分析，我们可以发现，发达国家在文化建设方面经过多年的发展，已经走出了一条成功的道路。虽然我国与这些国家在文化国情、政治制度和发展目标方面存在不同，但这些国家在文化建设中的许多成熟经验可以作为我们制定和实施新时期文化发展战略的异体参照，对我们有中国特色的文化

建设具有积极的学习和借鉴意义。

第一，文化建设必须由政府和社会各方面共同推进。发达国家文化建设的成功绝不是偶然的，而是基于从政府到社会各方面共同参与和推进而成的。从上文的分析中我们可以看到，发达国家的政府对文化的重视不是只停留于政府的一般号召上，而是更多地体现在政府的实际行动中。无论是对文化产业的发展，还是对传统文化的振兴和保护，都是在政府的指导和社会各方面的共同推进和参与下进行的。而我国的文化建设在这方面还有很大的欠缺。首先，民众对文化的认识还十分模糊，甚至还有不少人认为文化就是娱乐，再加上政府对文化发展的引导功能也没有完全行使，所以到目前为止我国还没有形成一种全社会都关注和建设文化的社会环境。其次，我国的教育和文化还被看作两个彼此独立的部门和事业。由于我国人口众多，教育资源缺乏和教育体制僵化等，我国教育的功能甚至还停留在目的仅为应试的初级阶段，教育并没有真正发挥营造民族文化氛围、传播文化理念及提高学生人文素质的功能，这种情况导致了我国的文化发展缺乏坚实的社会心理支撑。由此可见，与发达国家相比，我们的文化建设还需政府和社会各方面共同做出更大的努力。

第二，积极扶持文化产业的发展。随着文化与经济一体化趋势的发展，文化产业在国家文化发展中担当主角，国外发达国家都把文化产业的发展提到了国家发展战略的高度，不遗余力地进行扶持和引导。例如，美国对文化产业的重视，使美国从一个文化资源相对贫乏的国家变成了当今世界的文化产业强国；法国长期以来对文化发展的重视，使法国成为世界文化大国；韩国的"文化立国"方针，使韩国在国际文化市场竞争中占据了有利地位。由此可见，文化产业已经成为新世纪各国国民经济的支柱产业和新的经济增长点。与发达国家相比，我国在文化产业发展上还存在诸多弱点。我国文化产业的定义至今还不明晰，知识产权保护意识薄弱，文化资源配置的合理机制尚未完全确立，市场经济体系还不成熟，等等；我国的文化产业目前还难以形成文化产业链条，缺少把文化资源、资本要素、经营要素有效整合起来的能力，造成了资源的很大浪费；在当今全球化的背景下，外来文化给我国的文化产业也带来了极大的冲击。虽然当前我们在发展文化产业方面还存在一些问题，但我们也应该看到自己的优势。我国是四大文明古国之一，文化底蕴极其深厚，文化资本难以估价，如果我们能将这些特有的文化资源进行有效的开发，我们的文化产业将会在全球文化市场竞争中占据巨大的优势。当前，我国文化建设的关键问题就是如何尽快启动这些文化资本，形成具有我们自己特色的文化产业。

第三，实施文化走出去战略。只有让我们的文化走出去才能让世界更好地了解中国。从美国的"三片"风靡全球，到法国的"文化旅游"长盛不衰，再到韩国的"韩流"席卷亚洲，我们可以看到文化走出去所带来的积极效果。因此，我们要积极学习发达国家的经验，加强文化外交，开展文化交流，扩大对外文化贸易，大力开拓国际文化市场，增强中国文化的渗透力和影响力。现在，我国的对外文化交流和传播还存在严重的赤字，不仅文化传播的数量不够，而且在有限的对外文化表现中，那些体现民族特色的文艺作品也十分缺乏。我们的许多优秀文化还"养在深闺人未识"，世人对中国文化的认识，还停留在长城、中国功夫、兵马俑、京剧脸谱等这些零星元素上。因此，在这种背景下，我们应该采取积极有效的措施，大力进行文化输出，用多种形式向世界展示我国优美、和谐的文化大国形象，争取得到世界更多的了解和认同的同时，也赢得更多的经济效益。

第四，注重文化的开放性和文化创意。世界上发达国家文化产业的发展壮大一般都得益于他们的开放性和创新性。以美国为例，美国一方面积极地吸收和融合世界其他国家的先进文化，另一方面也十分注重文化的创意和构思。而正是文化创意，给美国文化产业注入了无穷的生命力。在观念上，美国的文化产业精英们敢于将吸收到的文化进行大胆创新，经过"美国式改造"，融入新的艺术想象，产生新的艺术效果，从而使经过改造的文化产品彰显出强劲的盈利能力。最明显的例子就是，动画电影《功夫熊猫》和《花木兰》汲取中国传统文化要素进行改造创新，结果获取了巨大成功。在当今全球化时代，世界文化逐渐科技化和时尚化，这就要求我们一方面要大胆吸收发达国家创造的优秀科技文化成果，另一方面也要求我们在对中国传统文化资源进行挖掘的基础上，创造性地进行转化和创新工作，开发出具有高附加值和跨地域魅力的文化产品。只有提供出具有民族特色的高科技含量的文化产品与服务，才能增强我们文化产品的感染力和市场竞争力。

第五，吸引和培养优秀的文化人才。人才是文化发展的中坚力量。人力资本将会是夺取未来文化产业发展战略制高点的关键因素。发达国家十分重视人才的挖掘和培养。作为文化强国的美国利用其雄厚的资金和文化业的发展潜力，不但在国内培养了大批高素质的文化产业人才，而且还积极引进世界各地的优秀文化艺术人才，这些人才资源成了保持美国文化产业竞争优势的一个重要原因。与发达国家相比，我国文化人才队伍无论是总量还是规模都很缺乏，尤其是高素质、复合型文化人才的缺乏，已成为制约我国文化产业快速发展的一大因素。因此，在当今我国文化建设的进程中，迫切需要解决人才问题。在这方面，我们要学习发达国家的经验，一方面不断地拓宽人才选拔途径，完善人才激励机制，营造优秀人才脱颖而出的环境；另一方面我们也要积极吸引和聘用海外高级人才，增加我国的人才力量。只有这样，当代中国的文化创新和现代化事业才会大有希望。

第六章 在中华文化传承发展中厚植文化自信

习近平总书记强调，中华优秀传统文化是中华民族的精神命脉。要努力从中华民族世世代代形成和积累的优秀传统文化中汲取营养和智慧，延续文化基因，萃取思想精华，展现精神魅力。中华优秀传统文化不仅是中国特色社会主义文化的重要组成部分和深厚底蕴，更是今日之中国在世界动荡变化中坚定文化自信的重要基石。一个民族的文化自信，首先应该表现在对民族传统文化的认同上。传统文化是人们进行自我认同、民族认同和国家认同的前提和基础，学习和认识传统文化是实现文化自信的核心，也是构建民族凝聚力和亲和力的源泉，是维系民族团结和国家统一的精神纽带，也是提升文化软实力的内在精神力量。只有自觉传承和弘扬中国优秀的传统文化，系统学习传统文化中的精华部分，不断激活传统文化中的积极文化因子，才能从几千年优秀的传统文化精髓中不断激发出新的安身立命之活力，在传统文化的传承发展中不断播种智慧之火，以兼容并包的文化自信姿态，有效推进中国传统文化的创造性转化和创新性发展，真正树立起民族文化自信心。

一、理性把握中华传统文化的历史定位

改革开放以来，中国融入世界的步伐日益加快，在全球化的历史进程中不断发展壮大，综合国力显著提升，世界影响持续扩大，民族精神日益振奋。中华文化的伟大复兴是历史发展的必然趋势，也是全体中国人民的共同期待。中国市场经济的飞速发展不断满足着人民群众日益增长的物质需求。然而，随着全球化、西方价值观和多样文化的冲击、竞争与冲突，当下中国的文化矛盾和文化冲突日益复杂。人类现代性文化发展中的自我认知迷失现象也蔓延到我国，出现文化焦虑、心态浮躁、人的文化生活种种价值失范等现象。与此同时，人民对传统民族文化认知出现偏差，导致文化自信缺乏深厚的心理根基。这种现状之下，要实现民族文化自信，我们需要对自己民族的传统文化有一个理性清醒的认识，深刻了解中国传统文化中的精华和糟粕，明晰传统文化在当代中国文化发展和国家建设中所处的地位，对传统文化做出理性的历史定位。

首先，鸦片战争之前，中华民族拥有很强的自我文化认同与自信传统。我国春秋战国的百家争鸣，开启了中华民族传统文化发展的辉煌历史。从秦汉至唐宋儒释道文化的三足鼎立，到宋明理学将传统文化学理化为极致，再到明清时期"经世致用"新儒学兴盛，中国文化空前繁荣，形成了一整套中国传统文化价值观。这种价值观成为中国传统文化历时

性发展的中轴线，其积极文化因子在不同的历史时代被不断地创造性转化和创新性发展，形成了不同时期具有指导意义的核心价值观，直至现在也是中国传统文化发展的瑰宝。例如，儒道两家为中国文化发展提供了"天下为公，世界大同"的思想精髓。儒家指出："大道之行也，天下为公，选贤与能，讲信修睦。"道家老子也指出："天之道，损有余而补不足；人之道，则不然，损不足以奉有余。"这种天下为公的思想价值一直滋润着中华民族文化的茁壮成长，更为我们今天创新发展传统文化和建设中国特色社会主义文化提供了优秀的价值资源。另外，儒家所强调的"仁、义、礼、智、信"和中庸之道一直都是历朝历代文化发展的核心价值观，这种崇尚和谐、爱好和平、天人合一、与人为善、讲仁爱、重民本、守诚信的价值诉求也与我们今天所倡导的社会主义核心价值观相契合。这就说明，中华民族传统文化在历史的长期发展中拥有一个"同心结"，也即传统伦理价值观，它是中华民族建立起稳定性和持续性文化认同的核心，同时也是凝聚每一个时代的中华民族的精神支柱，体现了中华民族传统文化发展的继承性和持续性。

其次，鸦片战争后，我国文化步入民族文化价值迷失时期，与之相应，在一段时间里，我们的文化也越来越失去自信。闭关锁国导致的科学技术和思想文化落后逐渐让国民丧失了文化自信的原动力，在帝国主义坚船利炮的侵略下中国越来越不自信，虽然也有不少有志之士学习西方的先进科学技术，进行变革和革命，但都以失败告终。构筑于小农经济基础上的传统文化在封建宗法制度的强化下，使中国传统社会的发展和自身的发展保持了高度的稳定性、连续性，但也正是这种具有高度整定性、连续性的传统文化，阻碍了中国社会的现代转型，在与西方文化的较量中败下阵来。在近代以来的东西方文化的碰撞与冲突中，资本主义的民主制度、价值观念、宗教伦理等西方文化都对中国人民产生了强大的吸引力，就连社会主义、共产主义也都是从西方社会传入中国，在以现代性、工业文明为主要特征的西方科技理性文化面前，中国的传统文化显得被动挨打、不堪一击。在此情形之下，中国人开始反思批判自己的文化传统，从五四运动喊出"打倒孔家店"的口号，到中化与西化的激烈争论，再到"文革"对传统文化进行的全面清算，使得中国传统文化的影响力日益式微，民族文化的自信心也遭遇了严重的挫折。

最后，中华人民共和国成立后尤其是改革开放后，中国开始了文化自信的恢复与重建。中国共产党人在中国特色社会主义实践中，在党和人民伟大斗争中孕育的革命文化、社会主义先进文化以及在5000多年文明发展中孕育的中华优秀传统文化的创造性发展和转化的基础上，形成了代表着中华民族独特精神标识的中国特色社会主义先进文化，现已成为我国经济社会发展的强大精神支撑和民族凝聚力、向心力的重要源泉，进一步提升了当前中国人民的文化自信。中国尤其是改革开放之后全社会对传统文化的重视程度逐步提高，传统文化的影响力正在逐步提升，我们开始走上了良性发展的轨道。中国传统文化博大精深、源远流长，中华民族形成了以爱国主义为核心的团结统一、爱好和平、勤劳勇敢、自强不息的伟大民族精神，这是维护民族团结发展、实现共同理想、促进社会进步的强大精神动力，成为中国社会的灵魂和精神支柱，主导着人民的精神世界。传统文化中的积极文化因子，不断传承发展，不断塑造和影响着现代人的生活方式，也影响着人们的思维方式。我们今天的社会主义核心价值观也无一不延续着传统文化中核心价值观的积极部分和优异部分，更被当代人视为民族文化的精髓，不断指引着当代人的发展。

需要明确的是，我们在传承传统文化积极文化因子的同时，要扬弃消极文化因子。我们要对传统文化进行科学分析，对有益的东西、好的东西予以继承和发扬，对负面的、不好的东西加以抵御和克服，取其精华、去其糟粕，而不能采取全盘接受或者全盘抛弃的绝对主义态度。正如习近平总书记指出的："传承中华文化，绝不是简单复古，也不是盲目排外，而是古为今用、洋为中用、辩证取舍、推陈出新，摒弃消极因素，继承积极思想。"[①]这也就是说，继承传统文化，要求我们勇于剔除传统文化和国民意识中的糟粕，承续其精髓，以社会主义核心价值引领多种社会思潮，凝聚价值共识，协调思想行为，推动社会发展，并结合时代需要给予全新的理解和阐释，发挥民族精神对内动员民众力量、对外塑造民族形象的重要功能。总之，我们要全面认识祖国传统文化，取其精华、去其糟粕、古为今用、推陈出新，坚持保护利用、普及弘扬并重，加强对优秀传统文化思想价值的挖掘和阐发，维护民族文化基本元素，使优秀传统文化成为新时代人民前进的精神力量。从20世纪80年代以来，我国开始加强了传统文化的学习，到现阶段，优秀传统文化成为社会主义先进不可或缺的重要组成部分，传统文化中的积极文化不断地被创造性发展和转化，成为提升民族自我认同和建构文化自信的重要基础。

二、建立中华优秀传统文化传承发展的学习和认知机制

中国传统文化作为在中国特有的文化母体中孕育、产生、演变、发展的综合体，是中华民族历史上各种思想文化、观念形态的总体表征，是中华民族几千年文明的结晶。中国传统文化特别注重人文精神和社会伦理关系，其思想体系以春秋战国时期的诸子百家为源头，以儒家思想为主体，核心内容包括经、史、子、集等。特别是儒家以"和"为核心的传统价值观，强调和合理念，主张天下为公，推崇不同文化、不同民族之间"美美与共、天下大同"，包括"和而不同"的人际关系、社会关系以及中庸的个人处世原则，这些理念在改善生态环境、摆脱精神和信仰危机、化解国际冲突、医治各种现代化病症等方面都对人类文明的发展提供着有意义的价值指引，内蕴了人类命运共同体的智慧。

从当代视角来看，这种传统思想智慧为构建人类命运共同体提供了强有力的思想支撑，也为实现"中国梦"提供了文化地基。因此，重新确认儒家传统为凝聚中华民族灵魂的珍贵资源，是学术、知识和文化界的当务之急。习近平总书记强调："文明特别是思想

---

① 习近平：《在文艺工作座谈会上的讲话（2014年10月15日）》，《人民日报》，2015-10-15。

第六章 在中华文化传承发展中厚植文化自信

文化是一个国家、一个民族的灵魂。无论哪一个国家、哪一个民族，如果不珍惜自己的思想文化，丢掉了思想文化这个灵魂，这个国家、这个民族是立不起来的。"[①]在现代文化迷失于自我中心主义的困境之际，我们应该积极开展对中国传统文化中积极价值观和思想智慧的学习和认知，建立传统文化传承、发展和创造性转化的学习和认知机制，传播这些具有普适性的文化价值观念，树立一种文化自觉和文化认同，从心理上建立起中华文化的深层自信，增强中国传统文化的感召力和吸引力，筑牢中国文化软实力的根基，开辟中华民族伟大复兴的光明前景。

传统文化在构建文化自信中起着非常重要的作用，对传统文化的认同和继承，就是要从内心培育文化自信心态，这种文化自信具有持续性和不可动摇性，能够从根本上克服文化上的盲目自大或自卑心理。当前我国在对传统文化的学习和认知方面还有不少不足，最典型表现在中国高校大学生对中国传统文化认知尚缺乏兴趣。例如，相关机构在对"你对中国传统文化的态度是什么样的？"问题调研中，调查数据显示：62.22%的大学生选择了"兴趣一般"；6.67%的人甚至选择了"中国传统文化迂腐过时，自己对中国的传统文化基本没兴趣，不想进行深入了解"；只有17.8%的人选择了"有兴趣并想深入了解"。这些数据显示，中国传统文化对我国当代大学生所存在的吸引力甚微。由此表明，构建传统文化的教育学习和传承机制显得尤为紧迫重要。学习和培养文化自信，需要建立传统文化传承发展的学习和认知机制，深入系统学习和认识传统文化需要从三个方面形成系统性机制：

首先，家庭教育对提高人们对传统文化的认识具有直接性的作用，是传统文化认识和传承的起点。家庭教育是个体受教育的起点，家庭是孩子的第一所学校，父母是孩子的第一任教师；家庭教育指父母对子女进行的教育，即家长通过自身的言传身教和家庭实践活动或家庭成员之间的互动活动，潜移默化地对孩子形成教育目的的行为，它对人的影响最深，时间最长，同时具有传承性，是一种终生性和传承性的教育。因此，家庭教育作为传统文化传承发展的起点，在传承和学习传统文化中起着奠基性作用，要重视通过家庭教育将中国传统文化中的优秀因素传承给孩子，为孩子在成长发展中树立正确的文化观念和价值观念打上底色。

其次，学校是接受传统文化教育的关键场所。我们知道现代大学教育是以知识教育为主体的教育，学科分支精细，缺乏知行合一的综合性教育，即使高校进行传统文化教育，也只是当作一种知识进行传播，并没有建立起知识和道德的统一，教育内容的系统性和整体性有待提高。因此，要认识到学校教育中加强中华优秀传统文化教育的重要性和紧迫性，积极引导青少年更加全面准确地认识中华民族的历史传统、文化积淀和基本国情。在

---

① 习近平：《在纪念孔子诞辰2565周年国际学术研讨会暨国际儒学联合会第五届会员大会开幕会上的讲话》，《人民日报》，2014年9月24日。

党的二十大报告中，习近平总书记强调："青年强，则国家强。当代中国青年生逢其时，施展才干的舞台无比广阔，实现梦想的前景无比光明。"[①]正值青年的大学生是传承中华民族优秀传统文化的后继主力，优良的民族文化传统靠青年一代继承发扬。因此，促进国民特别是青年大学生树立文化自信是思想政治教育中最为重要的任务之一，思想政治教育在青年大学生文化自信的树立过程中起着决定性的作用，形式多样的思想政治教育是青年大学生正确认识中国传统文化发展，辩证看待优秀传统文化当代价值的重要途径和方式，积极引导青年树立文化主体意识和文化创新意识，正确认识当前国际思潮和社会心理的发展，能够有辨别地吸收正确的文化思想，树立社会主义核心价值观和爱国主义精神，增强青年一代的民族文化自信心。

最后，国家要在全社会努力建构传承传统文化发展的环境。国家是传统文化发展的推动者，对文化发展具有明显的导向性作用，因此，国家应该积极创造继承和学习传统文化的社会环境，积极塑造学习传统文化的浓厚氛围，利用好当前快速发展的大众传播，提高国民对传统文化的认同感，提高民族文化自信心和凝聚力。具体做法：其一，构建网络文化宣传平台、通过互联网等电子媒体宣扬正确核心价值观。如借助学习强国App、抖音、快手、微信、QQ等各种新传媒工具，营造学习传统文化的氛围、在潜移默化中引导国民建立起正确的文化认同观。其二，继续发挥报纸、电视、广播等传统媒体的引导性作用。通过传统媒体宣传为全社会思想道德的健康发展提供保证。其三，政府可牵头完善公共文化服务体系，通过政策鼓励各种企业和社会组织主动担负起文化发展和宣传的责任，积极主动参与公共文化建设，实施文化惠民工程，提高全民对传统文化学习和认识的力度，营造传统文化全民学习氛围。

三、坚持文化交流互鉴开放包容

中华民族传统文化历经了几千年的发展，在今天的时代挑战中仍旧有强大的生命力，主要因为中华民族传统文化具有自我创新能力和开放包容的心态，既能够在不同的历史时期具有不同的特征，也能够随着社会发展不断发展创新，不断为新时期的现代化建设服务。

（一）文化的开放性与包容性

古为今用是传统文化价值所在，也是文化创新性发展和创造性转化的历时性特征。当代新文化的建设必定既继承优秀历史文化传统，同时也得符合当代中国改革建设实际。因此，我们要坚持历史唯物主义和辩证唯物主义的立场、观点和方法，用马克思主义的方法

[①] 习近平：《高举中国特色社会主义伟大旗帜为全面建设社会主义现代化国家而团结奋斗——在中国共产党第二十次全国代表大会上的报告》，《人民日报》，2022年10月16日。

给以批判的总结，剔除其封建性的糟粕，吸收其民主性的精华，进而发展民族新文化，提高民族自信心。因此，我们需要深入阐发中华优秀传统文化讲仁爱、重民本、守诚信、崇正义、尚和合、求大同等思想和自强不息、敬业乐群、扶正扬善、扶危济困、见义勇为、孝老爱亲等传统美德，激活传统文化的智慧精髓，进行创造性的转化，按照时代特点和要求，对那些至今仍有借鉴价值的内涵和陈旧的表现形式加以改造，赋予其新的时代内涵和现代表达形式，激活其生命力。这不仅能够彰显中华优秀传统文化的独特魅力，而且激活了优秀传统文化内在的创造力和生命力，增强了人民对传统文化的自信心。

从文化发展进步角度看文化存在与发展本身就是一种开放形态，具有与生俱来的向外和向内吸收的张力。文化的开放包容也是文化进步的内生要求，文化的一个重要品格在于它的开放性，在于它自身发展的动态性，这种开放性和动态性最直接的现实表征，是通过文化交流互鉴来实现的。实际上，真正意义上的文化永远不会静态存在，而是处在永不间断的创造与发展过程中，在这个过程中，任何文化发展都不是独立的，它们的兴起衰落、离散聚合，总是在同其他文化对立统一、冲突融合中展开，在接纳和吸收不同社会文明成果中实现。任何一种活态的文化都有先天的对外吸收和扩展的需求。

最后，开放与交流发展成为文化发展的必然性选择。中国传统文化创新性发展和创造性转化是一个开放性系统。对于如何开放性发展，毛泽东曾指出，"要多多吸收外国的新鲜东西，不但要吸收他们的进步道理，而且要吸收他们的新鲜用语"。一方面，应"尽量吸收进步的外国文化，以为发展中国新文化的借镜"，坚持"以我为主，兼收并蓄"；另一方面，"应当以中国人民的实际需要为基础，批判地吸收外国文化"。

（二）中西方社会价值观念的差异比较

一直以来，中国文化和西方文化存在着巨大的差异，随着经济全球化的发展，两种文化频繁交流的同时也在不断发生冲突。尤其是随着大量西方价值观的涌入，中西方价值观之间的碰撞与冲突不可避免。当下，只有客观地看待中西两种文化精神的差异，才能更加准确地理解当代中西社会价值观念的不同品格。

1. 中西方文化发展的历史背景

孕育于不同的自然与社会历史条件下的中西文化，在思维方式、语言、风俗、习惯等诸多方面存在巨大差异。其中，核心差异是中国注重伦理传统与西方突出科学精神的不同，也即突出"德性"抑或"智性"。我国著名哲学家冯友兰先生就曾经说过，中国文化是一种"德性"文化，西方是一种"智性"文化，这是对中西方文化精神差异的集中概括。追溯中国文化两千多年的发展史，个人道德修养是历朝历代上至君王，下至黎民百姓都非常关注的话题。中国传统文化包括语言文字、科技工艺、文学艺术、史学和伦理等领域所取得的成果。在伦理思想领域，儒家所倡导的重德、尚礼的伦理纲常始终保持一种唯我独尊的纯粹性，成为历代封建统治者所推崇的核心价值观。与传统中国社会对于道德的重视不同，与中国文化不同质的西方文化则表现出鲜明的重客观、尚科学的理性精神。可以说，中西两大文化体系在文化精神的核心差异上有着深层次的内在根源和具体表现。

马克思说："人们自己创造自己的历史，但是他们并不是随心所欲地创造，并不是在他们自己选定的条件下创造，而是在直接碰到的、既定的、从过去继承下来的条件下创造。"我们知道，文化作为上层建筑的一个重要组成部分，很大程度上受制于当下的自然基础、社会和经济的发展状况，黑格尔在《历史哲学》中就对"历史的地理基础"与民族精神的产生之间的联系做了充分阐释，他说："我们所注重的，并不是要把各民族所占据的土地当作是一种外界的土地，而是要知道这地方的自然类型和生长在这土地上的人民的类型和性格有着密切的联系。"不同的自然生存环境必然会产生有差异的生产方式、与之相适应的经济模型以及社会组织形式，这是中西风格迥异的文化精神得以形成的深层次的根源和基础。

四大文明古国中唯一没有中断过的华夏文明起源于黄河流域。从地理环境角度来看，中国地处欧亚板块，温带区域最广，大部分面积属高山平原，只有东部、南部临海，基本属于内陆文化类型。中国早在8000多年前就进入了新石器文明时期，黄河、淮河流域平原土质松软、雨量充足，为农业的发展提供了优良的条件，农耕经济是中国文化起步与发展的沃土。靠天吃饭，生活方面得以自给自足，致使中国社会自然而然长期处于半封闭状态，最初氏族与氏族之间的密切联系使得家庭成了社会的基本单元。因此，从家庭出发以血缘关系为纽带的伦理性道德，成为人们日常行动的主要价值取向，对家族性的道德约束以及伦理规范的重视成了中国"德性"文化精神的最初起源。

西方文化又被称作"蓝色文明"，顾名思义，西方文化之舟诞生在蓝色的波涛之中。赵林教授谈到西方文化时说："西方文化，至少可以说有三种传统：一种是希腊的，一种是罗马的，一种是基督教的。"不同历史时期的三种文化传统融合更新，形成了西方文化不断超越创新的文化精神。其中作为最初起源的古希腊文明诞生于古代西方世界的中心——地中海区域。欧、亚、非三大洲环绕周围，海岸线漫长曲折，有许多优良的港湾，因此，自古以来，地中海的航海活动就非常活跃。航海贸易的推动使得争夺海洋权的战争频发，人们对于海洋与未知自然有着强烈的征服热情。在社会组织方面，由于地中海无数的小岛被分割成若干孤立的小区域，所以产生了独特的城邦制社会结构，这种多民族、多变化的文化融合自然而然塑造了西方崇尚个性与自由的文化传统，为科学精神的诞生和迅速发展奠定了基础。

"德性"是指中国文化崇德重义的文化传统，具体说，"德性"是指两千多年以来中国主流文化形成的、以儒家思想为核心突出强调道德价值和道德修养的特点。以孔子为代表的儒家学派，正是立足于对中国农耕经济的生产方式，以及传统中国社会组织形式的思考，创立了儒家伦理思想，奠定了中国文化突出的"德性"基调。中国文化精神注重的"德性"主要体现在两个层面：第一个层次是内在的德性，即以个体为单元，强调通过自我体悟、道德教育和礼乐的熏陶达到一种高尚的道德境界，实现"内圣"的理想；第二个层次是外在的德性，即从内在德性扩展到以家庭人伦为出发点的社会伦理道德，达到"外王"的终极目标，最终着眼于整个社会机器的稳定运转。西方文化的"智性"是一种崇科学、重客观的理性精神，从文化精神层面看，西方文化是"以知识为根本，以理性为工具，以个人为本位，以追求自我、超越非我实现超我为宗旨，从和谐中追求不和谐，以征服自然，改造自然为特性的竞进型文化"。无论是柏拉图、苏格拉底等著名的思辨哲学家，还是牛顿等实证科学家，他们都遵循着一种思维逻辑性，即以"理"为中心，注重思想的解放与不受束缚。可以说，现代西方的"智性"精神是在14—17世纪欧洲文艺复兴运动的基础上，伴随着17、18世纪近代科学的兴起而产生和发展起来的一种新的世界观、价值观和思维方法，主要表现在三个方面：理性精神、实证精神和执着精神。理性精神表现为承认客观自然世界是可认知的，主张拿起科学的武器来反对迷信；实证精神认为没有经过实践检验的理论是不可信的，注重将实验与实证作为获得和检验知识的重要途径；执着精神是一种不盲从传统和权威，敢于用怀疑的眼光去审视旧的一切观念和成就的怀疑和批判的精神。

2.中西方社会价值观念的差异体现

中国"德性"与西方"智性"文化精神的差异渗透于中西思维方式、语言表达、服饰文化和艺术形式等领域，我们该采用怎样的视角来进行"德性"与"智性"之间的平等对话呢？在此，归纳起来，可以从以下三个层面来进行深入探讨。

一是从"修身"层面看中国"道义为重"与西方"功利为先"的差异。德治是宗法专制传统中国的显著特征，中国文化的"德性"色彩无处不在，封建社会人人必须诵读的四书五经涉及的仁、义、礼、智、信、温、良、恭、俭、让等道德规范构成人之为人的必要规定性。传统社会从家族长幼尊卑的礼节到国家管理体系的维系，从一般人的内省修身到对最高统治者的人格要求，无不把个人的道德自觉、凡事以道义为重作为个人立世的首要前提。"义利之辩"是中国伦理思想史上争论得最激烈的问题之一。孔子说"君子义以为上"（《论语·阳货》），"见利思义"（《论语·宪问》），孟子主张"舍生取义"。可以说，儒家重义轻利的传统对我们民族的文化心态影响最为深远，儒家强调德政、礼治，认为品行高尚的人在个人利益面前，首先要考虑是否符合全社会公众的道德准则，其次才是在道德追求的基础上产生的物质利益的获得，这种"义以为上""以义制利"的义利观，超出了经济学范畴，而是从伦理学意义上来看待利益关系。它所倡导的基本原则是主张凡事要从道德理性出发，个人欲望要服从道德理性，个人要对社会负责的价值观，从中体现出来的更多是理想性、道义的约束性和利人的特性。这种文化教育的终极目标是达到为道义而奋斗和献身的精神，最终实现社会的稳定和谐以及人伦秩序的维护，这是中国文化的显著特征。

中国人过于偏重伦理约束，与之形成鲜明对比的是，西方人提倡对物质利益的合理追求，认为无论何时用最直接的方式追求个人的利益、自由和幸福，实现个人福祉，那才是理所应当的。功利为先的文化精神在西方社会得到普遍的认同，徐行言教授在《中西文化比较》中提道："这一原则的实质便是在不损害他人的前提下，每个人都坚定地维护自己的个人利益。"对于这一点，英国著名的功利主义伦理学家边沁明确指出，不了解个人利益是什么，而侈谈社会利益是无益的。17世纪著名的荷兰伦理学家斯宾诺莎也认为，"一个人愈努力并且愈能够寻求他自己的利益或保持他自己的存在，则他便愈具有德性；反之，只要一个人忽略他自己的利益或忽略他自己的存在的保持，则他便算是软弱无能"。西方这种功利主义的价值观与中国重道义的文化传统在现实社会甚至截然对立，如"雷锋精神"在我国影响至今，雷锋作为特殊时代的优秀楷模，他身上毫不利己、专门利人的人格精神与中国社会所倡导的主流价值观——集体主义相符合，在当代中国，"雷锋"俨然已经超越了个人的姓名，成为"大公无私""集体主义"和"为人民服务"的代名词。然而，在西方功利主义的价值观下，"雷锋"却因为"忽略他自己的利益"而成为"软弱无能"的表现。

二是从"齐家"层面看，中国"家族认同"与西方"个人本位"的差异。农耕经济的生产方式孕育了我国"家庭本位"的群体性文化，家庭作为最重要的单位，"修身"而后"齐家"的道德观念，深深影响着中国人，中国文化非常重视家庭亲友关系，尊重师长，崇尚实现"四世同堂"和"合家团圆"的美好境界，传统文化尤其强调孝敬父母，敬老爱幼，注重孝道。历史上流传下来了感人至深的"二十四孝"故事，教育后人"百善孝为先"。比如，山东的孝文化就渊源已久，流传下来大批跟孝道有关系的历史文化遗迹，像济南闵子骞墓、曲阜孝经石刻、邹城市孟母投杼碑、博兴董永故里和平阴县孝感乡等。具体来看，在对待家庭的态度上，中国与西方差异明显。中国人非常重视家族观念，子女和父母之间存在着依赖心理，抚养子女和赡养老人都是中国人应尽的社会责任；年轻人对于婚姻怀有谨慎的态度，家庭的内部财产大多是由夫妻共同拥有和支配的。

受家庭性伦理道德的影响，于是中国人总是把自己放在一个群体中来看待自己，从而确定自己行动的"差序格局"。1947年，著名社会学家费孝通教授首次提出"差序格局"的概念，他在《乡土中国》中说道："我们的格局不是一捆一捆扎清楚的柴，而是好像把一块石头丢在水面上所发生的一圈圈推出去的波纹。每个人都是他社会影响所推出去的圈子的中心。被圈子的波纹所推及的就发生联系。每个人在某一时间某一地点所动用的圈子是不一定相同的。"中国的社会结构就像扔一块石头进入水塘而形成的波纹，个体是中心点，其他人则如同大小不等的波纹围绕着中心，这水波纹式的结构便是传统中国社会的主要特征——差序格局，中国人的社会关系是由错综复杂的私人关系所构筑的一张网络。所以在中国，个体消解在群体之中，血缘关系成了行动的主要参照系，因此中国人的社会行动被赋予了浓郁的感情色彩，使中国社会成为一个富有人情味的社会，但由此也给社会发展的公正和效率带来了无穷的变数，过分注重人情关系，"母以子贵""夫贵妻荣"等裙带政治风气经久不衰。易中天在《闲话中国人》中对中国人的人情关系分析得非常精彩。"在中国社会，会做人的人，总是能够表现出关心他人、处处以他人为重、时时替他人着想的心理倾向"，比方说，见了面问人家"吃了没有""身体好吗？"或问"有朋友了没有""进展如何"，甚至帮他寻找对象或门路。这些被西方视为"打探隐私"的问题，却被中国人视为"有人情味"的表现。中国人的人情关系深深刻在生活的各个方面，由此，社会也陷入了无休止的欠人情、还人情的尴尬境地，社会关系的维持成本沉重。

与中国长期保持以自然经济为主的自给自足的农业社会不同，以平等交换为基础的商业原则孕育出西方人个体本位的文化精神。另外，伏尔泰、卢梭等人提出的以"自由、平等、博爱"为中心内容的人文主义和人道主义思潮在很大程度上推动了西方人个体意识的成熟，突出表现为"天赋人权"的思想，即认为自由和平等是人们与生俱来的"自然权利"。许烺光在《宗族、种族、俱乐部》一书中曾提到，"西方人要自己思考，自己做决定，并且用自己的双手以自己的能力开辟自己的前途"。他们不依赖于他人或者家庭，而是倾向于自我依赖，家庭与个人之间只存在暂时性的纽带，为达到某一目标而参加社团或组织也是不稳定的，子女与家庭的关系松散而又不受约束。

在西方社会，没有复杂的人情关系网，人们如何确保自己的既得利益不受损害？在西方，社会将个人的一部分自然权利"收归公有"，形成"社会契约"，这正如卢梭在《社会契约论》中所解释的，"它能以全部共同的力量来卫护和保障每个结合者个体的人身和财富，基本公约并没有摧毁自然的平等，而是每一个与全体相联合的个人又只不过是在服从自己本人，并且仍然像以前一样自由"。这种契约有两种表现形式：法律和国家，以此来保持人们彼此间的信心，确保互相不做损害他人的事，并维护人们的既得利益。但是，在西方社会中，当个人利益没能得到有效保护时，人们有权终止契约，也就是要求修改法律或是选择代表自己利益的政党上台。

三是从"治国"层面看，中国"稳定和谐"与西方"崇力尚争"的差异。中国伦理传统与西方理性精神的差异不可避免导致民族精神与文化精神层面的不同，中国德性文化传统所追求的稳定和谐，一方面，体现在人与自然的和谐境界上，认为人应顺应自然。中国大陆型农业文明靠天吃饭使得"天人合一"成为中华民族基本的世界观和人生观，强调人与自然的统一与协调，主张人类在遵循自然规律的基础上适度开发利用自然资源。《礼记》从持续发展，长远利用的原则出发提出了"取物不尽物，取物以顺时"的生态伦理思想，《齐民要术》提出"顺天时，量地理，则少用力而成功多"的观点。在资源匮乏、生态失衡、自然灾害频繁日益困扰我们的今天，中国传统文化中朴素的天人协调的思想无疑具有积极的启迪意义。

而西方文化发祥地古希腊和古罗马没有像中国这样优厚的内陆条件，在与海洋相适应的手工制造业、渔业和商业发展起来的同时，人们的独立意识和冒险精神也逐渐得到锻炼。另外，文艺复兴所提倡的人文主义以及启蒙运动所倡导的人道精神，都认为人是万物的主宰，人改造、控制和征服自然是理所当然的，所以，在人与自然的关系上，西方文化表现出控制与征服自然的强烈欲望，这也就能解释中国古代的四大发明为何在西方社会推广得更快一些。正是在这种观念的驱使下，西方社会才在生产工具的改进和科技创新方面取得了比中国更加瞩目的成就，直至鸦片战争，西方的坚船利炮惊醒了还在闭关锁国、"夜郎自大"的古老雄狮。

另一方面，中国德性文化的稳定和谐不仅体现在合于自然，还体现在"和"于人。从人与社会的角度，体现在以家庭和睦为出发点推而广之在社会生活中提倡的"合和"精神。"合和"精神体现在夫妻关系上是"妻子好合，如鼓瑟琴"，在家庭关系上是"家和万事兴"，在商业交往上是"和气生财"，在多民族关系处理上则是华夏民族喜好和平，注重节制，不尚征伐的性格，如在历代处理民族关系中，通常采用的是"修文德以来之""和抚四夷"的怀柔政策。中国文化的中庸和谐精神在当今也影响深远，我们党在社会建设目标中提出了建设和谐社会的宏伟蓝图，在当今国际舞台上我国正在以"和平发展"实现经济文化大国的"和平崛起"。其中，中国文化体现出巨大的包容力和同化力。赵林教授提到中国文化具有"以夏变夷"的发展模式，以华夏民族的文化，平静、柔和、委婉地改变、同化、渗透到异域文化中。如朝代更替中华民族最终在忍受其统治中利用自己的文化相对优势同化对方，像北朝和清朝；佛教最初入华时依托老子的名义，老子西出阳关，化胡佛之说，以及"援儒入佛"，把儒家的思想如忠孝等观念援引入佛教的教理之中，"变异"后的佛教跟印度佛教要求人苦修苦行、弃世的思想完全背道而驰，更多地加入了中国人对现实生活的关注。

从人与社会的角度来看，以个体商业活动为经济基础的西方文化则把"竞争"和"力量"视为追求幸福和利益的途径。在个人本位的道德原则下，由于缺乏可以永久依赖的家庭或以血缘关系形成的宗族集团等社会力量而产生生存忧患，所以人们必须不断奋斗，这样才能改善自己的生存条件并提高个人的社会地位。从古希腊《掷铁饼者》等一系列雕塑以及在古希腊所兴起的奥林匹克精神中可以看出，西方社会对力量的崇拜程度，他们把勇敢善战，能以力量征服对手看作是最大的美德。因此，在西方各国的历史上，那些武功卓著的君主和将帅总是得到人们的崇敬，例如，亚历山大大帝、恺撒大帝等。在此基础上，西方国家形成了以个人为主体敢打敢斗的冒险精神和强烈的竞争意识，与中国人的内敛、含蓄不同，西方人勇于开拓，更富有创新精神。

《礼记·大学》中说："古之欲明明德于天下者，先治其国；欲治其国者，先齐其家；欲齐其家者，先修其身"，"修身""齐家""治国"而后"平天下"是传统中国人的梦想，对中国社会影响深远。在从个体到群体乃至民族精神这三个层面为主线把中国"德性"与西方"智性"文化的典型差异呈现出来之后，我们不禁陷入深思。"西方人惟智，但他们陷入了利己主义的冰水之中；东方人惟情，但惟情也造成了解也解不开的裙带关系。西方人征服自然也破坏了人与自然的平衡，但是现代化的光辉毕竟出现在西方。东方人惟情，但对现代科技也在急起直追。"中西德性与智性文化都有其值得继承和借鉴的合理因素，了解了两大文化体系彼此的差异，在新的时代格局下我国该如何建设社会主义先进文化，实现"平天下"的文化理想？

　　一是继承崇德重义的文化传统。在当今经济文化全球化背景下，建设社会主义先进文化，我们首先应该坚持"以我为主、洋为中用"的原则合理地继承、吸收传统文化中的有益因素。一个社会是否和谐，一个国家能否实现长治久安，很大程度上取决于全体社会成员的思想道德素质。道德力量是一个国家发展、社会和谐、人民幸福的重要因素。目前，我国经济正以前所未有的速度发展，2022年中国GDP突破120万亿，稳居世界第二位，人民生活正由小康向富裕大踏步迈进，但与此同时，人们的思想意识呈现出多元、多变的特征，在道德领域暴露出一些比较突出的问题，所以，在全社会中形成一种积极、向上的道德共识摆在了至关重要的位置。

　　传统伦理道德从五四时期"打倒孔家店"至今，经历了多次大起大落。2005年人民大学成立国学院，招收本科和研究生，社会又一次掀起了回归传统的热潮。传统的文化遗产对我们来说代表着几千年的文明积淀，山东是历史上有名的孔孟之乡，传统伦理道德的发源地，作为齐鲁子孙的我们几千年来一直深处博大精深的齐鲁伦理道德的熏陶之中，它的许多精华思想可以让我们发现自身的不足，是医治现代社会道德问题的良药。比如，坚持个人服从国家的集体主义精神、反对见利忘义的诚信精神等，因此，加强全民道德体系建设，推进社会主义先进文化建设就需要继承崇德重义的传统，弘扬优秀传统文化的精华思想，使中华民族传统美德与体现时代要求的新的道德观念相融合，使我国伦理道德传统的继承与社会主义市场经济相适应，并且与新的时代特征相一致。

　　二是培养科学意识和法制观念。中国传统道德的产生与发展有其时代局限性，其中有许多与现代社会不相协调的地方，如封建等级秩序、重直觉轻实践的观念和"克己复礼"对于伦理教化的过分注重，这些思想严重压抑了中国人的个性发展和创新精神，有碍于人的自主意识和创新精神的发扬，与现代社会发展所要求的平等观念和新公民精神是不相一致的。比如，儒家伦理要求人们顺从宗法等级，按照自己的等级名分约束自己，直到现在，人们仍然有"枪打出头鸟"的观念，就连鲁菜中也专门有一种"四平八稳席"，又叫"四四席"，就是要人们规规矩矩，不要冒险从事，因此只知道借鉴别人的成功经验，缺乏开拓进取的闯劲和猛劲。因此，在继承崇德重义的传统同时我们还应该更多地从西方"智性"文化中借鉴它的先进之处。

首先，实证精神。美国的实用主义哲学家威廉·詹姆斯曾经指出，"正确的思想就是我们能够吸收、证明、确定和证实的思想"。西方文化强调客观的实证精神，更多的是讲求"适用性"，比中国文化凭借道德和情感为标准的感性判断更为可靠。

其次，法治精神。"法制"与"法治"是我们日常社会生活中常见的两个词，但内涵却差异很大。法制是法律制度的简称，法治则是一种治国原则和方法，是相对于"人治"而言，与乡规民约、民俗风情、伦理道德等非正式的社会规范不同的一种正式的、制度化的社会理念。我们在引进西方先进的法律文化的同时，更要培育民族法治精神，实现从权力至上到法律至上转变的新公民精神。盘点2022年我国的法治事件，中国公民的法治精神日益凸显，不仅有"两高一部"发布终身从业禁止新规、深圳首次将生前预嘱写入地方性法规、上海将"光污染"问题首次纳入地方立法等法治领域的新探索新尝试，还有备受关注的"唐山烧烤店打人""卖5斤芹菜被罚6.6万元""知网实施垄断行为被罚""制止家暴男致死被判正当防卫"等一系列热点焦点法治事件，这些事件都体现了中国公民法治精神的不断成长，正是公民的积极参与推动了政府决策的民主化进程。

最后，竞争精神。要发扬西方文化所提倡的通过个人奋斗来实现自我价值的竞争精神和进取精神。西方文化强调通过个人的奋斗来实现自我价值，鼓励人们大胆地追求个人利益，这种竞争和进取精神相对于我们国家仍然存在的极端中庸主义来说，具有很大的借鉴意义。

文明是世界的文明，在当今世界，任何民族和国家都不可能丢掉或摆脱自己的传统文化，同样，任何国家也不可能故步自封。我国著名的社会学大师费孝通教授在80岁寿辰上曾经说过"各美其美，美人之美，美美与共，天下大同"，表达了一种对于不同文化之间能够相互欣赏、相互借鉴的美好愿望。相信通过努力，我们能够达到一种更高层次的文化自觉，中西文化之间更加积极地相互交流，彼此融合，共同发展，一定能够加快我们中国特色的社会主义先进文化建设，提高整个中华民族的思想道德素质和科技文化水平。

（三）坚持交流互鉴、开放包容

在长期发展过程中，中华文明与世界其他文明广泛交流，既从其他文明中吸收了丰富营养，又为人类文明做出了重要贡献。文明因交流而多彩，文明因互鉴而丰富。文明交流互鉴，是推动人类文明进步和世界和平发展的重要动力。传承发展中华优秀传统文化，要坚持交流互鉴、开放包容，吸收借鉴国外优秀文明成果，积极参与世界文化的对话交流，不断丰富和发展中华文化。

1.吸收借鉴国外优秀文明成果

中华文化之所以历经千年而生生不息，得益于中华文化见贤思齐、海纳百川的包容性。汉代以来，中外文化广泛交流，给中华文化带来了异域文化的新鲜血液。汉代张骞开通西域，开拓了丝绸之路，打开了中外文化交流的大门。中国不仅向外传播了中华文化，而且引进了葡萄、苜蓿、石榴、胡麻、芝麻等西域物产和文化。历史证明，中华文化的发展，离不开其他文化提供的丰富营养，"他山之石，可以攻玉"，推动中华优秀传统文化的传承发展，就要积极借鉴外国优秀文明成果。毛泽东同志指出："中国应该大量吸收外国的进步文化，作为自己文化食粮的原料，这种工作过去还做得很不够。这不但是当前的社会主义文化和新民主主义文化，还有外国的古代文化，例如各资本主义国家启蒙时代的文化，凡属我们今天用得着的东西，都应该吸收。"邓小平同志指出："我们要向资本主义发达国家学习先进的科学、技术、经营管理方法以及其他一切对我们有益的知识和文化，闭关自守、故步自封是愚蠢的。"

但吸收借鉴外国优秀文化成果，也要采取取其精华、去其糟粕的扬弃态度。与中国传统文化一样，外国的文化内容也是非常复杂的，有精华，也有糟粕；有适合中国的，也有不适合的。如果不加辨别全盘接受，不仅不会促进中华文化发展，还会带来很大危害。近代以来，我们曾经对一些西方文化囫囵引进，结果产生了"水土不服"甚至"食物中毒"的不良后果。毛泽东同志指出："一切外国的东西，如同我们对于食物一样，必须经过自己的口腔咀嚼和胃肠运动，送进唾液胃液肠液，把它分解为精华和糟粕两部分，然后排泄其糟粕，吸收其精华，才能对我们的身体有益，决不能生吞活剥地毫无批判地吸收。所谓'全盘西化'的主张，乃是一种错误的观点。形式主义地吸收外国的东西，在中国过去是吃过大亏的。"邓小平同志指出："属于文化领域的东西，一定要用马克思主义对它们的思想内容和表现方法进行分析、鉴别和批判。……有些同志对于西方各种哲学的、经济学的、社会政治的和文学艺术的思潮，不分析、不鉴别、不批判，而是一窝蜂地盲目推崇。对于西方学术文化的介绍如此混乱，以致连一些在西方国家也认为低级庸俗或有害的书籍、电影、音乐、舞蹈以及录像、录音，这几年也输入不少。这种用西方资产阶级没落文化来腐蚀青年的状况，再也不能容忍。"吸收借鉴外国优秀文化成果，要做到中西合璧、融会贯通，吸收外国优秀文化成果，绝不是用外国文化替代中华文化，也不是简单移植或相加。再优秀的外来文化资源，一定要与中华文化进行融合创新。中国的白话文、电影、话剧、现代小说、现代诗歌等都是既借鉴外国优秀文化，又进行了民族创造的成功案例。毛泽东同志在谈到吸收借鉴西洋音乐的时候指出："音乐可以采取外国的合理原则，也可以用外国乐器，但是总要有民族特色，要有自己的特殊风格，独树一帜。""艺术上'全盘西化'被接受的可能性很小，还是以中国艺术为基础，吸收一些外国的东西进行创造为好。"邓小平同志指出："所有文艺工作者，都应当认真钻研、吸收、融化和发展古今中外艺术技巧中一切好的东西,创造出具有民族风格和时代特色的完美的艺术形式。"因此,我们要学习借鉴世界优秀文化成果,与中华文化融会贯通,创造出具有中国风格、中国气派的文化作品。

推动传统文化创新发展。立足新时代,推动中华优秀传统文化的创造性转化、创新性发展,需要注重使中华民族的文化基因与当代文化相适应,与经济社会发展方向相协调。其中,关键是处理好继承和创新的关系,处理好文化传统与当今时代的关系,着重解决当今中国的发展问题,在倾听时代声音中回应时代要求。只有不忘本来才能开辟未来,只有善于继承才能更好创新。进一步说,守正是创新的前提和基础。所谓"守正",一是坚持马克思主义在文化领域的指导地位,二是传承和赓续中华优秀传统文化。所谓"创新",则是在新的时代语境下,赋予传统文化以新形式和新表达。

四、坚持创造性转化和创新性发展

中华优秀传统文化是中华民族的宝贵文化财富,围绕传承发展中华优秀传统文化,许多著名学者都提出过一些有影响的方法,如"中体西用"的方法、"抽象继承"的方法、"综合创造"的方法等。中国共产党成立后,十分重视中华优秀传统文化的传承发展,提出和实施了许多弘扬中华优秀传统文化的方针政策。党的十八大以来,习近平总书记高度重视传承发展中华优秀传统文化,在总结前人文化理论和实践经验基础上,提出了推动中华优秀传统文化"创造性转化和创新性发展"的重要思想,为新时代传承发展中华优秀传统文化提供了科学原则和方法。

要秉持客观、科学、礼敬的态度。由于中国传统文化自身内容庞杂,近代以来又遭遇西方文化的严峻挑战和一些学者的严厉批判,这就使人们对中华优秀传统文化产生了一些偏激的看法。总体来看,对待中华优秀传统文化有三种偏激态度:彻底否定的虚无主义态度、过度拔高的复古主义态度、唯利是图的功利主义态度。偏激的文化态度和观念阻碍中华优秀传统文化的传承发展,这已经被中华文化建设的实践所证明。国学大师钱穆认为,对国家的历史应有一种"温情与敬意",就要对中华优秀传统文化秉持客观、科学、理性的态度,我们要客观认识中华优秀传统文化的辉煌成就和巨大价值。毛泽东同志指出:"中国的长期封建社会中,创造了灿烂的古代文化。"虽然中国传统文化中也有许多"糟粕",但如果进行权衡比较,"精华"部分远大于"糟粕"部分,"优秀传统文化"在整个传统文化中占据主体。近代以来,在中华民族救亡图存过程中,"天行健,君子以自强不息"的自强精神,"周虽旧邦,其命维新"的求新精神,"天下兴亡匹夫有责"的爱国精神等优秀民族精神,对中华民族追求民族独立和人民解放起到了坚强的精神支柱作用。新中国成立后,中国当代文化并没有也无法割断与中华优秀传统文化的血脉联系,中国当代文化是以马克思主义为灵魂、以其他国家优秀文化为借鉴、以中华优秀传统文化为源泉的新文化。以社会主义核心价值观为例，其十二个价值范畴，既体现了社会主义的价值原则，又借鉴了人类社会的文明成果，同时也是中国传统价值在当代的升华。中国当代文化是根植于中华优秀传统文化沃土中的，离开了这片沃土，当代文化就成了无源之水、无本之木，就失去了生命力和创新力。

要取其精华、去其糟粕。中国传统文化中固然存在一些糟粕，但作为传统文化中的精华部分，中华优秀传统文化理应受到今天人们的礼敬。对待中国传统文化，我们应当以批判继承的方法，取其精华、去其糟粕。必须将古代封建统治阶级的一切腐朽的东西和古代优秀人民文化即带有民主性和革命性的东西区别开来，取其精华、去其糟粕，而不能采取全盘接受或者全盘抛弃的绝对主义态度。

要赋予新的时代内涵和现代表达形式。"文变染乎世情，兴废系乎时序。"任何文化作品，都有产生的时代，都会不可避免地打上时代的烙印，都会具有相应时代的文化内涵和文化形式。中华优秀传统文化产生发展于中国古代社会，具有中国古代社会的思想内涵和文化形式。中国特色社会主义进入新时代，人民群众对文化作品的思想内涵和文化形式都有了新的要求。因此，我们今天对待中华优秀传统文化，不能简单地原样继承和生搬硬套。在文化形式上要赋予中华优秀传统文化新的表达形式。我们既要做到"旧瓶装新酒"，也要做到"新瓶装旧酒"，从而做出人民群众喜闻乐见的文化"好酒"。

今日之中国，越来越成为"世界之中国"。源自中华优秀传统文化、熔铸于革命文化和社会主义先进文化的中国特色社会主义文化，为促进人类文明进步做出了重要贡献，为推进人类文明新形态实践提供了强大精神动力。当前，国家积极推动中华优秀传统文化的创造性转化、创新性发展，文化数字化是不可替代的有效路径，是激活传统文化资源、形成文化新业态的重要方式和手段，也是赢得年轻人喜爱并使之"活起来"的现实选择。对文化强国建设来说，更是抓住了信息技术革命重要战略机遇期的一种体现。

立足新的历史方位，坚定不移推进中华民族伟大复兴历史进程，需要中国特色社会主义文化的引领，尤其需要中华优秀传统文化的支撑，在加强改革开放中积极推动中外文明交流互鉴。胸怀天下的中国共产党，是中华优秀传统文化、革命文化和社会主义先进文化的传承者和弘扬者，她的眼光始终向着人类文明跃升的方向，必将为人类文明进步做出新的更大贡献。

要坚持用辩证唯物史观的立场方法看待中华民族优秀的传统文化，传承和学习中华民族传统文化中的积极文化因子，在不断传承发展和学习中激活中国传统文化精华，丰富社会主义先进文化，保证传统文化中积极文化因子的完整性，通过对传统文化的系统学习和认识，增强传统文化中积极文化因子的创造性转换，促进中华民族传统文化自我认同的树立，从而激发文化自信的内在动力。其次，我们要消除文化自卑心理，保持开放发展兼容并包的文化发展姿态，用科学、严谨、客观的态度，彰显中华文化的包容性、开放性、创造性以及中国人民文化发展的自主选择性，提高社会各个领域内文化交流的机会，不断吸收外来文化的先进性和科学性，让文化在不断的思想碰撞中取得持续性创新发展，在国际文化交流中实现同步互塑，完善文化现代化发展，让人们从内心感知中国特色社会主义文化和思想的感召力和牵引力，从而建立起文化自信的心理根基。最后，要坚持树立文化理论创新的自觉性，创新中国文化发展，加快文化产业的创新性发展和创造性转化，在国际上建立中国文化交流话语体系，增强国际文化交流发展中的主动权，加强新科技文化产业发展，在增强文化影响力的同时提高文化自觉、坚定文化定力、彰显文化立场、积淀文化底气，真正从社会心理层面上建构起文化自信。

第七章　在改革创新中增进文化自信

民族的创造力是我们生存和发展的基本能力，文化的创造力让我们拥有了更为坚定的文化自信。创造是文化的生命所在，是文化的本质特征。实现文化自信，最根本的就是推动文化创新。文化创新是一个民族永葆生命力和凝聚力的重要基础，也是推动社会发展的精神动力。中国特色社会主义先进文化的建立，是创新与改革的成果，更是一种文化自信的表现。党的二十大报告强调要"激发全民族文化创新创造活力，增强实现中华民族伟大复兴的精神力量"，这就要求我们以高度的社会责任感和历史使命感，在推进文化创新中增进文化自信，不断铸就中华文化新辉煌。

一、积极推进文化体制机制改革

文化体制是文化价值的外在体现。文化体制改革是文化精神、文化价值发生改变的必然结果。文化体制改革不仅是解放和发展文化生产力的根本途径，而且是增强党的执政能力的需要，是新时期推进国家治理体系和治理能力现代化的需要。

文化自信主要是对自身文化价值的充分肯定，对自身文化生命力的坚定信念，是对文化进步的向往与不懈追求。自党的十一届三中全会以来，文化体制改革以文化自觉自信为指导，以改革创新为路径，大致经历了探索、全面展开与全面深化三个阶段。在探索阶段，以艺术表演团体改革为起点，在所有制结构、市场主体、市场管理、经济政策等方面进行了探索性改革，为进一步推进文化体制改革积累了经验。在全面展开阶段，构建了文化体制改革的基本框架，围绕重塑市场主体、完善市场体系、改善宏观管理、健全政策法规、转变政府职能等主题，经过试点逐步推开。在全面深化阶段，围绕解决人民群众美好生活的新期待，文化体制改革全面深化，为进一步解放生产力创造了条件。在推进治国理政进程中，习近平总书记高度重视文化建设，将其纳入"五位一体"总体布局和"四个全面"战略布局进行部署，就文化改革发展的一系列重大问题作出深刻阐述，体现了我们党对中国特色社会主义文化建设规律的深刻把握，丰富和发展了马克思主义文化理论，为深化文化体制改革指明了方向、提供了遵循。

在此过程中，中国共产党坚持从各地实际情况出发，遵循其自身规律，对新情况要求及时应对，并作出新的规划和设计。尤其是党的十八大以来，在以习近平同志为核心的党中央坚强领导下，宣传文化战线高举改革旗帜、聚焦"四梁八柱"、锐意攻坚克难，在巩固已往改革成果基础上，推动文化体制改革在新的起点上纵深拓展，取得一批具有开拓性、引领性、标志性的制度创新成果。先后出台了两效统一、媒体融合发展、高端智库建设，组织开展了文化领域一系列重大改革试点，搭建起中国特色社会主义文化制度的"梁"和"柱"。

（一）强化顶层设计引领作用

文化体制改革是一个不断探索、实践、完善的过程。以充分的文化自觉与文化自信强化顶层设计，是中央进行文化体制改革的重要举措。2002年，党的十六大首次将文化分成文化事业和文化产业，并提出"抓紧制定文化体制改革的总体方案"。2003年党的十六届三中全会指出，文化体制改革目标是按照社会主义精神文明建设特点和规律，适应社会主义市场经济发展的要求，逐步建立党委领导、政府管理、行业自律、企事业单位依法运营的文化管理体制，这一时期，推进政企、政事、政资分开和管办分离是文化体制改革的主要任务之一。先后出台了多个文件，2003年《关于文化体制改革试点工作的意见》、2005年《关于深化文化体制改革的若干意见》、2011年党的十七届六中全会决定、2011年《国家"十二五"时期文化改革发展规划纲要》等都明确要求文化行政主管部门进一步明确职责，推进政企分开、政资分开、政事分开、政府与市场中介组织分开，进一步理顺与所属企事业单位的关系。

党的十八大确立全面建成小康社会的奋斗目标，指出必须"不失时机深化重要领域改革……构建系统完备、科学规范、运行有效的制度体系，使各方面制度更加成熟更加定型"，并提出了深化文化体制改革的内容。这为文化体制改革全面开展指明了方向。逐步形成"一个工程"和"四大体系"，即文化精品创作工程和现代公共文化服务体系、中华优秀传统文化传承体系、现代文化产业体系、对外文化交流体系，搭建起文化艺术领域具有"四梁八柱"性质的改革主体框架。党的十八大以来，深化行政审批改革是推进依法行政的重要内容，对于进一步转变政府职能、减少政府对微观活动的干预、加快建设法治政府和服务型政府具有重要意义。具体体现在文化领域，就是要推动简政放权，提高行政效能，加快深化文化行政审批制度改革，不断清理、减少和规范行政审批事项。

党的十八大以来，坚持把法律化、规范化建设作为深化文化体制改革、推动文化事业文化产业繁荣发展的重要内容。十八大之前，我国就已经出台了《公共文化体育设施条例》《中华人民共和国文物保护法》《关于非公有资本进入文化产业的若干决定》《著作权集体管理条例》等系列法规，为文化体制改革保驾护航。但随着社会的发展，文化领域高层级的基本法律欠缺、效率偏低问题逐渐显现，为改变这一现状，文化战线切实加快文化立法步伐，提升文化立法层级，加强文化领域基本法律建设。如2016年12月25日，十二届全国人大常委会第二十五次会议通过了《中华人民共和国公共文化服务保障法》，为文化领域又添加一部基础性法律。《公共文化服务保障法》规定了各级政府在公共文化服务组织、管理、提供保障中的职责，为公共文化发展提供了坚实的保障。

加强政策调节、市场监管、社会管理和公共服务是行政管理部门的四项重要职能，是建设法治政府和服务型政府的必然要求。近年来，各级文化行政管理部门加快政府职能转变，基本实现了由主要管理直属单位向社会管理转变，由以行政管理手段为主向综合运用法律、经济、行政、技术等多种管理手段转变，文化行政管理部门的管理水平和服务能力得到有效提升。中央制定出台了国家"十一五""十二五""十三五""十四五"时期文化领域的改革发展规划纲要、文化产业振兴规划等。相关主管部门制定了专门性意见等，各地结合本地实际情况，精心谋划，相继出台了文化改革发展规划，有力推动了文化事业和文化产业的迅猛发展。各级文化行政主管部门着眼于建立依法经营、违法必究、公平交易、诚实守信的市场秩序和公开、公平、公正的市场竞争环境，深化文化市场综合执法改革，发挥行业协会在社会组织运行中的作用，建立了协调有序的综合执法运行机制。

党的二十大报告中，"改革"再次成为高频词，在文化领域，"坚持把社会效益放在首位，社会效益和经济效益相统一，深化文化体制改革，完善文化经济政策"。实际上，一些地区的文化体制改革，已经取得了一定的成效。山东作为经济大省和文化大省，特别注重在文化建设尤其是文化体制机制改革中的探索与示范作用，在加强顶层设计上做好表率作用。为了完善文化宏观管理体制，山东以社会主义核心价值观引领文化改革发展。"十三五"期间，出台加快现代公共文化服务体系建设实施意见，实施县级融媒体改革，136个县（市、区）全部挂牌成立县级融媒体中心，报、网、端、微覆盖人群超过2亿人。成立省国有文化资产管理理事会，建立健全党委政府监管有机结合的国有文化资产管理体制。组建山东互联网传媒集团、广电传媒集团、国欣文旅集团。规划建设曲阜优秀传统文化传承发展示范区，建成尼山圣境、孔子博物馆等重点项目。威海刘公岛建成全国首个国家安全教育基地，"军民生死与共、水乳交融"的沂蒙精神得到进一步弘扬。进入新时代，面对大有可为的历史机遇期，山东坚持以习近平新时代中国特色社会主义思想为引领，以改革为突破点，大力推动文化高质量发展，不断把文化强省建设推向新的高度。

（二）破冰文化体制机制改革

深化文化体制改革是在转变经济发展方式的背景下，释放国家文化创造力和经济发展活力，推动经济社会健康和持续发展，实现文化强国战略的重要举措。改革的最终目的是通过形式和方法的变化破除制约文化发展的桎梏。党的十八大和十八届三中全会对深化文化体制改革作出部署，改革主要方向放在了建立现代企业制度、发展新兴文化产业、完善公共文化服务工作等方面。2014年3月，《深化文化体制改革实施方案》正式出台，这是中央全面深化改革委员会审议通过的第一个专项小组改革方案。该方案为今后一个时期的文化改革发展确立了时间表、布置了任务书，新一轮文化体制改革开始进入全面实施阶段。

文化体制改革的重要任务之一是推进国有经营性文化单位转企改制、培育市场主体。改革是否取得实质性进展，就看文化市场主体的活跃度。以体制改革为抓手，以文化领域不同行业、不同单位的性质和特点为谋篇布局的出发点，以打造一大批国有文化企业和企业集团为抓手，着力增强它们的实力和市场影响力。尤其是出版、发行、电影业，这些行业是最具备市场竞争力，最具有活力，最具有创造力的。只要政策给力，必然能在完成全行业转企改制的基础上，建立起现代企业制度。在这过程中，成熟一批发展一批，推进歌舞、杂技、曲艺、地方戏曲等市场发育相对成熟的国有文艺院团率先转企改制，推动尚不具备转制条件的文艺院团实行事业单位企业化管理，以增强其创新改制的内生动力。此前，率先试水探索的江苏文艺院团改革，一是推广院团由公司制向股份制转变，如江苏省演艺集团成立于2001年，是江苏唯一的省属演艺类文化企业，经资源优势整合，现旗下拥有10个院团和6个子公司，集团四度蝉联"全国文化企业30强"，七度获得"国家文化出口重点企业"称号。再如南京市属文艺院团，2012年2月，六个剧团整体划转南京市文化投资控股集团，由南京市演艺集团有限责任公司统一管理。在坚持"创新体制、转换机制、面向市场、壮大实力"的发展思路指导下，南京演艺集团已成为国内知名的专业演艺事业平台，编排的话剧《雨花台》在全国各地演出后，获得社会各界广泛赞誉，荣获全国"五个一工程"优秀作品奖。2022年南京文化艺术节期间，通过精品原创剧目展演、"新时代颂"主题展览、新时代文艺评论、"11+1"区喜迎二十大主题联展、"遇见夜金陵""梅花戏剧角""金陵大剧场"七大板块，举办演出、展览、论坛等一系列活动，增强了城市文艺气质，赋能城市高质量发展，为迎接党的二十大胜利召开营造了浓厚文化氛围。二是平衡公共资金投入比例，探索小众院团非营利机构模式，重点扶持一批体制新、机制活、有地方特色、有发展潜力的院团。三是坚持社会效益优先。在坚持党管媒体的前提下，积极稳妥地推进党报党刊发行体制改革，电台电视台制播分离改革、非时政类报刊改革和重点新闻网站转企改制，在遵循新闻传播的规律的前提下做大做强主流媒体。适应"三网融合"的新趋势，加快推进各级广电网络传输机构转企改制和资源整合，构建新的广电运营主体。

公益性文化单位改革是事业单位改革的重要组成部分。进一步深化文化事业单位改革，一方面要与国家事业单位改革相衔接，积极推进人事、收入分配和社会保障制度改革，另一方面要立足突出公益属性、凸显服务职能、增强发展活力，以便形成责任明确、行为规范、富有效率、服务优良的运行机制。只有赋予文化事业单位应有的自主管理权限，才能激发单位内生动力，从而探索建立和完善现代法人治理结构的路径。2014年，南京图书馆入选文化部确定的10家国家公共文化机构法人治理结构改革试点单位，同年11

月，南京图书馆成立了首届理事会、监事会成立大会，实行"四位一体"的管理体制和运行机制，初步建立了法人治理结构，2015年，南京图书馆的改革试点工作获国家文化创新工程立项。不断探索符合基层特点、群众喜闻乐见的新的公共文化服务方式，鼓励条件成熟的文化单位开展流动服务、联网服务，鼓励社会机构积极参与。2022年，从文化地标到IP"南小茉"，从公共文化阵地到非遗实践基地，从阅读空间到文化走读，在文化和旅游融合发展的道路上，南京图书馆利用馆藏宝贵资源和自身品牌优势开展各项宣传，积极探索文旅融合创新发展，通过打造IP形象、推广阅读文化、推进文化交流等多元化途径，整合公共文化资源，促进文旅深度融合，推动文化民生迈上新台阶。

在健全领导体制和工作机制的进程中，提高市场监管效率和依法行政水平。在经营性文化单位转企改制深入推进的形势下，探索建立权利义务责任相统一、管人管事管资产相结合的新型国有文化资产管理体制。坚持繁荣市场和行政管理两手抓，引导广大文化工作者和文化企事业单位自觉承担文化自强的时代使命，以社会效益为先，实现经济效益和社会效益有机统一。

（三）坚定不移地将文化体制改革引向深入

党的十九届四中全会要求，要"深化文化体制改革，加快完善有利于激发文化创新创造活力的文化管理体制和生产经营机制"。文化体制改革是坚定文化自信的基石。只有认真学习领会习近平总书记关于文化建设与深化文化体制改革对坚定文化自信的重大意义，才能在新时代把文化体制改革更好地引向深入，不断筑牢文化自信之基。我国的文化体制改革与改革开放相伴相生，在四十多年的探索中，经验与教训，艰难与成功并存。我国文化体制改革从2003年起开始试点，到2006年由试点转向在全国全面推开，已经取得了不小的成效。而当前，要推进文化建设在新时代的创新升华，必须进一步将文化体制改革推向深入，任务虽然会十分艰巨，但前景也会一片灿烂。

深化文化体制改革是一项事关国家全局的重大决策，战略意义十分深远。首先，从国际上来看，在当今全球化时代，文化的力量借助信息技术和手段得以无限地放大，在国际社会中扩张了国家的力量，成了国家综合国力中不可或缺的重要组成部分。当今，提高文化软实力是世界各国的重要发展战略，而我国的文化建设虽然在改革开放以来取得了巨大的成就，但我国文化在国际上的竞争力还很小，这不仅与我国文化资源大国的状况不相适应，也与我国的国际地位不相适应。因此，为了加快我国文化发展的步伐，就必须深化文化体制改革，把我国从文化资源大国转变为文化强国，发展与我们世界大国相称的文化软实力，增强我们的文化自信。其次，从国内来看，与我国经济社会发展水平和人民群众日益增长的精神文化需求相比，我国文化发展的步伐相对滞后。作为发展中的社会主义国家，我国文化的整体水平还不高，其在推动我国经济社会发展中的积极作用还没有充分地得以发挥。因此，我们应充分认识发展中国特色社会主义文化的重要性，以科学发展观为指导，切实把文化建设纳入经济社会发展的全局之中，更加积极主动地推动我国文化的繁荣发展。最后，从文化自身的发展情况来看，我国文化体制改革进程迟缓；文化产品和服务在数量和质量上，尤其在质量上都还不能充分满足人民群众的需求；具备国际竞争实力的文化企业还较少。因此，加快文化体制改革的步伐，尽快提高我国文化的竞争力和实力，是我们当前亟须解决的重要问题。

目前我国文化体制改革已经进入深化和攻坚阶段，此时不但改革难度加大，而且成本很高。这对我们来说，不仅需要有大勇大智，而且还要弄清楚我们亟待解决的问题，只有这样，我们才能推动文化体制改革向纵深顺利进行。当前，深化文化体制改革，我们尤其应注意以下几个关键环节。首先，深化文化体制改革要有鲜明的意识形态属性。习近平总书记在庆祝改革开放四十周年会议上指出："改什么、怎么改必须以是否符合完善和发展中国特色社会主义制度、推进国家治理体系和治理能力现代化的总目标为根本尺度，该改的、能改的我们坚决改，不该改的、不能改的坚决不改。"习近平总书记的讲话精神为进行文化体制改革提供了基本遵循。在文化体制改革的实践进程中，我们应准确把握中国特色社会主义理论体系和制度体系的内容，以此为引领，保证文化体制改革沿着中国特色社会主义方向推进。其次，深化文化体制改革要坚持以文塑魂。文化是一个民族的根和魂，中国特色社会主义文化的魂就是我们的社会主义核心价值观，价值观决定文化的取向和生命力。在新时代文化体制改革的推进过程中，我们尤其要把握好文化的经济效益与社会效益的关系，把社会效益摆在文化建设首位，以文塑魂，凝心聚力，始终把社会主义核心价值观作为文化软实力建设的重点，以此来发展繁荣社会主义的文化事业，不断培植出高度的文化自信。最后，深化文化体制改革要以激发全民族文化创新活力为中心环节。文化体制改革的目的就是把社会主义文化事业放开搞活，激发文化创新的活力，扫清文化发展的体制性障碍。创新是文化发展的不二法宝，人类文化发展史就是一部文化创新史。新时代的文化体制改革应以此为追求，汲取古今中外文化发展建设之精华，大力营造激发全民族文化创造活力的社会环境，使一切创新因素得到尽情发挥，让创新成为文化领域的主旋律，以此推动我国文化事业的蒸蒸日上，让中华文化的比较优势日益彰显，在实践中不断提升中华民族的文化自信。

当前，我国推进文化体制改革向纵深发展的条件更加完备。首先，党中央、国务院对文化建设的高度重视，为文化体制改革提供了有力的领导保证。其次，我国综合实力的不断增强，为改革提供了丰厚的物质基础。最后，文化体制改革政策措施的不断完善，为改革提供了坚实的保障。因此，我们要抓住机遇，充分认识到文化体制改革的重要性和紧迫性，进一步解放和发展文化生产力，为文化建设提供良好的体制机制基础。

（四）完善以高质量发展为导向的文化经济政策

党的十九届四中全会指出："健全现代文化产业体系和市场体系，完善以高质量发展为导向的文化经济政策。"文化自信的提出，将我国的文化建设提升到了一个新的高度。要实现文化自信，必须在充分肯定自身优秀文化的前提下，结合时代需要，不断推进文化建设的创新升华，繁荣发展。而资金是文化创新发展的重要保障，没有对文化建设的大投入，就不会带来文化的大产出。加大对文化建设的投入力度对于推进文化建设、培育文化自信有着至关重要的意义。就当前来看，我国对文化建设的资金投入还很不足，并且建设效益也不高。文化建设投入状况是制约文化发展的关键因素，因此对这一问题进行深入研究具有重要的意义。从世界各国文化建设的经验来看，文化投入的主渠道应该是政府，但同时也离不开全社会的广泛参与。因此，在借鉴国际发达国家文化建设经验的基础上，我国应当建立政府投入与民间融资相结合的文化资金投入机制，多方面为文化发展筹集资金，解决我国文化建设投入问题，花大力气繁荣我国的文化建设事业。

第一，我们要加大政府对文化建设的投入力度。文化建设之所以需要加大政府的投入力度，客观上也是由文化自身的一些特点决定的。一是文化建设中公益性文化事业占有相当一部分比重，而对公益性文化事业的赞助资金回报率是比较低的。二是文化产业是一种高投资、高风险、高不确定性的产业，其投资风险大，失败例子多。三是我国的文化产业目前还处于起步阶段，多数企业规模小、实力弱，资本积累时间短，融资能力低。以上这些因素决定了加快我国文化事业的建设与发展，缓解文化建设中的资金瓶颈问题，需要各级政府的大力扶持和资助。要加大对文化的投入力度，首先，政府要在经济建设的同时努力造就浓厚的文化氛围，尽快克服社会上仍存在的对文化事业的忽视和偏见，把文化建设当作利在当今、功在千秋的伟业。其次，政府应通过立法等有效机制，保证文化投入在整个社会经济支出中的合理比例，并切实加大政府对公益性文化事业的投入。

第二，畅通民间融资渠道。要积极引导民间资本投资文化建设事业，就要把民间资本的积极性调动起来，坚持"谁投入、谁所有、谁受益"的原则，让社会和个人不仅成为文化的消费群体，而且也成为文化建设的群体，形成社会、个人与政府通力协作，共同建设文化事业的大好局面。党的十九届四中全会明确指出，要鼓励社会力量参与文化服务体系建设。要让社会、广大民众参与到文化建设中来，一是要鼓励社会和个人对文化建设的投资，争取让更多的非文化企业、社会机构、个人以及外资参与到文化市场的竞争中，允许跨地区、跨行业、跨部门的兼并收购等资产运作，增强他们发展的后劲。二是要进一步降低准入门槛，制定完善的促进资本进入文化产业的指导性政策措施，鼓励和支持民营资本以多种方式进入文化市场，让其在财产权、经营权等方面享有与公立文化事业单位同等的待遇。三是对境外投资者，我们要积极地提高文化行业的开放度。

第三，提高文化建设的效益。加大投入力度对于我国的文化自信建立意义重大，但如何把投入的有限资金用在"刀刃"上，提高投资收益，更是问题的关键。要提高文化建设的效益，一是要搞好财务监督。如何管好、用好投入的资金，使其充分发挥使用效益，是各文化单位的负责人都会面临的一个现实问题。要从根本上解决这一问题，就要制定有关的财务、审计管理制度，保证资金的专款专用。二是建立政府公共文化事业投入绩效考评制度，提高资金使用效率。

总之，在当今文化全球化和发展社会主义市场经济的背景下，我们应该牢牢把握机遇，增加文化发展和文化现代化的自觉性，从社会发展战略的高度加大对文化建设的投入并提高其建设效益，不断促进文化事业的发展，开创我国文化建设新局面。唯有如此，才能为文化自信的建构打下更坚实的基础。

二、加快推进文化事业繁荣发展

文化自信重要的衡量指标就是能否满足人的文化需要和精神追求。习近平总书记强调："实现中国梦，是物质文明和精神文明均衡发展、相互促进的结果，是两个文明比翼双飞的发展过程。"推动社会主义文化建设，发展公益性文化事业是首要的且不可回避的。改革开放以来，文化事业蓬勃发展，为社会提供源源不断的精神产品。党的十八大以来，在以习近平同志为核心的党中央坚强领导下，围绕全面建成小康社会目标和"五位一体"总体布局，文化建设取得了重大进展，当代中国文化意识的普遍觉醒与中华民族整体性文化素质和文化能力得到了历史性提升。文化事业发展不断创新，现代公共文化服务体系初步形成，文化需求快速增长，发展空间不断扩大，为稳步推选文化强国建设，实现全面建成小康社会目标提供了有力支撑。

（一）服务体系不断完善

公共文化服务作为现代政府的重要职能，是提升文化软实力的重要路径。改革开放以前，我国文化的发展以满足人民群众基本文化需求为主。改革开放以来，随着社会的发展，人们的需求结构逐步从"温饱型"向"发展型"转变，对公共文化服务的需求越发旺盛，文化生产力得到了进一步释放。新世纪以来，尤其是党的十八大以来，公共文化服务提升为国家战略，公共文化服务的治理理念不断更新，当代中国文化治理的基本发展路径经历了三个阶段，从文化管理向文化治理转变，从片面强调文化的意识形态训导功能或经济功能，转向注重公民文化权利的实现。公共文化的价值诉求不断升级，由构建现代公共文化服务体系，向十九大报告提出的"满足人民过上美好生活的新期待，必须提供丰富的精神食粮"转变。服务方式不断优化，从"送文化"，到"种文化"，进而到"菜单式""惠文化",供给模式不断优化。这种理念的转变、服务方式的升级,充分显示了我国文化自信的不断增强,极大地激发了社会的活力和文化创新力。

党的二十大报告进一步提出要"实施国家文化数字化战略,健全现代公共文化服务体系,创新实施文化惠民工程"。这里的公共文化服务体系,脱胎于中华人民共和国成立之初建立的国家文化事业体系,但又是对原有文化事业体系的超越。当前,完善公共文化服务体系,是新时期保障和改善人民群众基本文化权益的重要途径,是提高中华民族全体人民文化素质的重要抓手,是在全心全意满足人民群众文化生活需求的同时弘扬社会主义核心价值观的重大战略任务,同时也是建设服务型政府、履行好政府公共服务职能的应有之义,对于加快全面建成小康社会推动经济社会,全面协调发展具有重要战略意义。

公共文化服务体系的提出,是文化事业创新性发展的必然结果,是满足人民对美好生活的新期待的必然要求,是文化自觉的内在要求。改革之初,在计划经济向市场经济的艰难转型中,原有的文化事业理念已经跟不上文化发展的需求,必须要用全新的理念来推动建构公共文化服务体系的建立。2004年,国家发改委颁布《关于2004年经济体制改革的意见》,提出要"建立健全公共文化服务体系"。这是"公共文化服务体系"首次出现在面向全国具有指导意义的文件中,这是推动文化事业创新的重要显现。2005年10月,党的十六届五中全会通过的《中共中央关于制定国民经济和社会发展第十一个五年规划的建议》提出:"要加大政府对文化事业的投入,逐步形成覆盖全社会的比较完备的公共文化服务体系",这是"公共文化服务体系建设"概念首次在党的公开文件中提出,并首次对公共文化服务体系进行了一定的修饰,采取"加快建立覆盖全社会的""比较完备的"为定语的新提法,对今后的工作给出了指导性的意见。2006年9月,中办、国办发布了《国家"十一五"时期文化发展规划纲要》,就"公共文化服务"问题,单列篇章,进行重点论述,其内容包括完善公共文化服务网络、创新公共文化服务方式、健全公共文化服务体制和运行机制、维护低收入和特殊群体的基本文化权益以及加强农村文化建设五大方面。2012年7月,国务院颁布《国家基本公共服务体系"十二五"规划》,将公共文化服务体系建设作为重要部分纳入其中。

随着全党全社会文化自觉和文化自信的增强,尤其是习近平总书记多次就文化建设发表重要讲话,为社会主义文化建设指明了方向,公共文化服务体系建设不断完善。党的十八大提出到2020年基本建成公共文化服务体系的战略目标。围绕这一目标,十八大以来,中央围绕建设社会主义文化强国,对公共文化服务体系建设提出了新的要求,积极推动公共文化服务体系向现代公共文化服务体系转变。2015年,中办、国办印发《关于加快构建现代公共文化服务体系的意见》,强调要统筹推进公共文化服务均衡发展、增强公共文化服务发展动力、加强公共文化产品和服务供给、推进公共文化服务与科技融合发展、创新公共文化管理体制与运行机制和加大公共文化服务保障力度。2016年,《公共文化服务保障法》颁布实施，这标志着我国文化法治建设取得了新的进展，也标志着我国公共文化服务体系建设进入法治化阶段。

党的十九大报告指出："没有高度的文化自信，没有文化的繁荣兴盛，就没有中华民族伟大复兴。""要完善公共文化服务体系，深入实施文化惠民工程，丰富群众性文化活动。"经过多年不懈的努力，从中央到基层、从政府到民间，在满足人民精神生活新期待中，我国公共文化服务体系基本框架已经形成，初步实现了从传统文化事业向现代公共文化服务体系的转变，有效满足了人民群众的基本文化需求。据《2020年文化和旅游发展统计公报》统计，截至2020年年末，全国各类文化和旅游单位34.16万个，艺术表演团体17581个，公共图书馆3212个，图书总藏量11.79亿册，全年全国公共图书馆总流通人次5.41亿，群众文化机构43687个，全年共组织开展各类文化活动192.65万场次，服务人次56327.04万。

"十四五"规划及2035年远景目标纲要提出，要加强公共文化服务体系建设和体制机制创新，优化城乡文化资源配置，推进城乡公共文化服务体系一体建设，创新实施文化惠民工程等多项内容，回应广大民众的殷切期望。

（二）设施条件不断改善

党的十八大以来，我国高度重视公共文化服务体系建设，为此先后出台了一系列重要政策文件。2015年1月，中办、国办印发《关于加快构建现代公共文化服务体系的意见》和《国家基本公共文化服务指导标准（2015—2020年）》，对构建现代公共文化服务体系作出全面部署。2015年5月，国务院办公厅转发文化部、财政部、新闻出版广电总局、体育总局《关于做好政府向社会力量购买公共文化服务工作的意见》，明确要求将购买公共文化服务资金列入各级政府财政预算，逐步加大现有财政资金向社会力量购买公共文化服务的投入力度。2017年3月，我国文化领域第一部具有"四梁八柱"性质的重要法律《公共文化服务保障法》正式实施，为明确政府责任，保障人民群众基本文化权益提供了法律依据。这些重要政策文件，初步形成了现代公共文化服务体系的制度框架。在顶层设计的引领下，我国公共文化投入不断加大，覆盖城乡的公共文化服务体系逐渐形成。

文化投入持续增长。2020年，全国文化和旅游事业费1088.26亿元，人均文化和旅游事业费77.08元，均比2012年翻了一倍多。2016—2020年，中央财政共安排公共文化服务体系建设相关资金1081.25亿元。其中，2020年安排232.14亿元。

"书香社会"建设快速推进。据统计，截至2020年年底，我国共有3212个公共图书馆，比2012年增长136个；发放借书证10251万个，比2012年增长近3倍；为读者举办各种活动15万次，比2012年增长近1倍。

"博物馆热"持续升温。截至2020年年底，全国登记备案的博物馆达到5788家，比2012年增长2719家。其中，5214家博物馆免费开放，占全国登记备案博物馆的90%以上；定级博物馆达到1224家、非国有博物馆增至1860家、行业博物馆达到825家，类型多元、主体丰富的现代博物馆体系基本形成。

群众文化活动日益丰富。截至2020年年底，全国共有群众文化机构43687个。其中，乡镇综合文化站32825个，服务群众5.6亿人次，比2012年增长1.2亿人次。2020年，全国文化和旅游部门所属艺术院团共组织政府采购公益演出13.38万场，比2012年增长3.05万场；观众0.86亿人次，比2012年增长约7倍。

"十二五"和"十三五"期间，以扩大公共文化服务广覆盖为主要目标的公共文化基础设施建设取得显著成效，覆盖城乡的公共文化设施网络逐步健全，大大缓解了基本公共文化服务短缺问题。

（三）破解城乡不平衡难题

在我国公共文化服务体系建设中，城乡不平衡的现象突出。党的十八大以来，"补短板"是公共文化服务体系建设的重要方面，公共文化资源配置进一步向基层倾斜。在地市级层面，中央财政持续支持地市级公共图书馆、博物馆和文化馆新建和改扩建。在县一级，文化部、财政部等五部委联合印发《关于推进县级文化馆、图书馆总分馆制建设的指导意见》，推动优质服务向基层延伸，扩展图书馆、文化馆的服务阵地和服务资源。目前，全国各地已广泛建立县级文化馆、图书馆总分馆制。例如，上海市已实现区级图书馆、文化馆总分馆制全覆盖；广东省二级以上图书馆、文化馆已全部实现总分馆制等。

为解决基层文化设施"空壳"问题，中央财政专门安排资金，对基层文化设施维修和设备购置进行补助，不少地区已建成布局合理、功能配套、供需衔接、各具特色的基层综合性文化服务中心。例如，在四川省邛崃市夹关镇郭坝小区综合文化服务中心，多功能室、电子阅览室、农家书屋、广播室等文化设施一应俱全，能够提供体育健身、文艺表演、电影放映、技能培训、便民服务等文化、生活"一站式"服务；陕西省澄城县尧头村基层综合文化服务中心聚焦国家级非遗项目尧头窑黑瓷技艺，建立常态化的地方文献征集工作机制，挖掘黑瓷烧制技艺传承人。

党的十八大以来，我国基本公共文化服务标准化、均等化建设也得到加强。《国家基本公共文化服务指导标准（2015—2020年）》对读书看报、收听广播、观看电视、观赏电影、送地方戏、设施开放、文体活动7大项基本服务项目和文化设施、广电设施、体育设施、流动设施、辅助设施5大类设施的标准作出了明确规定。"十三五"期间，全国31个省（区、市）制定了具体实施标准，333个地市、2846个县出台了基本公共文化服务目录，对提升基层公共文化服务水平发挥了重要作用。

贫困地区公共文化服务体系建设得到跨越式发展。按照中共中央、国务院关于打赢脱贫攻坚战的总体部署，近年来，我国公共文化服务资源进一步向贫困地区倾斜，陆续实施了贫困地区戏曲进乡村、村综合文化服务中心和县级应急广播体系设备购置等文化惠民扶贫项目。截至2020年年底，中央财政累计为贫困地区11.3万个村文化活动室购置了基本公共文化服务设备，为3.2万个村综合文化服务中心购置广播器材，支持1.3万个乡镇提供以地方戏为主的文艺演出约39万场，为442个贫困县购置应急广播体系设备。

（四）服务效能迈上新台阶

党的十八大以来，公共文化服务体系建设瞄准群众日益增长的精神文化需求，不断丰富优质公共文化产品资源供给，持续提升服务效能，人民群众对公共文化服务的满意度不断提高。长期以来，公共文化服务被视为"政府包办"的文化职能，基层群众则属于"积极响应"的主体。近年来，各级政府部门积极对接百姓需求，推动公共文化服务从"政府端菜"向"群众点菜"转变，各地的探索实践令人耳目一新。例如，河南省打造公共文化供需服务平台"文化豫约"，通过收集群众的公共文化需求，找到供应主体，再配送至文化场馆为群众提供服务；江苏省常熟市启动公共文化创新项目配送服务活动，通过答辩展示、审核筛选，统筹常熟市和周边优质文化资源入选"配送菜单"，实现高品质的精准文化惠民。

此外，众多博物馆通过丰富陈列展览、开发文创产品、探索数字传播等方式提高服务水平。越来越多的博物馆通过开启"夜游"模式拓展服务时间，截至2020年10月，国家一、二、三级博物馆夜间开放率为11.6%；借助高科技手段提升参观体验，南昌八一起义纪念馆打造的多媒体场景"攻打敌军总指挥部"，让参观者身临其境体验紧张激烈的战斗环境，带来震撼的参观体验；积极开发文创产品，江苏苏州博物馆推出400多年树龄的紫藤树种子和国宝风味抹茶饼干；三星堆博物馆推出"出土味""青铜味"两款冰激凌；故宫博物院推出美妆礼盒；等等。

公共图书馆也主动探索升级服务模式，从过去等待读者上门，到革新求变主动追逐客流，打造城市书房，以更轻松、舒适的姿态出现在大街小巷。浙江省温州市在2014年启动城市书房建设，温州市政府连续5年将城市书房列入政府民生事实项目，并颁布《温州市城市书房建设和管理办法》《温州市城市书房扶持补助办法》等文件，进一步规范了城市书房的建设、管理、服务、考核等。2021年9月，文化和旅游部公布《关于批准2021年第一批文化和旅游行业标准计划项目立项的通知》，其中由温州市图书馆牵头起草的行业标准《公共图书馆馆外服务场所服务规范》正式获批立项，标志着温州城市书房建设标准走向全国。截至2021年12月，全市建成112家城市书房，总藏书120余万册，累计接待读者1400余万人次，流通图书1280余万册次，读者对城市书房满意率达到98%以上；山东省威海市将建设城市书房列入2020年民生实事清单，进一步充实"15分钟阅读文化圈"；

广东省韶关市以政府主导、社会力量参与的建设方式，先后投入5280多万元，建设覆盖城区、县、乡、村四级的城市书房71家。

面向"十四五"，我国公共文化服务进入高质量发展的新阶段。2021年3月，文化和旅游部、国家发展改革委、财政部三部委联合印发《关于推动公共文化服务高质量发展的意见》，明确了深化公共文化服务标准化促进城乡均衡发展的重点任务，通过全面落实国家基本公共服务标准，推动地方政府结合当地实际制定地方标准，深入推进城乡一体的公共文化服务标准规范建设，建立健全科学规范的公共文化服务评估标准体系，完善评估结果应用，为公共文化服务标准化均等化建设和高质量发展提供了指引。通过顶层制度设计，为"十四五"时期推动全国公共文化服务高质量发展提供了政策依据和行动指南。

三、建构现代文化产业体系

文化自信是一个国家、一个民族发展中更基本、更深层、更持久的力量，是实现中华民族伟大复兴的中国梦的精神家园和精神支柱。从物质文化需要到美好生活需要，这是质的转变，满足群众美好生活新期待，文化产业是基本的现实保障。文化产业是一种在一定价值观指导下的产业形态，有什么样的价值观就有什么样的文化产品，它是通过精神文化消费实现经济效益和扩大社会效益，文化自信确保了文化产业的发展方向，并引导文化产业不断创新，为文化产业的可持续发展注入了生生不息的动力。文化自信为文化产业提供了由古至今的素材，为文化产品注入了独具文化特色的价值，文化产品和服务是价值传播的有效载体，文化自信不断得到彰显。

文化产业是社会经济文化形态从低级阶段演进到高级阶段后出现的一种经济类型。改革开放四十年来，在文化自信的支撑和引领下，在以人民为中心的理念指导下，文化产业紧抓机遇，坚持从优秀的传统文化中吸收养分，坚持创新，顺应"互联网+"新形势，实现了从"井喷"到精品、从狂热到理性、从"各自为战"到融合发展的转型，文化产业总体规模和实力不断壮大，呈现出健康向上、蓬勃发展的良好态势，正在逐步成为国民经济支柱性产业。即便在整体经济下行压力较大的情况下，文化产业始终保持两位数的增长速度。2023年2月28日，国家统计局公布了《中华人民共和国2022年国民经济和社会发展统计公报》，显示国民经济在复杂的国际环境与艰巨的国内任务下坚定发展。具体到文化产业相关数据，全年全国规模以上文化及相关产业企业营业收入121805亿元，按可比口径计算，比上年增长0.9%，降至近五年最低水平，文化产业在2022年经受了极其严峻的考验。但面向未来，文化产业发展仍然有着乐观的前景。一方面，是尽管营业收入有较快的下降，但是占总体经济的比例却保持了超过10%的水平，为2023年的发展提供了基础。另一方面，对比历史数据可见，尽管疫情会冲击文化产业对于经济的拉动作用，但2021年疫情缓和期的相关数据显示出文化产业的巨大弹性和潜力，也预示着2023年的文化产业甚至会超过2021年，迎来更加迅猛的增长态势，为文化产业的发展态势画出W形增长折线。

（一）现代文化产业体系粗具规模

文化产业体系是现代化经济体系的重要组成部分。党的十五届五中全会首次提出"文化产业"的概念，文化产业被纳入国家发展计划，党的十七大提出"推动社会主义文化大发展大繁荣"，文化产业被纳入国家战略层面，党的十九大报告首次提出"现代化经济体系"这个概念。这是顺应中国经济由高速增长阶段转向高质量发展阶段的客观需要，是习近平新时代中国特色社会主义思想在中国经济建设实践的具体运用。在各项政策措施的有力推动下，各地方有关部门积极构建结构合理、门类齐全、富有创意的现代文化产业体系，取得了显著成效。

传统文化产业优化升级成绩显著。近年来，出版产业结构调整和优化升级取得重要成果。新闻出版系统认真贯彻落实《新闻出版总署关于进一步推动新闻出版产业的指导意见》，推动各个地方出版企业改制升级，我国已经成为世界出版大国，图书、期刊、报纸等纸介质传统出版物印数连创历史新高，发展空间仍在拓展。广播影视产业实现了数量与质量的双提升，我国已经成为影视大国。手机电视、网络电视、IP电视层出不穷，已经成为人民群众收看电视的新途径。电影数字化在制作存储、发行、放映领域实现了全面突破，尤其是国产激光技术作为电影放映领域民族自主技术品牌的代表，也正式走向国际市场。演艺、娱乐和艺术品会展业突破传统演艺单位的壁垒，发展演艺经纪商，加强演出协作网络建设，探索演艺新路径。大力发展电子娱乐业，推动娱乐业态创新，在转型中焕发出新的生机与活力。各类综合及专业文化会展成为促进我国文化产业发展的重要平台。

新兴文化产业成为产业新动能。在当前文化消费形态与互联网叠加的形势下，以互联网创意为代表的新兴文化产业秉持"互联网+文化"理念，已经成为文化产业的发展新势能，现代数字出版产业的新形态、新产品和新服务不断涌现，受众阅读覆盖面不断扩大。目前已形成包括电子图书、数字报纸、数字期刊、原创网络文学、网络教育出版物、网络地图、数字音乐、网络动漫、网络游戏、手机出版物以及基于各种移动终端的数字出版物等在内的较为完备的数字出版体系。民族动漫游戏产业从小到大、由少到多、由弱到强，在各项政策的支持下，游戏产业发展迅速，已经成为文化产业发展的重要增长点。2017年3月以来，腾讯、百度、360、硬核联盟、阿里游戏等大型游戏运营平台企业均宣布游戏上线必须提供完备版权信息和游戏出版许可。2023年2月14日，伽马数据发布《2022全球移动游戏市场中国企业竞争力报告》。报告基于美国、日本、韩国等海外重点移动游戏市场2022年的发展状况，分析指出全球移动游戏市场规模首次缩减，但中国企业海外竞争力稳步上升。从移动游戏营收与利润指数、移动游戏业务成长指数、全球重要移动游戏市场产品指数等维度，遴选出了一批具有代表性的2022年全球移动游戏市场中国企业竞争力25强，网易、三七互娱、世纪华通、中手游等知名企业均入选。

（二）文化产业向规模化、集约化、专业化方向发展

文化产业集群是在当前文化产业领域中有着密切联系的文化产业企业及相关机构在空间上集聚、发挥协同作用、形成强有力的竞争力的现象。当前，进一步发展文化产业集群，能够有效提高文化产业规模化、集约化、专业化水平，这不仅适应社会主义市场经济的发展要求，也是遵循现代产业发展规律，扩大产业规模，提高经济效益，加快转变文化产业发展方式的重要途径。

中央加强顶层设计，进行规划指导，着力在文化产业布局和结构上进行优化，建成一批文化产业强省、强市和区域特色文化产业集群，初步形成规模经济效应，提高了文化产业集约化、专业化发展能力和水平。骨干文化企业和集团规模化、集约化发展成效明显，文化产业园区和基地规划建设得到加强，区域文化产业协调发展得到促进。依托已经形成的经济和文化区域，进一步挖掘和利用比较优势和人文资源，促进区域文化产业协调发展，密切结合我国经济和产业区域化发展特点，因势利导地以建设文化产业中心城市为核心，加快区域产业整合，推动长三角、珠三角、环渤海等地区形成空间集聚效应较为明显的重点文化产业区块或重点文化产业带。发掘城市文化资源，发展特色文化产业，建设特色文化城市，努力形成东中西部优势互补、良性互动的区域文化产业协调发展新格局。北京、上海、山东、广东、湖南、云南等省市文化产业发展势头引人注目，文化产业增加值占当地生产总值的比重已超过5%，增长速度高于当地经济平均增速。只有依托本地文化资源优势，不断创新文化产业的发展思路，才能为促进本地区经济发展方式转变和区域经济转型发挥积极的作用。

近年来，国家在积极发展国有文化企业的同时，制定了一系列促进非公有制文化企业发展的政策措施。以公有制为主体、多种所有制共同发展的文化产业格局基本形成，民营资本进入文化产业渠道畅通。重点培育国有或国有控股骨干文化企业。国务院颁布的《文化产业振兴规划》强调，要着力培育一批有实力、有竞争力的骨干文化企业，增强我国文化产业的整体实力和国际竞争力。2017年发布的《国家"十三五"时期文化改革发展规划》提出："发展骨干文化企业，推动产业关联度高、业务相近的国有文化企业联合重组，推动跨所有制并购重组，以党报党刊所属非时政类报刊、实力雄厚的行业报刊为龙头整合报刊资源，对长期经营困难的新闻出版单位实行关停并转。"在中央的统一部署下，各级、各部门在积极推进经营性文化事业单位转企改制的基础上，把股份制改造与兼并重组结合起来，推动跨地域、跨行业经营，促进资源整合、集约发展，骨干文化实力不断增强。从2017年发布的第九届中国"文化企业30强"名单看，国有或国有控股文化企业有25家，

占总数的80%以上。与此同时，民间投资文化产业的热情高涨，一批具有较强实力和竞争力的民营文化企业涌现出来，以阿里巴巴、百度、腾讯等为代表的大型企业集团通过并购、控股、参股以及股权投资、业务合作等形式，进入文化产业领域。在推动经营性文化事业单位股份制改造方面进行积极探索。中国木偶剧院在转企改制中，引入北京永庄文化传媒有限公司，由民营资本控股，改制以来演出场次、观众人数、总收入均有显著增长。安徽省的安庆再芬黄梅艺术剧院等演艺企业在转制过程中实行名家领衔制度，有效调动了演职人员的积极性。江苏苏州的新型文艺院团以市场化手段引入国际文化人才，迅速为地方性的交响乐团、管弦乐团形成全国性的品牌效应。

四、激发人才创造活力

社会主义文化是人民群众共建共享的文化。人民群众不仅是推动历史进步的主体，同时也是文化创造的主体，是实现民族振兴的主体。文化繁荣发展的最终目标是人的全面发展。丰富文化自信，建设文化强国，必须增强全民族文化创造活力。人民群众精神文化的需求越来越旺盛，越来越多样化，这就需要充分尊重人民群众的主位和首创精神，发挥文化人才的引领作用，为人民群众提供广阔文化舞台。

（一）发挥文化人才的引领作用

文化的竞争主要是文化人才的竞争，文化人才是一个国家文化的灵魂和支撑。推动社会主义文化大发展大繁荣，队伍是基础，人才是关键。繁荣人民群众文化生活、发展文化事业与文化产业，归根结底要靠队伍、靠人才。党和国家历来高度重视文化人才工作。《国家"十三五"时期文化发展改革规划纲要》指出，"加强领军人才建设，建立健全重大文化项目首席专家制度……加强新闻出版传媒领域高层次人才培养。实施中国特色新型智库高端人才培养计划，壮大公共政策研究和决策咨询队伍。加强文化产业投资运营、文化企业管理、媒体融合发展、网络信息服务等方面复合型人才、紧缺人才培养，多渠道引进海外优秀文化人才。"[①]党的十九大报告进一步指出："加强文艺队伍建设，造就一大批德艺双馨名家大师，培育一大批高水平创作人才。"

文化人才在社会主义建设中发挥了重要的作用。站在新的历史起点，创造与新时代同步的文化新业绩，担负起新的文化使命，需要人才的支撑。但当前我国文化人才队伍总体状况与建设社会主义文化强国的时代要求还不相适应。尤其是创新能力强的文化人才缺乏，在很大程度上影响了文化事业与文化产业的发展质量。必须进一步解放思想，大力培养新时代的文化人才队伍。

创新人才培养模式，优化人才结构，提升人才层次。坚持党管人才原则，遵循文化

---

① 参见《国家"十三五"时期文化发展改革规划纲要》。

人才成长规律，创新文化人才发展理念，完善文化人才发展机制，引导文化人才更好地推动文化建设高质量。加大对优秀文艺人才、文艺作品的宣传力度，在全社会营造尊重文艺人才、尊重文艺创造的良好环境。着力培养造就一批有深厚马克思主义理论素养、学贯中西的思想家和理论家，一批人民喜爱、有国际影响的学术大家、艺术大师和民族文化代表人物，一批文化创意大家。努力建设一支门类齐全、结构优化、规模宏大、适应长远发展的人才队伍。深化人才与项目相结合的扶持培养模式，加大扶持力度，给予"优秀文化人才"以资金、政策等扶持，支持入选优秀文化人才开展科研、创作、培训、专门技术传承交流、团队建设、成果及项目推广等，积极探索多样化的扶持培养模式。

健全完善高端文化人才和青年人才的培养、引进、使用和鼓励机制，促进文化人才队伍总量持续增长。深化文化人才管理体制改革，创新文化人才工作机制，推动人才发展制度化、市场化、信息化、国际化，迸发文化人才发展的生机和活力。通过机制创新，氛围营造等各个方面的不断努力，为建设文化强国提供有力的，进一步完善人才教育培养、选拔使用、考核评价和人才联系制度，为人才提供空间、实践的舞台和成才的土壤。建设高端人才核心梯队，深入实施"四个一"培养工程和文化名家工程，突出培养造就文化名家大家、领军人物、拔尖人才和青年人才，建立重大文化项目首席专家制度，发现推出一批名家大师和民族文化代表人物，打造文化人才知名品牌。进一步加强专业文化工作队伍、文化企业家建设，着力扶持资助优秀中青年文化人才主持重大课题、领衔重点项目。

提升文化人才队伍的创新能力。创新是我国文化人才队伍建设的核心任务，提高文化人才队伍的创新能力是建设文化强国的时代要求。大力培养、鼓励文化人才的创新精神、创新意识、创新思维和创新方法，努力营造创新氛围。构建分层分类的文化人才继续教育体系，加快实施文化人才知识更新工程。支持创新创业型文化人才向重点发展产业和领域流动。基层文化人才的培养尤其需要打破常规、因地制宜、创新思路。

（二）提升创新的积极性和能动性

建设社会主义文化强国，关键在于人才。中国的文化强国建设，尤其是新时代在文化建设方面想要取得辉煌的成就，必然离不开文化精英人才的伟大创造。而只有文化精英人才，是撑不起文化盛世的。没有广大人民群众的集体参与，文化精英人才的"独唱"只是私人的浅吟低唱，只有把文化精英人才的"独唱"变成"领唱"，在党管人才的协同指挥下，汇聚合唱的力量，调动广大人民群众的积极性，激发基层宣传文化人才队伍的活力。在全国文化发展的布局上，由于各地历史基础和现实情况不同，城乡之间、区域之间、不同文化门类之间发展很不平衡，在农村和基层还相当薄弱，一些老少边穷地区甚至连文化温饱都难以保障，甚至这些地区的宣传文化人才队伍，配备不齐，创新力不强，骨干流失。面对这样的现状，首先要完善激励机制，着力表彰长期坚守基层、业绩突出的先进工作者，精心打造多批专兼结合的基层工作队伍，培养乡土文化能人、民族民间文化传承人和各类文化活动骨干。其次要推动地方与高校联合共建，大力发展文化志愿者队伍，鼓励社会各方面人士提供公共文化服务、参与基层文化活动。

激发人民群众创造的热情和积极性。只有以人为本，尊重人民群众的主体地位，才能更好地激发人民群众的热情和积极性，进而激发全社会的文化创造活力。应坚持以满足人民精神文化需求为出发点和落脚点，一手抓公益性文化事业、一手抓经营性文化产业，应完善文化人才激励机制，让优秀人才不断脱颖而出，搭建文化消费和文化创造的舞台。进入新时代，全国群众性文化活动呈现活跃的发展势头，很多地区出现了值得全国推广的新亮点。积极支持群众依法依规兴办形式多样的文化团体，精心培育植根群众、服务群众的文化载体，创新文化样式，及时总结来自群众生动鲜活的文化创新经验，更广泛地推广群众文化创作的优秀成果，在全社会营造鼓励文化创造的良好氛围，增强文化创作生产的能动性。

创新是文化的本质特征。改革开放四十多年来，中国特色社会主义进入了新的时代，文化发展也进入了新的环境。21世纪以来，中国对文化软实力的意识开始觉醒，中国学界与决策层开始逐步探索如何树立国人对自身文化认同的问题，十七届六中全会上，文化自信被置于全新战略位置，表征国家层面对文化自信的高度重视；十九大报告和二十大报告多次提及文化自信。在新的环境下，创新、共享等新发展理念与文化自信存在深层共鸣与内在互动。创新等新发展理念是中国文化创造力的表现，与文化自信的价值空间充分对接，构成中国文化自信的一个强有力的证明。而且，新发展理念又是促进中国文化发展的指导性原则，为营造文化自信感知空间，为提升中国文化软实力、促进文化的繁荣发展提供了硬实力基础。习近平总书记说："创新是一个民族进步的灵魂，是一个国家兴旺发达的不竭动力，也是中华民族最深沉的民族禀赋。在激烈的国际竞争中，惟创新者进，惟创新者强，惟创新者胜。"[①]世界每时每刻都在发生变化，中国也每时每刻都在发生变化，我们必须在理论上跟上时代，不断认识规律，不断推进理论创新、实践创新、制度创新、文化创新以及其他各方面创新。

---

① 习近平：《在欧美同学会成立一百周年庆祝大会上的讲话》，《光明日报》，2013年10月22日。

第八章 在"走出去"战略中提升文化自信

推动文化"走出去",提升文化国际影响力,是推动文化繁荣发展、建设文化强国的重要内容。当前,中华文化的国际影响力与五千多年悠久文明的历史不相称,与经济大国的地位不相称,与中华民族伟大复兴宏伟目标的要求不相称。因此,十七届六中全会《决定》指出,"文化在综合国力竞争中的地位和作用更加凸显,维护国家文化安全任务更加艰巨,增强国家文化软实力、中华文化国际影响力要求更加紧迫","文化走出去较为薄弱,中华文化国际影响力需要进一步增强"。十八届三中全会《决定》指出,要"提高文化开放水平",强调要"推动中华文化走向世界"。《中华人民共和国国民经济和社会发展第十三个五年规划纲要》强调,"加大中外人文交流力度,创新对外传播、文化交流、文化贸易方式,在交流互鉴中展示中华文化独特魅力,推动中华文化走向世界"。党的二十大报告强调:"深化文明交流互鉴,推动中华文化更好走向世界。"

一、思想文化"走出去"成果显著

改革开放以来,尤其是21世纪以来,党和国家高度重视文化"走出去"工作。在对外开放的经济社会发展进程中,在日益紧密的中外各领域交流合作实践中,中国思想文化"走出去"工作取得了可喜进展,为下一步文化"走出去"事业的繁荣发展打下了坚实根基。

(一)愈加明确和全面的中央战略部署

党的十五大报告在论述"有中国特色社会主义的文化建设"问题时就曾发出"向世界展示中国文化建设的成就"的号召。2004年召开的十六届四中全会,明确提出"推动中华文化更好地走向世界,提高国际影响力"的战略目标。十八大以来,在全面对外开放的新时期,我们党更加注重从中国特色社会主义现代化建设全局的高度审视、部署和实施中华文化"走出去"战略工程。在中央政治局第十二次集体学习会议上,习近平总书记从"努力传播当代中国价值观念""努力展示中华文化独特魅力""注重塑造我国的国家形象""努力提高国际话语权"等角度,全方位阐明了中华文化"走出去"的战略意义、根本原则、应循路径和重要抓手。[①]为贯彻中央的战略决策,"十一五""十二五"期间,除《文化

---

① 习近平:《习近平谈治国理政》,外文出版社2014年版,第160~163页。

建设"十一五"规划》《文化产业振兴规划》等文化发展规划中浓墨重彩地刻画中国文化"走出去"工作的实施蓝图外,国务院及其下属部委等还先后制定、出台了《关于扶持培育文化出口重点企业、重点项目的合作协议》《关于金融支持文化出口的指导意见》《新闻出版业"十二五"时期"走出去"发展规划》《关于进一步推进国家文化出口重点企业和项目目录相关工作的指导意见》《关于加快发展对外文化贸易的意见》等诸多专门针对文化"走出去"的政策性文件。根据国家"十四五"规划,完善文化遗产保护传承利用体系,开展宣传展示交流等活动,为文化产业带来了巨大的发展机遇。在愈加明确的中央战略决策和逐步完善的政府制度性安排的引领之下,中华文化"走出去"的步伐日益强健。

(二)蓬勃发展的中华文化海外传播机构

早在改革开放初期的1984年,我国就成立了中国国际文化传播中心。1987年组建由教育部、外交部、文化部等多部门联合构成的"国家对外汉语教学领导小组",协调推进中国文化的海外传播工作。1988年全球首家海外中国文化传播机构"毛里求斯中国文化中心"落成开放。在海外实体机构的支撑下,中华文化"走出去"工作向前稳步推进。新世纪以来,以2004年第一家孔子学院"韩国首尔孔子学院"的设立为标志,中华文化对外传播的海外本土化机构建设迈入蓬勃发展新阶段。到2016年,我国在140个国家(地区)建立了513所孔子学院和1072个中小学孔子课堂。其中,亚洲33国115所,课堂100个;非洲37国48所,课堂27个;欧洲43国171所,课堂292个;美洲22国161所,课堂554个;大洋洲5国18所,课堂99个。截至2022年年底,建有孔子学院的国家(地区)已达到159个,现有中外专兼职院长和教师4万多人,招收学员人数累计超过1500万,举办文化交流活动受众多达上亿人次。在孔子学院的带动下,已有180多个国家开设中文课和中文专业,其中有100多个国家将中文纳入国民教育体系或颁布中文教学的法令和政策,全球学习和使用中文的人数已超过2亿人。依托遍布海外的实体机构,我们开展了数以万计的文化传播活动,产生了十分广泛的影响。在上述机构及其开展的丰富多彩的文化传播活动的推动下,全球掀起了新一轮的中国文化学习热潮。目前,已有61个国家和地区将汉语教学纳入国民教育体系,全球汉语学习者已达1亿人,比10年前增长3.3倍。在巨大需求的推动下,全球70余个国家的200多所大学正积极申办孔子学院。美国《纽约时报》、英国《金融日报》、美国有线电视新闻网(CNN)、英国广播公司(BBC)等媒体多次评论、盛赞孔子学院"是迄今为止中国出口的一个最好最妙的产品"。[①]可以说,蓬勃发展的中华文化海外传播机构,是推动中华文化"走出去"的重要实体性依托。

---

① 沈壮海等著:《文化强国之路》,湖南教育出版社2014年版,第308页。

（三）迈向国际的中国传媒事业

在现代社会，新闻媒体是发布热点消息、传播实时资讯的主要渠道，是话语权的重要掌控者。改革开放以来，为打破西方媒体对国际话语权的垄断，中国传媒事业走向国际的步伐从未停止，并取得了不俗的成绩。比如，我国早在1981年就开始向国际主流社会公开发行英文版《中国日报》。该报以其报道的客观性、真实性和生动性，赢得了世界民众的高度认可。在2014年英国年度报业大奖（被誉为英国报业"奥斯卡"奖）的角逐中，后来居上的《中国日报》欧洲版在强手如林的激烈竞争中突出重围，摘得"最佳国际报纸奖"。同时，中国的广播电视传媒也在国际化进程中取得了长足发展。截至2015年年初，中央电视台在全球建立了两个海外分台、5个中心站和63个记者站，共开办了中、英、法、西、俄、阿和英语纪录7个频道，覆盖了世界171个国家和地区；而中国国际广播电台已能用64种语言、分134个频率，向全球传播中国声音。此外，近年来我们亦高度重视网络新媒体的海外推广工作，并在短短数年内取得了优异的成绩。如《人民日报》海外版的官方网站"海外网"，于2012年年底正式上线，经过不到一年半的发展，海外网的日访问量即逼近4000万。其所推出的"海客"客户端以及"侠客岛"与"学习小组"等栏目，均已成为广受关注的知名品牌。可以说，走向国际的中国传媒事业，为中国国际话语权的提升和中国国家文化软实力的建设做出了重要贡献。

（四）丰富多彩的文化交流品牌

近年来，尤其是十八大以来，我们在中华文化"走出去"战略引领下，在各项政策、制度的支撑下，依托众多中外文化交流机构和组织，在全球范围内开展了数以万计的文化"走出去"大型活动，创建了丰富多彩的文化交流品牌，产生了极其深远的影响。其中较有代表性的有以下两个：一是与全球146个主要国家签署了文化合作协定。在此基础上与美国、英国、加拿大、俄罗斯、日本、韩国、印度、澳大利亚、巴西，以及包括法国、德国、意大利、西班牙等在内的欧盟诸国，包括越南、泰国、印尼等在内的东盟诸国等众多国家和地区联合举办"文化年""文化季""文化月""文化周"及"中国艺术节""民俗交流节"等大型品牌活动，积极传播中国文化。二是大力开展遍及海外各大洲的"欢乐春节"文化交流活动。2022年春节期间，甘肃省文旅厅以春节为重要载体，策划了丰富多彩的2022年海外"欢乐春节"线上交流项目，通过中国驻外使领馆、海外中国文化中心、旅游办事处、甘肃海外商会等渠道，以在线展演展播形式与五大洲30多个国家的相关机构联合开展系列活动，向当地观众多角度展示了甘肃独特多元和丰富厚重的文化旅游资源。三是与世界主要国家、地区和组织搭建高层交流平台，如"中美文化论坛""中日韩文化部长会议""上海合作组织文化部长论坛""中非合作论坛—文化部长论坛"等，定期商讨文化交流事宜。四是面向海外知名专家、汉学家、青年学者开展一系列来华访问、交流、进修等项目，如"青年汉学家研修计划"、"汉学与当代中国"座谈会、"奖学之旅——海外中国文化中心优秀学员访华活动"、"孔子新汉学计划"等。通过吸引外国学者来华访问访学，培养一大批热爱中国文化、熟知中国文化、向世界积极传播中国文化的海外"中国学"家。五是启动多项中国图书海外翻译、出版重点工程，积极推动中国书籍、中华学术的对外传播与普及。其中较有代表性的有"中国图书对外推广计划""经典中国国际出版工程""中国文化著作翻译出版工程"以及全国哲学社会科学规划办公室的"中华学术外译项目"和纳入国家"一带一路"倡议的重大项目"丝路书香"工程等。此外我们还设置了诸如"国际汉学翻译大雅奖""中华图书特殊贡献奖"等奖项，旨在奖励为中国图书"走出去"做出重要贡献的海内外杰出人才。我们在海内外投放的《中国国家形象片》《中国共产党与你一起在路上》《舌尖上的中国》等，以及举办和打造的"亚洲艺术节""北京国际音乐节""东亚文化之都"等项目，也都借助传统媒体及网络新媒体等多种途径推送海外，产生了非凡影响。

（五）迅速发展的对外文化贸易

党的十八届三中全会讨论如何"提高文化开放水平"问题时提出了新时期扩大对外文化交流的四大原则，即"政府主导、企业主体、市场运作、社会参与"。推动中国思想文化"走出去"，除积极发挥政府主导作用外，还应注重发挥企业的主体作用。近年来，承载着中国元素、中国理念和中国价值观的文化产品的对外贸易发展欣欣向荣。2009年至2021年，中国文化服务进出口规模由177亿美元增长至1244亿美元，2021年文化服务进出口规模首次突破千亿美元。其中，出口由103亿美元增长至691亿美元，年均增长17%；进口由74亿美元增长至552亿美元，年均增长18%。2022年北京冬奥会的成功举办进一步扩大了中华文化的国际影响力，成为中国文化贸易高质量发展的新起点。当前，中国文化贸易出现了一些新特点与新趋势。例如，近年来，数字技术推动文化传播力量持续增强，国产游戏所占海外市场份额不断扩大，成为推动中华文化国际传播的崭新力量。据统计，2020年中国自主研发游戏的海外市场销售收入达154.5亿美元，同比增长33.25%，游戏产业作为中国文化产业出口重要支柱的地位进一步凸显，同时也让海外年轻群体对中华文化有了更鲜活立体的认知。2021年，中国对外文化贸易额首次突破了2000亿美元，同比增长38.7%。中国的影视剧、网络文学、网络视听、创意产品等领域出口增长迅速、广受欢迎，中国进口的优质图书、影视剧等文化产品和服务也更好地满足了广大人民群众多样化的文化需要，中外文化交流互鉴持续深入发展。这些情况揭示了我们对外文化产品贸易在近年中所取得的良好成绩，彰显着中国文化"走出去"的劲势头。

地方力量、民间力量与社会组织、中资机构近年来也在中国思想文化"走出去"实践中联合起来做出了许多重要贡献。如江苏省联合社会组织、民营企业组建"江苏美国文化中心"、伦敦"江苏文化产业促进中心"等，在海外积极传播中国文化。云南新知集团在柬埔寨首都金边成立华文书店，并依托该书店建成了首个海外"中国文化之家"。长江文艺出版社策划、推出的《狼图腾》一书，其英文版在海外发行，"创下了中国作家作品海外版权最高价格"，甚至有媒体用"中国文化产品在《狼图腾》的带领下大举进入英文主流市场"来评价这次版权交易的重大意义。①次年，该书即拥有了英、法、意等近30种语言的译本，并在全球110个国家和地区公开发行。《纽约时报》、《时代》周刊、《泰晤士报》及美联社、BBC、CNN等西方主流媒体纷纷对之进行报道和评论，产生了巨大的文化反响。可以说，地方力量热情参与的生动局面，亦显示出当代中国文化"走出去"的蓬勃活力。

二、思想文化"走出去"中的问题

中华人民共和国成立初期，受冷战和意识形态等因素的影响，西方国家长期敌视、封锁中国，遏制新中国的建设与发展。20世纪70年代以来，经几代中央领导集体的不懈努力，我们才在打破西方封锁、融入国际社会方面逐步取得积极进展。故此，我们的文化"走出去"工作存在起点低、历时短、经验不足等问题和短板，"西强我弱"的国际文化交流格局仍然没有发生根本性改变。文化"走出去"中的问题突出体现在以下几个方面。

（一）文化"走出去"的自觉自信有待进一步增强

文化"走出去"，不是简单地带着我们的文化出国"走一遭"。"走出去"的最终目的，是要在异域国家撒下中国文化的种子，并期待其能够落地生根。因此，文化的对外传播，需要我们以高度的自觉性进行精耕细作。但当前的文化"走出去"实践，包括一些大型的活动，在一定程度上存在重形式而轻内容、重硬件配置而轻软件关切、重外在建设而轻内涵发展的问题，从而暴露出我们在文化"走出去"实践中缺乏探求文化传播规律的自觉性、缺乏关注文化传播落地效果的积极性与主动性等短板。比如在非洲的贝宁从事汉语教学时，我们一度不是根据贝宁的国情民情和风俗文化来进行针对性教学，而是采用法国人编写的教材，"其中很多内容不适合物质生活相对贫困的贝宁人民，因缺乏切身体会极大地影响了当地学员的汉语学习热情"②。文化"走出去"之自觉性较为缺乏的另一种表现是，有些所谓的文化"走出去"活动，其实仅仅是一个过场，其真实目的是到海外沾点洋气以求更好地"内销"。较有代表性的就是国内艺术团体不惜出重金前往维也纳金色大厅演出、以求成为"载誉归来"的"国际级"表演团体的例子。这种出海不是为了传播自

---

① 新华网：《小说〈狼图腾〉进军英文主流市场》(http://education.news.cn/2005-09/02/content_3432309.htm)，2005年9月2日。
② 卫志民、陈璐：《提升海外中国文化中心的传播能力》，《红旗文稿》2015年第4期。

家文化而是为了沾别人洋气的现象,不仅反映出部分国人缺乏"走出去"的文化自觉,而且反映了我们在一定程度上缺乏"走出去"的文化自信。

(二)文化的对外传播理念有待进一步创新

与西方发达国家较为成熟的文化传播思想相比,我们当前的传播理念还具有一定的滞后性,这是制约我们在文化竞争中有效提升国际话语权的一个重要因素。比如,受传统"和文化"等因素的影响,中国媒体在新闻报道中往往存在"慢半拍"的情况,甚至在一些涉及中国敏感问题上,当国际媒体投入全力报道的时候,我们的媒体却往往集体失声,把话语权拱手相让。再如,针对同一个颇具新闻价值的重大事件,我们的一些媒体对内发布的中文稿件与对外发布的英文稿件,在内容上常常存在一定的差别。这种注重区分内宣与外宣的传统做法,在过去无疑具有一定的积极意义;但在中外交流日益紧密的当代,自然会影响海外受众对我国新闻报道的"透明性"和"公信力"的信任。今天,随着信息技术日新月异的更新,以"自媒体"为代表的网络新媒体亦迅猛发展。新闻资讯的传播对"时效性""透明性"有了更为严格的要求。在此背景下,如何与时俱进地创新文化传播理念,以真正统筹国内国际两个大局、协调内宣外宣两条路径,是新时期扩大国际传播话语权并有效推动文化"走出去"工作向前发展所应解决的一个迫切问题。

(三)文化交流的方式与策略有待进一步改善

近几年,我们国家在制度、政策、资金、组织等各个方面对文化"走出去"工作给予的支持力度非常之大,可谓不遗余力。这充分体现出我们对中华文化海外传播事业的高度重视。正是在国家宏观层面上的有力推动下,中国文化"走出去"取得了可圈可点的成绩。但是,其中的有些做法,也极易导致国外受众对我国文化交流意图的误解。2014年9月,美国芝加哥大学宣布停办孔子学院。该校的108位教授联名建议叫停孔子学院,他们所称的理由是担心孔子学院的"政府背景"和"不计成本"的投入方式,会影响"学术自由"。虽然芝加哥大学和宾夕法尼亚州立大学停办孔子学院的风波在国际上没有产生大家所担心的连锁反应,但此类事件也提醒我们要进一步思考文化交流中的方式和策略问题。文化之所以被称为"软实力",在一定意义上正是因为文化对人的影响是无形的、潜隐的,是以通过柔性的方式打动人的情感、触及人的心灵、激起人的共鸣为标识的。因此,文化交流一定要注重方法上的柔韧性、灵巧性,以及策略上的隐蔽性、渐进性。

(四)文化"走出去"的效果评估体系有待进一步优化

好的效果评估体系,是检测文化"走出去"工作的成绩与问题的重要工具,是引导文化"走出去"更好推进、更优发展的"指挥棒"。而在盘点近年来文化"走出去"工作的成效时，我们通常会列举成立了多少家海外文化传播机构、通过了多少个文化交流协议、举行了多少场大型文化交流活动、覆盖了多少个国家地区和多少海外受众，等等。其实，类似于此的成效统计，只能反映当前对外文化传播中"我们"究竟做了哪些工作，而不能反映这些工作在影响异域的"他们"（海外受众）上有什么切实效度。客观而言，在文化"走出去"的"中外"交流实践中，从"中"的"起步"角度看，我们在短短数十年间确实取得了不凡的业绩；但从"外"的"落地"角度看，我们距成功实现塑造良好中国形象这一预期目标仍有较远的路途。

根据皮尤研究中心2021年9月发布的数据，包括美国、加拿大、日本和澳大利亚在内的14个不同国家的成年人对中国的态度创下了历史新低。在接受采访的14000人中，有73%的人对中国持负面态度。去年俄罗斯人对中国的态度反而有了明显的提升：75%的人对自己的"东方邻居"持友好态度，仅有10%的人持相反意见。据美国盖洛普发布的民意调查报告显示，美国人对中国的好感度从一年前的33%跌至20%，下降了13个百分点，达40多年最低点。除中国外，美国人对俄罗斯的好感度也跌至22%的新低。文化"走出去"的目的，是增强中国文化的海外吸引力与影响力。文化"走出去"的成效，体现在域外民众对中国和中国文化的积极接纳与正面认同之上。因此，在文化"走出去"的效果测评指标上实现由重"数量统计"到重"质量评估"、由重"外在建设"到重"内涵发展"等一系列转化，是新时期切实推动中国文化"走出去"工作创新发展的应有举措。

（五）学术精品的涵育力度有待进一步提升

21世纪以来，我们在文化"走出去"实践中培育打造了不少有重大影响的活动品牌和交流项目，这一点是值得充分肯定的。但是，除了这些交流活动类的品牌外，包含当代中国思想、中国理论和中国价值观的文化经典、学术精品还十分稀缺。纵观近年来中国图书版权的国际输出状况就可以发现这一点。经过不懈努力，虽然我们在版权输出的总体数量上取得了可喜的成绩，但我们输出的图书内容及其质量却不容乐观，在类别构成上，语言类、生活类、文化类的出版物占有市场份额较大，思想类、政治类、学术类的出版物则相对较小。而其中能够进入西方发达国家主流文化渠道且能够影响西方社会思想和价值观念的出版物更是寥寥无几。如果我们能够"走出去"的文化作品只停留在饮食、中医、养生等生活类层面，而不能在文化的核心——价值观上吸引世界和影响世界，那我们在国际层面的文化竞争和意识形态竞争中的劣势地位就不会发生根本性改变。要扭转这一状况，我们就要在文化精品的培育力度上狠下功夫。这就要求当代知识分子以高度的责任感和使命感，立足中国大地、总结中国经验、创新中国话语，努力打造真正具有思想内涵、理论厚度和广泛影响力的学术名典。

（六）文化产业的集群规模有待进一步扩大

当前我们的文化"走出去"工作不少依靠作品"送出去"的形式，而非产品"卖出去"的形式开展。这在一定程度上反映了我国对外文化产品的吸引力还相对较弱这一事实。缺乏为海外受众所喜爱的、能够引领消费时尚的文化产品，是当代中国文化国际影响力相对不足的直接证明。造成这种现象的一个重要原因，是规模和体量较为弱小的国内文化产业相对缺乏创新创造的活力氛围。与美国文化产品占世界市场四成多的额度相比，我国文化产业"走出去"面临的竞争压力非常之大。事实上，作为一个历史悠久的文明古国，我们拥有着非常丰富的文化资源，但是由于文化产业基础薄弱，而没有能够将丰富的文化资源转化为高质量的文化产品，以致这些富有魅力的中国文化元素屡屡被西方国家借去并创作出诸如《花木兰》《功夫熊猫》等文化产品热销全球，并借此传播西方的思想和价值观。因此，扩大我国文化产业的生产经营体量，在集群化规模化效应的促进下提升文化产品的生产能力和技术，在此基础上培育文化消费品牌，是新时期增强我国文化产品国际竞争力、推动中国文化更好"走出去"的必由路径。

三、拓宽行稳思想文化"走出去"之路

在全球化的国际大背景下，在全面对外开放的新时期，积极推动中华文化走向世界，是一项涉及对内对外各项领域和各个层面的复杂系统工程，是一项关乎文化强国建设和民族复兴梦想的长期战略工程。我们要有胸怀大局的气度、把握大势的睿智、着眼大事的能力，在政府主导、全面统筹、协调兼顾的基础上，努力推动中国思想文化"走出去"实践的创新发展。

（一）坚持软实力发展与硬实力建设的协同推进

十八届五中全会通过的《中共中央关于制定国民经济和社会发展第十三个五年规划的建议》明确强调要坚持协调发展的理念，"在增强国家硬实力的同时注重提升国家软实力"，这对我们推动中华文化"走出去"实践亦具重要指导意义。文化之为"软"实力，在一定意义上是因其为一种难以具体把握的"无形"力量；而文化之为当今世人普遍关注的软"实力"，是因这种"无形"的力量又像空气一样"无时""无处"不在影响人们的生产生活实践。因此，"无形"而又"无处不在"的文化，不仅依托各种精神产品而存在，而且附着于人类生产创造的一切物质产品之上。以美国文化为例，把美国文化传向全世界的载体，不仅仅是迪士尼的动画或好莱坞的大片等文化"软"产品，而且包括"苹果""别克""李维斯""可口可乐"在内的众多物质"硬"产品。而当全球消费者痴迷于此类物

质产品时，这些"硬"产品本身甚至可以摇身变成一种强大的"文化符号"，俘获异域消费者的文化认知和心理认同。因此，在我们努力提升文化软实力的进程中，必须同时关注软实力之成为实力的重要基础即硬实力的建设，为软实力的硬化奠定坚实的基础。

坚持软实力发展与硬实力建设的协同推进，需要从战略高度打造"中国制造"的质量优势与技术优势。当前的中国，是进出口总额位居世界第一的经济大国。"中国制造"早已遍布全球的各个角落。但我国产品在国际市场上的竞争优势，主要凭借低廉的劳动力成本和价格因素，而相对缺乏高超的质量优势与技术优势。据中国外文局等联合发布的《中国国家形象全球调查报告(2020)》显示，"中国制造"的产品品质是阻碍海外受访者购买中国品牌的主要因素。如有62%的受访者认为中国产品的"质量不过关"，60%的受访者认为"假冒伪劣产品太多"，紧随其后的两大因素是"食品安全问题"和"售后服务不佳"。我们认为，如果中国产品在世人心目中是缺乏"硬质量"的伪劣货、是欠缺自主"硬技术"的低廉模仿品，那么不具"硬实力"的"中国制造"走向世界时不仅不会增强中国的"软实力"，反而会削弱中国的国家形象，降低中国文化的对外吸引力。因此，打造高质量与高技术含量的中国产品，使中国在新时期全面深化改革实践中从制造大国成功转型为制造强国和技术创新强国，对中国国家文化软实力的提升具有无可取代的基础性作用。

（二）扣紧文化"走出去"的价值观传播主线

习近平总书记深刻指出："核心价值观是文化软实力的灵魂……一个国家的文化软实力，从根本上说，取决于其核心价值观的生命力、凝聚力、感召力。"[1]加强文化软实力的对外建设，本质上就是要对外展示当代中国核心价值观的蓬勃"生命力"和强大"感召力"。因此，推动中国思想文化"走出去"，必须扣紧价值观传播这一工作主线。对外传播中国价值观，不是要像西方少数霸权国家那样进行对外文化侵略与价值观输出，而是要在文化多元多样的全球文明生态中积极展示中国精神的斑斓价值，从而在彼此尊重的基础上交流互鉴、推动各文明体的和谐健康发展。

对外传播中国价值观，要打破国际价值观传播领域里西方国家长期垄断的话语霸权。信奉"文明冲突"理论、强调"国强必霸"逻辑，是西方文明长期以来牢固执守的文化偏见。近代以来，西方诸强更是携武力之威，以"唯我独尊"的心态，通过血与火的战争向世界传播西式理念，以图"按照自己的面貌为自己创造出一个世界"[2]。当历史积淀深厚、文明传承悠久的中国以不同于西方的模式探索现代化的实现路径时，固守传统"冲突"思维的西方学者、政客就常常喊出"中国发展是威胁、不发展也是威胁"这种"异己"的存在本身横竖都是"威胁"的谬论。面对这一局面，对外发出"中国声音"、传播"中国价

---

[1] 习近平：《习近平谈治国理政》，外文出版社2014年版，第163页。
[2] 马克思，恩格斯：《马克思恩格斯选集》第1卷，人民出版社2012年版，第404页。

值观"，就是要打破西方国家对世界各民族普遍追求的"现代化模式"之解释霸权，打破西方国家对"民主""正义""自由"等人类共同价值理念的定义权。

争夺价值传播话语权，最重要的是我们能够立足中国实践，从理论层面增强对"中国道路""中国模式"的总结、提炼与阐释力度。当代中国大地上充盈着属于中国人自己的原创性实践、独创性做法，并持续取得了有目共睹的独特发展成就。但是，且不说西方人依照自己的思维对"中国模式"充满重重歪曲、误读，就是中国自己的部分知识分子从理论上审视、思考中国实践时所运用的概念、逻辑和思维框架都依然"很西方"，从而将中国实践的解释权、话语权拱手相让。因此，争夺价值观传播话语权，必须提升理论创新意识。而要提升理论创新意识，首先应自觉增强我们的道路自信和制度自信、理论自信、文化自信；其次要在融通古与今、中与外的基础上进行话语创新，并运用自己的新范畴、新概念、新表述讲清中国道路与当代中国价值观的文化渊源与演进脉络，讲清当代中国人选择这一发展道路的历史背景与逻辑必然，讲清中国模式、中国理论对当今世界和平发展所具有的积极促进意义和重要借鉴价值。唯有如此，我们向世界发出的"中国声音"才有浑厚的底气，我们向世界传播的中国价值观才能够坚实挺立，我们导向世界的中国文化，才真正富有吸引、影响异域民众的魅力。

（三）坚持传播内容与形式的"多样化"原则

文化是人的创造物，是人区别于动物的重要属性。文化存在于人的衣食住行等生产生活的各个方面。人在社会实践中所创造的文化，有着丰富多彩的内在意涵和千姿百态的呈现形式。因此，在中国思想文化"走出去"进程中扣紧价值观传播的主线，并不意味着我们要单纯地"就价值观说价值观"，而是应注重撷取"多样化"的表述内容以及世人所喜闻乐见的丰富表达方式。

坚持传播内容的"多样化"，要求我们既努力打造阐释中国价值观的理论精品、学术名典，走"阳春白雪"的高端化路线，从而掌握国际价值观传播的学术话语权；又要多方展示具有中国特色、中华风韵的生活文化和百姓文化，走"下里巴人"的大众化路线，以培育中国文化在海外传播普及的民意基础。一般而言，精深的学术思想和复杂的观点争论，或难以在不同的文化土壤间、思想流派间取得共识性结论；但通俗的生活文化却容易在世人心中引起共鸣，从而激发人们对异域文化的善意。声誉远播海外的中华饮食文化，就是我们在价值观传播中值得借助的重要生活文化。《舌尖上的中国》正是通过讲述中国百姓的饮食习惯和饮食文化而引起了世人的关注热情。创作者们在展示一道道美味的同时，把普通中国百姓的勤劳、善良等优秀品格不着痕迹地渗透其中，在节目取得巨大成功的同时，也把中国价值观播向了世界。此外，调查显示，在西方发达国家的民众所渴望了解的中国信息中，"传统文化"高居榜首。因此，文化"走出去"实践中我们还应当着力展示的另一重要内容就是我们的优秀传统文化。只是在讲述历史和传统时，我们要注意立足当代中国的先进文化来创造性地转化传统文化，注意用优秀传统文化的元素和符号来彰显当代中国的主流价值理念。

坚持传播形式的"多样化"，就是在始终确保"政府主导"原则的基础上，充分发挥企业、高校、民间组织、中资机构等的力量，积极开展各种形式的文化交流活动，共同推动当代中国文化的对外传播。国家文化软实力的建设，是一个复杂的系统工程。坚持"政府主导"原则，绝不意味着完全由政府出面来"包打天下"。"主导"之"导"，主要关涉文化"走出去"的方向性问题、原则性问题。在新时期的文化"走出去"实践中，我们应进一步探索如何更有创造性地采取商业往来的形式、民间友好交往的形式、高校学术交流的形式等来协同推进中华文化的对外传播工作。

（四）坚持文化走出去的"本土化"原则

对外传播中国文化，就是引导世人走近、接触、了解中国文化，进而使其尊重、欣赏乃至认同中国文化，也就是让中国文化的种子在异域文化的土壤上能够生根发芽、开花结果。"生根"的前提，是走出去的文化首先能够"落地"。这就要求我们讲述、传播的中国文化在内容和形式上能够"接地气"。此即跨文化传播实践中的"本土化"要求。美国人类学家格尔兹曾将一个民族、一个地域的文化比喻为一张地图，并认为每个国家和民族都站在某一张以自己为中心的文化地图上去观照其他地区的异文化，并产生许多对其他国家和民族的形象文本，以此来认识和对待异文化。格尔兹的这一认识体现了其对跨文化传播现象的内在本质的深刻洞见。事实上，近年来外界人士之所以关注中国文化、并在国际上掀起了一股"中国文化热"，其原因并不是世人对中国文化产生了普遍的猎奇心理，他们真正关注的是中国文化对其自身文化所具有的潜在价值。我们推动中国文化"走出去"，也正是借助世人对中国文化的这一关切，在积极展示中国文化的世界价值之同时，培养世人对我国文化理念和价值观念的温情与敬意。

坚持中国文化对外传播的"本土化"原则，最重要的一点就是要根据异域民众的文化特点、思维方式和表达习惯进行中国文化对外表述的话语体系转化。俗话说，"到哪山头，唱哪山歌"，对外传播中国文化不能不看对象地自说自话，而是要首先学习、研究对方的文化和习惯，做到入乡问俗、入乡随俗。习近平总书记在坦桑尼亚向非洲人民发表题为"永远做可靠朋友和真诚伙伴"的演讲时，开场一句热情的"哈巴里"所展现的亲切、友好形象，就使中非人民的心灵紧紧地贴在了一起；他在柏林发表演讲而援引"山和山不相遇，人和人要相逢"的德语俗谚时所传达的真诚和善意，亦即刻感染了在场的每一位听众。这些生动的例子都是文化传播中注重话语体系"本土化"的典范。实现"中国话语"的本土化转换，除要学习研究异域民族的语言文化之外，还应注重借助异域的人才资源，实现中国文化传播主体的"本土化"转换。因为本土化人才与广大受众的心理更贴近，对本土受众的文化需求、表达习惯更熟稔。诺贝尔文学奖评委、瑞典学院院士马悦然教授直截了当地指出："一个中国人不论他的英文有多好，都不应把中国文学作品翻译成英文，要翻译应找一位文学修养很高的英国人，因为他知道怎么更好地表达。"这揭示的正是"本土化"人才对中国文化的国际传播所具有的重要作用。

坚持中国文化对外传播的"本土化"原则，不仅要实现文化表达方式和传播人才的"本土性转换"，还应努力推动文化传播载体与路径的本土化。在当前的文化"走出去"实践中，我们十分注重"自己"的发声渠道，如新闻媒体等的"走出去"建设，注重国家主流媒体的海外覆盖率、落地率。这一举措从长远而言是非常必要的。但是，受接受习惯的影响，对一个国家绝大多数的普通民众而言，其据以接触、了解外来文化的载体和路径，一般还都是本土性的传播媒介。比如，西方主流媒体借助其强大优势在中国的落地建设进行得再好，中国街头的大多数老百姓也还是靠我们自己国家甚至是自己所接触的地方媒体来感知世界。中国外文局等发布的《中国国家形象全球调查报告(2020)》也有力地证实了这一点。数据显示，海外民众主要是通过当地媒体了解中国，其中最为受访者青睐的是"当地传统媒体"（有57%的受访者选择这一渠道），其次是"当地新媒体"（有40%的受访者选择该渠道）。这就要求我们对外传播、推介我们的文化内容和文化产品时，应大力借用本土性的传播载体、打开本土化的发布渠道与推广路径。

（五）坚持文化传播"人人参与"原则

向世界传播中国文化，就是对外塑造中国形象、展示中国魅力，提升中国文化的吸引力和影响力。此过程，除需充分发挥政府的主导作用及市场的参与、调节作用外，还应依靠千万民众的积极配合。曾任美国新闻总署署长的默罗说："文化传播的决定性因素，是那最后三英尺，也就是面对面的对话。"[1]因此，无论我们在国家层面投入多么巨大的财力支持，无论我们通过多么丰富的渠道、方式和策略对外传播中国文化，无论我们阐释中国精神和中国价值观的作品多么美好、文字多么迷人，如果在中外民众之间进行"最后三英尺"的亲身接触和交流时，我们不能使世人感受到我们身上的文明气质与友善风度，那么中国文化的吸引力、中国形象的影响力，均将失去据以挺立的根基。因此，对外传播中国文化，有赖于全体华人树立"人人参与"的自觉意识和担当精神。坚持文化走出去"人人参与"原则，首先要求全民自觉培育践行社会主义核心价值观。在新世纪以来的现代化进程中，我国是一个后发国家，加之中外文化在风俗、习惯上的差异，部分中国人在海外旅行时给当地人留下过一些不太好的印象。瑞士的火车为中国人开通旅游专列，德国的餐厅为中国人独辟用餐专区，泰国的寺庙则禁止中国人使用其部分厕所。这些现象都值得我

---

[1] [日]渡边靖著：《美国文化中心：美国的国际文化战略》，金琼轩译，商务印书馆2013年版，第60页。

们认真反思。一个国家的形象，体现在其具体国民的形象之上；而一个人的外在形象，取决于其内在的基本素质。文化软实力的形成和彰显，有赖于生活于此种文化之下的国民在精神素养上映衬这种文化。因此，中国国家形象的"外在塑造"，必须与全体国人自我品格的"内在修养"结合起来。这就要求我们从每一个人开始，从身边的每一件事开始，以高度的文化自觉，把当代中国的主流价值观真正内化于心，并通过我们平时生活和日常工作中的一言一行、一举一动，向世界彰显一个文明大国的国民所应具有的开放精神、包容胸襟、磊落风范和亲善魅力。

坚持文化走出去"人人参与"原则，还需要我们充分发挥海外华人华侨的积极作用。据统计，目前海外华人华侨有6000多万，分布在世界198个国家和地区。广大侨胞在海外奋斗、拼搏，并积极融入当地社会的过程，本身就是中国文化在当地艰难实现"本土性转化"的一个缩影和范例，他们可谓中国文化"走出去"的先行者和开拓者。而且，无数侨胞虽身处国外，但却时刻心系着祖国的发展进步和祖国融入世界的进程。中国文化迈出国门、走向世界、在国际舞台上展示自身的独特影响力，实为广大海外侨胞的真诚期盼。这就意味着我们不仅可以，而且应当团结好遍及世界各地的广大爱国侨胞，奏响传播中国文化的国际交响乐。

主要参考文献

一、经典文献

《马克思恩格斯全集》第42卷，人民出版社1979年版。

《马克思恩格斯全集》第45卷，人民出版社1979年版。

《马克思恩格斯文集》第1卷，人民出版社2009年版。

《马克思恩格斯文集》第2卷，人民出版社2009年版。

《马克思恩格斯文集》第3卷，人民出版社2009年版。

《马克思恩格斯文集》第9卷，人民出版社2009年版。

《马克思恩格斯文集》第10卷，人民出版社2009年版。

《马克思恩格斯选集》第1卷，人民出版社2012年版。

《马克思恩格斯选集》第4卷，人民出版社2012年版。

马克思：《1844年经济学哲学手稿》，人民出版社1979年版。

《毛泽东选集》第2卷，人民出版社1991年版。

《毛泽东选集》第3卷，人民出版社1991年版。

《毛泽东文集》第5卷，人民出版社1996年版。

胡锦涛：《坚定不移沿着中国特色社会主义道路前进为全面建成小康社会而奋斗——在中国共产党第十八次全国代表大会上的报告》，《人民日报》，2012年11月18日。

习近平：《习近平谈治国理政》，外文出版社2014年版。

习近平：《习近平谈治国理政》第1卷，外文出版社2018年版。

习近平：《之江新语》，浙江人民出版社2013年版。

习近平：《建设社会主义文化强国着力提高国家文化软实力》，《人民日报》，2014年1月1日。

习近平：《在庆祝中国共产党成立95周年大会上的讲话》，《人民日报》，2016年7月2日。

习近平：《在全国民族团结进步表彰大会上的讲话》，《人民日报》，2019年9月27日。

习近平：《决胜全面建成小康社会夺取新时代中国特色社会主义伟大胜利——在中国共产党第十九次全国代表大会上的报告》，《人民日报》，2017年10月28日。

习近平：《高举中国特色社会主义伟大旗帜 为全面建设社会主义现代化国家而团结奋斗——在中国共产党第二十次全国代表大会上的报告》，《人民日报》，2022年10月16日。

习近平：《把培育和弘扬社会主义核心价值观作为凝魂聚气强基固本的基础工程》，《人民日报》，2014年2月26日。

习近平：《在哲学社会科学工作座谈会上的讲话(2016年5月17日)》，《人民日报》，2016年5月19日。

习近平：《在欧美同学会成立一百周年庆祝大会上的讲话》，《光明日报》，2013年10月22日。

习近平：《在文艺工作座谈会上的讲话（2014年10月15日）》，《人民日报》，2015年10月15日。

习近平：《在全国宣传思想工作会议上的讲话》，《人民日报》，2013年8月21日。

习近平：《在纪念孔子诞辰2565周年国际学术研讨会暨国际儒学联合会第五届会员大会开幕会上的讲话》，《人民日报》，2014年9月24日。

习近平：《在中国文联十大、中国作协九大开幕式上的讲话》，人民出版社2016年版。

习近平：《人民对美好生活的向往就是我们的奋斗目标(2012年11月15日)》，《十八大以来重要文献选编（上）》，中央文献出版社2014年版。

习近平：《为建设世界科技强国而奋斗——在全国科技创新大会、两院院士大会、中国科协第九次全国代表大会上的讲话》，人民出版社2016年版。

《中共中央关于坚持和完善中国特色社会主义制度推进国家治理体系和治理能力现代化若干重大问题的决定》，《人民日报》，2019年11月6日。

《中共中央关于深化文化体制改革推动社会主义文化大发展大繁荣若干重大问题的决定》，《人民日报》，2011年10月26日。

《严肃党内政治生活净化党内政治生态为全面从严治党打下重要政治基础》，《人民日报》，2016年6月30日。

《中国共产党第十八届中央委员会第六次全体会议文件汇编》，人民出版社2006年版。

《习近平关于社会主义文化建设论述摘编》，中央文献出版社2017年版。

《习近平总书记系列重要讲话读本（2016年版）》，学习出版社、人民出版社2016年版。

中华人民共和国文化部编：《2017文化发展统计分析报告》，中国统计出版社2017年版。

二、专著

梁启超：《梁启超选集》（下），中国文联出版社2006年版。

朱宗友：《中国文化自信解读》，经济科学出版社2017年版。

梁漱溟：《东西文化及其哲学》，商务印书馆2010年版。

萧俊明：《文化转向的由来》，社会科学文献出版社2004年版。

陈先达：《文化自信：做理想信念坚定的中国人》，吉林人民出版社2017年版。

陈先达：《文化自信中的传统与当代》，北京师范大学出版社2017年版。

费孝通：《费孝通文集》，群言出版社1999年版。

费孝通：《文化的生与死》，上海人民出版社2009年版。

柳静：《西方对外战略策略资料》（第1辑），当代中国出版社1992年版。

孙泽学：《社会主义初级阶段文化建设研究》，华中师范大学出版社2004年版。

张小平等著：《当前中国文化安全问题研究》，社会科学文献出版社2012年版。

沈壮海等著：《文化强国之路》，湖南教育出版社2014年版。

于铭松等著：《文化自信：中华文明的当代价值和世界意义》，人民出版社2021年版。

赵坤，耿超著：《赓续文脉：传承发展中华优秀传统文化》，重庆出版社2020年版。

胡海波著：《新时代中国特色社会主义文化自信的总体性研究》，学习出版社2022年版。

邹广文著：《当代中国文化自信论纲》，中国青年出版社2020年版。

朱宗友著：《中国文化自信解读——文化建设卷》，经济科学出版社2017年版。

三、译著

【法】费尔南·布罗代尔：《文明史纲》，肖昶等译，广西师范大学出版社2003年版。

【匈】卢卡奇：《历史与阶级意识》，杜章智等译，商务印书馆1992年版。

【美】爱德华·沃第尔·萨义德：《东方学》，王宇根译，上海三联书店1999年版。

【美】莱斯利·A.怀特：《文化科学》，曹锦清等译，浙江人民出版社1988年版。

【美】塞缪尔·亨廷顿：《文明的冲突与世界秩序的重建》，新华出版社2002年版。

【日】渡边靖：《美国文化中心：美国的国际文化战略》，金琮轩译，商务印书馆2013年版。

四、论文

北京市习近平新时代中国特色社会主义思想研究中心：《让历史文化和现代生活融为一体》，《人民日报》，2019年5月14日。

杜尚泽：《阔步走在中华民族伟大复兴的历史征程上——记以习近平同志为总书记的党中央推进全方位外交的成功实践》，《人民日报》，2016年1月5日。

李斌，霍小光：《"改革的集结号已经吹响"——习近平总书记同人大代表、政协委员共商国是纪实》，《人民日报》，2014年3月13日。

张诚：《中国共产党文化自信的历史逻辑》，《紫光阁》2016年第8期。

王静：《试论文化自信的四维根基》，《天府新论》2022年第3期。

胡海波：《中华民族最根本的精神基因》，《光明日报》，2017年7月17日。

陈先达：《马克思主义和中国传统文化》，《光明日报》，2015年7月3日。

李子吟：《维护国家文化安全的价值意蕴、困境分析和实践路径》，《大连干部学刊》2022年第12期。

陈乔之，李仕燕：《西方文化霸权威胁与中国国家文化安全选择》，《暨南大学学报》（哲学社会科学版）2006年第1期。

吴咏梅：《浅谈日本的文化外交》，《日本学刊》2008年第5期。

卫志民、陈璐：《提升海外中国文化中心的传播能力》，《红旗文稿》2015年第4期。

徐循华：《推动优秀传统文化"活起来""走出去"》，《维实》2022年第12期。

周建新，骆梦柯：《中国文化产业研究2022年度学术报告》，《深圳大学学报》（人文社会科学版）2023年第1期。

章军杰：《文化产业高质量发展的技术逻辑、演化趋势与实践路径》，《深圳大学学报》（人文社会科学版）2023年第1期。

闫恒：《以中国式现代化推进文化自信自强的路径探索》，《党政干部学刊》2022年第11期。